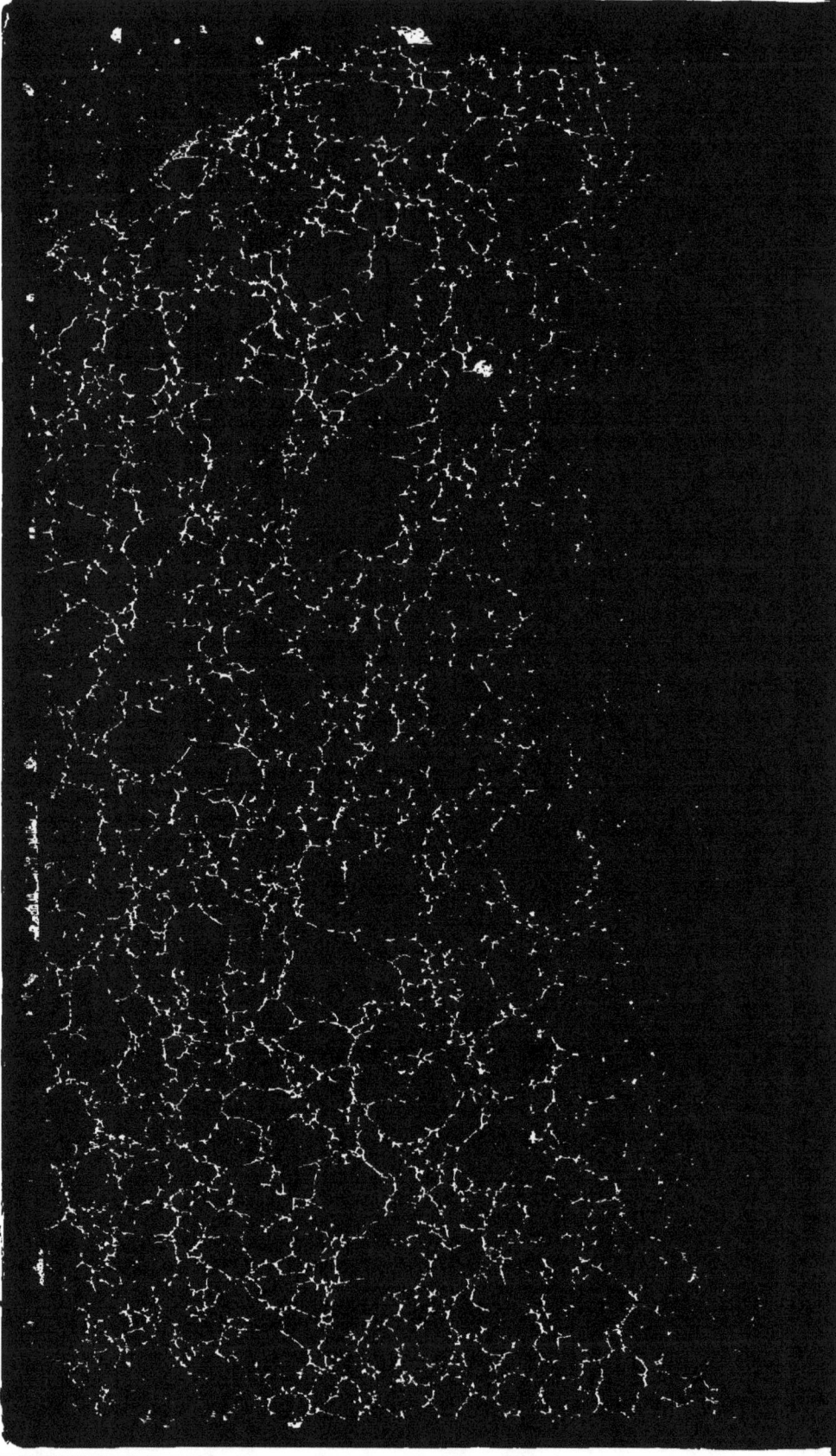

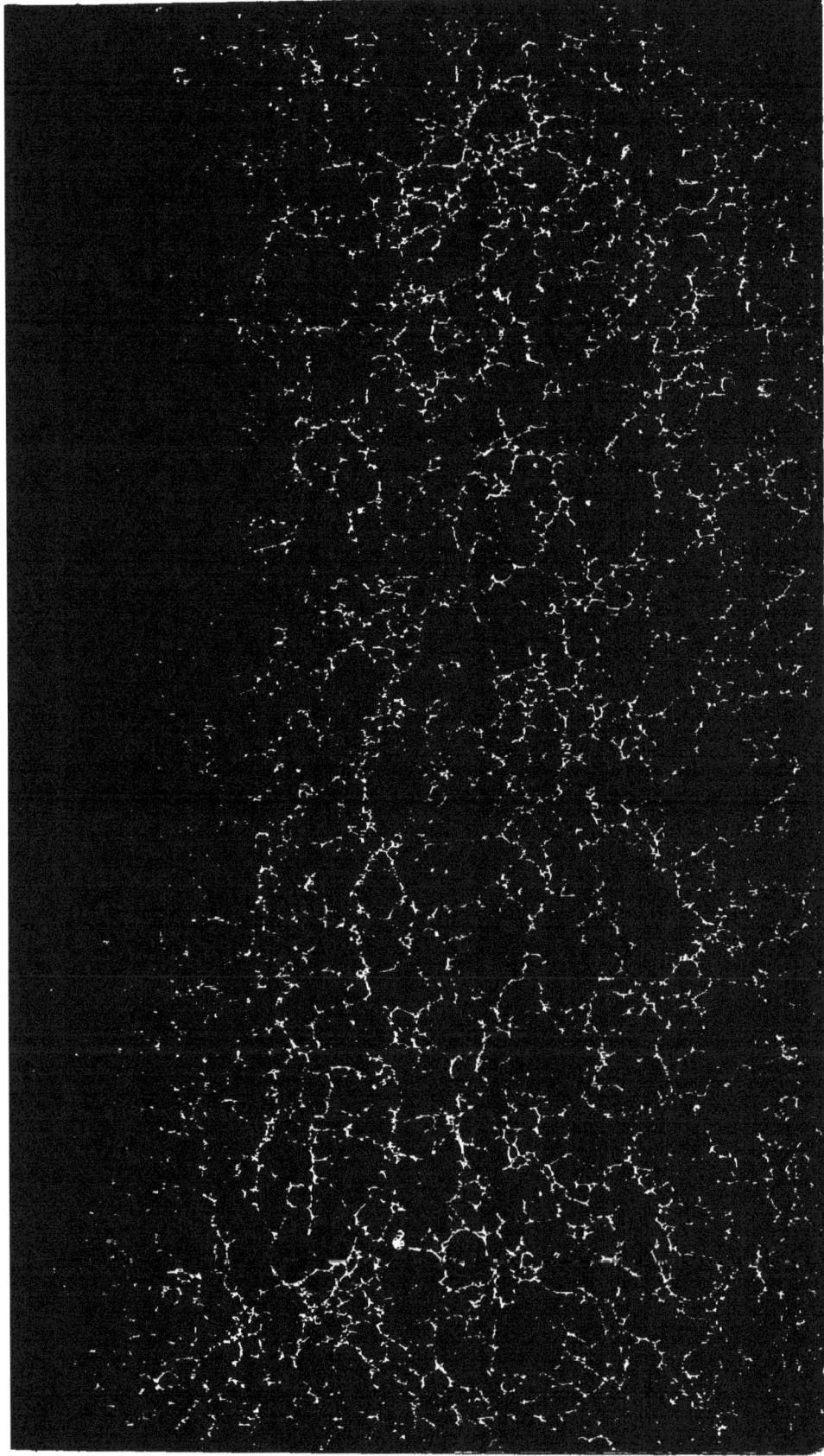

LA BASTILLE.

Imprimerie de Moquet et Comp., rue de la Harpe, n° 90.

LA BASTILLE,

MÉMOIRES

POUR SERVIR A L'HISTOIRE SECRÈTE DU GOUVERNEMENT FRANÇAIS,

DEPUIS LE 14ᵉ SIÈCLE JUSQU'EN 1789 ;

Par DUFEY de l'Yonne, avocat.

PARIS,

AU BUREAU DE L'ENCYCLOPÉDIE,
RUE DES GRANDS-AUGUSTINS, 18.

P.-H. KRABBE, Libraire-Éditeur, Montagne Sainte-Geneviève, 46.

1833.

INTRODUCTION.

Je crois avoir démontré, dans mon *histoire des Communes de France*, que le gouvernement français n'a jamais cessé d'être, sinon en *fait*, du moins en *droit*, municipal dans la plus large acception de ce mot. Les documens les plus authentiques attestent que la *royauté* même était élective. La souveraineté nationale était exercée par des délégués élus par les citoyens des trois ordres réunis en Etats-généraux. Quand les Etats de France sont assemblés, a dit le plus ancien de nos publicistes, tous les autres pouvoirs *sommeillent*. La liberté n'était que dans nos lois, et ces lois fléchirent devant les envahissemens toujours croissans de l'autorité royale. Depuis plusieurs siècles le despotisme le plus absolu pesait sur la France. La révolution de 1789 ne fut que le résultat d'une lutte qui durait depuis quatre cents ans.

La sainte alliance du seizième siècle et celle du dix-neuvième, ne diffèrent entre elles que par les dates, les noms des chefs, les motifs apparens. Au fond, c'est la même cause, c'est le même but.

Comme les sept tours de Stamboul, les huit tours de la Bastille ont eu long-temps une même destination.

Comment un gouvernement aussi opposé à nos mœurs, à nos antiques institutions, a-t-il pu se maintenir si long-temps? Comment le plus hideux, le plus absolu despotisme, a-t-il pu s'établir chez un peuple, que des lois fondamentales semblaient devoir garantir de toute tyrannie? L'ignorance et la superstition cachaient aux peuples la connaissance de leurs droits et de leur force. Les déceptions religieuses et politiques perdirent leur funeste influence; le jour où la liberté de conscience fut réclamée, la lutte commença. La philosophie moderne acheva de déchirer le voile qu'un intérêt purement religieux avait soulevé.

La révocation de l'édit de Nantes, avait irrité les populations en compromettant leurs intérêts matériels. Elles ne virent d'abord que les conséquences, sans remonter au principe. La haute magistrature privilégiée fut aussi atteinte par ce grand coup d'Etat, elle se plaça entre le gouvernement et les proscrits. Alors, pour la première fois depuis trois siècles, furent discutées les plus graves questions de notre droit public. L'opinion devint une puissance, et la révolution de 1789 une inévitable nécessité. Le système du gouvernement représentatif venait de se manifester sous les plus heureux auspices, par la révolution de l'Amérique du nord.

Mais tant qu'a duré la lutte entre le pouvoir absolu et la liberté, entre les vieilles routines gouvernementales, et les exigences de la raison publique, l'autorité royale affaiblie par la défection de la partie la plus éclairée, la plus honorable de ce qu'on appelait les deux premiers ordres de l'Etat, eut recours aux proscriptions, à tous les moyens violens et arbitraires. Les magistrats les plus distingués, les écrivains indépendans, furent traînés dans les prisons; la Bastille ne put recevoir toutes les victimes. Les châteaux forts des provinces devinrent ses succursales; mais la Bastille fut réservée pour les prisonniers du *premier ordre*. Le gouvernement voulait tenir sous sa surveillance immédiate tous ceux qu'il voulait soustraire à la justice ordinaire, ou livrer à des commissions spéciales.

La Bastille fut pour Henri IV, Louis XIII, Louis XIV, Louis XV et Louis XVI, ce que fut le Plessis-les-Tours pour Louis XI. Jamais les proscriptions n'ont été plus atroces, plus désastreuses, les commissions extraordinaires plus multipliées que sous Louis XIV; la commission établie à l'Arsenal appelée *Cour des Poisons*, avait à juger des coupables plébéiens, de grands seigneurs et de grandes dames de la cour; trois femmes, La Voisin, La Vigoureux, La Bosse; trois prêtres obscurs, Le Sage, Guibourg et Davot furent condamnés à mort et subirent leur arrêt; les duchesses de Bouillon, les comtesses de Soissons, de Polignac, Duroure; le duc de Luxembourg, le comte de Saissac furent absous. Le jansénisme, tout-à-fait inoffensif, les folies du cimetière Saint-Médard, les convultionnaires, n'étaient que des fous ou des charlatans, mais ils étaient opposés aux jésuites; les jésuites dominaient la cour, plus de quatre-vingt mille lettres de cachet furent lancées contre les opposans à la bulle *Unigenitus*. Un plus grand nombre fut lancé contre les protestans, avant et après la révocation de l'édit de Nantes (1685). Malheur à qui était soupçonné de leur donner asile ou secours; la pitié était un crime de lèze-majesté au premier chef, et toutes les places, toutes les faveurs du pouvoir étaient pour les dénonciateurs et les convertisseurs, qui n'opéraient qu'à force de tortures et de coups de sabre. Tel fut le règne du grand roi.

Les proscriptions furent toutes politiques sous les deux successeurs de Louis XIV. Les persécutions continuèrent contre les protestans, l'abolition de la magistrature en masse fut proposée et tentée sous ce règne, la force brutale fut employée pour chasser les magistrats établis, d'après nos lois, et pour leur substituer les élus du pouvoir; la presse fut comprimée en France par la censure, et jamais on ne vit paraître autant d'ouvrages sérieux ou satyriques contre les actes arbitraires du gouvernement, l'immoralité scandaleuse et les dilapidations de la cour. Une police inquisitoriale couvrait toute la France d'espions;

des inspecteurs, des commissaires parcouraient en vain les provinces et l'étranger, chaque jour voyait paraître un nouveau pamphlet.

L'avènement de Louis XVI semblait promettre la réforme de tant d'abus; les nouveaux ministres avaient annoncé l'intention de rendre à la liberté les nombreux proscrits qui encombraient la Bastille, le donjon de Vincennes, Bicêtres, Pierre-en-Cise, Saint-Michel, Pierre-Chatel, les îles Marguerites et toutes les autres prisons d'état. Quelques libérations eurent lieu; mais le petit nombre de prisonniers délivrés, fut bientôt remplacé par une foule d'autres proscrits. Les efforts des ministres Turgot et Malesherbes n'eurent pour résultat que la délivrance de deux prisonniers détenus par lettre de cachet. Malesherbes avait cependant fait une large concession à l'arbitraire; il s'était borné à proposer la création d'un bureau composé de magistrats qui seraient chargés d'examiner les griefs sur lesquels les lettres de cachet seraient basées; son projet fut rejeté. Vergennes voyait un espion dans chaque étranger arrivant en France. Louis XVI avait exilé La Dubary, et cependant les malheureux emprisonnés sous le règne précédent, pour avoir écrit contre l'ex-favorite et contre la Pompadour, n'en restèrent pas moins dans les cachots; et ce qui est plus inconcevable, c'est que de nouvelles lettres de cachet furent lancées contre des hommes soupçonnés d'avoir écrit contre ces deux courtisannes.

Les persécutions contre les protestans, les jansénistes, étaient odieuses; mais de quel nom qualifier les auteurs du fameux pacte de famine, exécuté clandestinement sous Louis XV, continué publiquement sous Louis XVI. La famine devint un moyen de spéculation financière pour le gouvernement. Les disettes furent organisées pour enrichir des affameurs; alors commença *la guerre au pain*. Les émeutes éclatèrent, le sang coula dans tous les marchés; et on lisait sur les portes des châteaux de Saint-Germain, de Saint-Cloud, de Choisi, de Compiègne, etc. *magasin de grains pour le compte du roi*, et le nom du trésorier des grains pour le compte du roi, Mirlavault figurait dans l'*Almanach Royal*. Ainsi l'accaparement des céréales, la hausse exorbitante des prix, portaient le deuil et le désespoir dans toutes les familles du peuple. L'artisan, les cultivateurs, non propriétaires ne pouvaient avec le produit de leur travail procurer du pain à leur famille; placés entre la mort et les chances de l'émeute, ils ne pouvaient hésiter. Les remontrances des magistrats, des tribunaux, n'étaient pas écoutées. Les maires, les juges, étaient jetés dans les cachots de la Bastille; les ouvriers, les cultivateurs affamés, étaient sabrés par les troupes, condamnés aux galères, au gibet par les prévôts. Les fonctionnaires qui avaient refusé de se rendre complices des affameurs, étaient jetés dans les prisons d'état. Un citoyen courageux, le prevôt de

Beaumont osa dénoncer cet infernal pacte de famine; il est traîné du fond de sa province, à Paris. Il était depuis six ans dans les cachots de Vincennes, après avoir langui plus d'une année à la Bastille. La cause de sa longue captivité était connue de la France entière. Au premier bruit d'une amnistie générale pour tous les prisonniers politiques, on s'attendait à voir enfin cet éloquent et courageux citoyen rendu à la liberté; les ministres de Louis XVI acceptèrent l'œuvre inique des ministres de Louis XV. Le prévôt de Beaumont restera dans son cachot, il n'en sortira que pour être transféré à Charenton; l'heure de la liberté ne sonnera pour lui qu'après le 14 juillet 1789. Le défenseur du peuple ne devra sa liberté qu'au peuple.

Je ne citerai plus qu'un seul fait sur mille autres, et ce fait appartient encore au règne de Louis XVI. Bertheval de Rubigny n'est qu'un simple ouvrier; mais son éducation a été soignée : il a voulu doter son pays d'une nouvelle industrie. Jeune, il a parcouru le nord de l'Europe; il a étudié les procédés des plus fameuses usines pour la manipulation des cuirs; il a perfectionné par de longues et dispendieuses expériences, ces procédés; il fonde, sans aucun secours étranger, une tannerie au quartier Saint-Antoine; mais le commerce des cuirs était livré à une compagnie privilégiée; les hommes du monopole l'excèdent de poursuites; il démontre, dans un mémoire, que ce privilège a causé au commerce une perte de cent soixante millions ; il parvient à faire remettre son mémoire à Louis XVI ; il est appelé près du monarque, qui l'accueille avec bienveillance, et le renvoie à son ministre Turgot. Les préposés de la régie ont juré sa perte ; l'un des directeurs écrit au chef de la police de la capitale, qu'il faut à tout prix se défaire du séditieux industriel ; et, le 13 décembre 1777, son modeste domicile est envahi par les hommes de la police. Bertheval est arraché à son épouse, à ses onze enfans. Un cri d'indignation s'élève dans le redoutable faubourg ; ce cri retentit jusqu'à Versailles. On craint un soulèvement, et les portes de la Bastille sont ouvertes à Bertheval ; mais la compagnie privilégiée, qui avait appelé la mort sur cet utile et courageux citoyen, n'en continua pas moins son désastreux monopole.

Le peuple du faubourg s'est rappelé ce scandaleux abus de pouvoir : le peuple n'oublie ni les outrages ni les services ; et ce souvenir n'était pas étranger à l'insurrection populaire du 14 juillet 1789. Ce peuple avait vu avec indifférence conduire de la Bastille au Palais, et ramener du Palais à la Bastille, le cardinal de Rohan et ses complices ; mais il avait frémi d'indignation quand il apprit l'enlèvement du tanneur Bertheval, que le pouvoir n'eût osé tenter en plein jour. Il n'avait rien à craindre des larmes, des cris d'une femme et de ses enfans. Quand le jour parut, les portes de la

Bastille s'étaient refermées sur leur prisonnier.

Les archives de la Bastille renfermaient les documens les plus précieux sur l'histoire du gouvernement depuis 1659. On y déposait les pièces des procès les plus importans, jugés au parlement, au Châtelet, etc. On prétendait ainsi les soustraire à toute investigation. Il s'en faut que les registres tenus par les majors de ce château-fort, depuis la même époque, aient été rédigés avec exactitude; on y remarque des lacunes de plusieurs années. Souvent le même prisonnier y est inscrit sous des noms différens, plus souvent encore un nom *en l'air* est substitué au véritable nom. Il me suffira de citer l'*Homme au masque de fer*, *Maseres* de *Latude*, etc.; ces changemens de noms étaient non-seulement tolérés, mais formellement autorisés par les réglemens. L'arbitraire ne pouvait aller plus loin.

L'épisode de l'Homme au masque de fer appartient à l'histoire, j'ai dû lui consacrer un chapitre spécial dans la première partie de cet ouvrage. L'affaire des empoisonnemens, celle de l'émigration des protestans, les violences atroces employées pour arracher ce qu'on appelait les conversions, les proscriptions provoquées, exécutées par l'influence des jésuites, exigeaient aussi un chapitre particulier. Il importait également de connaître les précédens et le caractère des géôliers en chef, décorés du titre de gouverneur. La correspondance secrète de ces géôliers royaux avec les ministres, le lieutenant-général de police, offre de curieuses révélations; tous ces documens devaient être placés dans la partie historique. Le pacte de famine, conception infernale du gouvernement absolu, termine ce vaste et fidèle tableau, des fautes et des crimes du pouvoir absolu. Les faits sont partout en présence des preuves; qui oserait encore mettre en question, si la révolution de 1789 fut une nécessité? Je dirai plus, elle fut pour la France la condition de son existence politique.

CHAPITRE Ier.

Origine de la Bastille. — Sa première destination. — Son changement immédiat en prison d'Etat. — Son fondateur et son premier prisonnier. — Hugues Aubriot.

On appelait dans l'origine *Bastille*, les fortifications temporaires que l'on élevait autour des villes assiégées. C'est ainsi que Froissard appelle les redoutes que les Anglais élevèrent lors du siège d'Orléans, sous Charles VII (1428).

Au commencement du règne du roi Jean, l'entrée de Paris par le quartier Saint-Antoine, consistait en une porte, protégée par deux tours, qu'on nommait le Bastion Saint-Antoine. C'est là que fut assassiné, par Maillard, le prévôt Marcel en 1358.

La France était déchirée par deux factions puissantes : les Armagnacs ou Orléanistes et les Bourguignons ; cette dernière dominait à Paris. Hugues Aubriot, plébéien, né à Dijon, et dont le duc de Bourgogne et son conseil avaient su apprécier les talens et le zèle, avait été chargé de l'administration des finances, et bientôt après élu prévôt des marchands. Il fallait un homme de capacité et de courage pour protéger les existences et les propriétés contre deux partis en présence, et également exaspérés. Les privilèges de l'université étaient le plus grand obstacle à l'ordre public. L'université avait comme les grandes corporations, ses immunités, son gouvernement, ses tribunaux. Les écoliers n'étaient justiciables que de sa juridiction, ils faisaient en masse des incursions dans les autres parties de la ville; Hugues Aubriot avait fait fortifier le Châtelet pour s'opposer à leurs brigandages, l'expression n'est pas trop forte pour qualifier les excès des écoliers. Ce magistrat avait constamment opposé aux absurdes et illégales prétentions de l'université, la plus courageuse résistance. Il n'entre point dans la spécialité de mon plan, de rappeler les établissemens utiles que la capitale doit au patriotisme éclairé, infatigable, de Hugues Aubriot.

Le désastre de la journée de Poitiers, la captivité du roi Jean, l'occupation de nos plus belles provinces par les étrangers, menaçaient la capitale d'une prochaine invasion. Hugues Aubriot jeta les fondemens de la Bastille en 1369, suivant quelques historiens; en 1371, suivant Delamarre, il s'était d'abord borné à faire creuser des fossés autour de l'enceinte de la ville et à élever quelques murailles. Les nouvelles fortifications de la porte Saint-Antoine ne purent s'exécuter que pendant la paix. Deux tours furent ajoutées à celles qui existaient déja; toutes les quatre furent jointes par d'épaisses murailles. Le travail ne fut achevé qu'en 1381.

Deux ans après, Charles VI fit construire les autres tours qu'il réunit également par un mur, et les fit environner par un fossé de vingt-cinq pieds de profondeur. Les anciennes et les nouvelles constructions reçurent le nom de Château royal de la Bastille; d'autres ouvrages, appropriés à sa nouvelle destination comme prison d'État, commencés en 1553, ont été terminés en 1559.

Ainsi la Bastille était restée près de deux siècles telle qu'Aubriot l'avait faite; à peine en avait-il fait achever les travaux, qu'il avait été dénoncé au tribunal de l'évêque comme *impie*, *hérétique* et *débauché*: il avait été condamné à un emprisonnement perpétuel, renfermé au fort l'Évêque et ensuite à la Bastille.

En 1382, le peuple parisien, irrité par l'augmentation d'un impôt dont l'entière suppression avait été solennellement promise, après la mort de Charles V, se souleva, envahit la Bastille, délivra Hugues Aubriot, et l'invita à se mettre à sa tête. Mais, dès la nuit suivante, Aubriot sortit de Paris, et se réfugia en Bourgogne, où il passa tranquillement le reste de ses jours. Tel fut le fondateur et le premier prisonnier de la Bastille.

Dans les guerres civiles du siècle suivant, la population parisienne, entraînée par Hector de Saveuse, Jean de Luxembourg et d'autres capitaines bourguignons, assaillit la Bastille et s'en empara, et le gouvernement en fut donné à Robert de Canni, ennemi personnel du duc d'Orléans, qui avait séduit et déshonoré son épouse. Quelle cour! quelles mœurs! Tous les vices et tous les crimes se montraient dans toute leur hideuse nudité.

Charles VII était reconnu dans quelques provinces; mais les Anglais, à qui Isabeau de Bavière avait vendu et livré la France, étaient encore maîtres de Paris. Un Français, resté fidèle à sa patrie, était prisonnier à la Bastille; il paya sa rançon et obtint sa liberté. Revenu à la Bastille pour y voir ses compagnons d'infortune, il avait aperçu le guichetier dormant sur un banc; il se saisit des clefs, et, réuni à ses amis qu'il a délivrés, il tue le guichetier. Une partie de la garde subit le même sort. Les autres donnèrent l'alarme: les prisonniers insurgés furent bientôt enveloppés et mis à mort. Leur projet était non-seulement de s'évader, mais de s'emparer de ce château-fort, et de faciliter la rentrée de Charles VII à Paris.

Charles VII avait de nombreux partisans dans la ville: les Parisiens ne pouvaient supporter la domination étrangère. Le comte de Richemont se présenta, le 3 avril 1436, à la porte Saint-Jacques avec des troupes; elles forcent la garde; des échelles furent dressées par les bourgeois; Lile-Adam y monta le premier, et arbora sur la porte la bannière de France. Les Parisiens s'arment et se réunissent dans tous les quartiers;

ils marchent contre les Anglais commandés par l'évêque de Théroane, le prévôt de Paris, Larcher. Partout les Parisiens combattent et triomphent; la Bastille est bloquée, et les Anglais, qui l'occupaient, n'obtinrent la vie sauve qu'en capitulant et en payant une forte rançon.

Henri IV se rendit maître de la Bastille le 27 mars 1594; mais, sans coup férir, Brissac, gouverneur de Paris pour la Ligue, avait livré l'entrée de la ville à Henri. A cette nouvelle, Dubourg-Lespinasse, qui commandait à la Bastille, témoigna la plus vive indignation contre la trahison de Brissac, et, déterminé à défendre la Bastille, il envoya des soldats pour enlever toutes les farines qui se trouvaient dans les maisons voisines et dans les moulins à vent des remparts. Il fit tirer quelques coups de canon; plusieurs habitans du quartier Saint-Antoine furent blessés. Informé qu'Henri IV se disposait à faire le siège du château, il demanda et obtint d'envoyer prendre les ordres du duc de Mayenne, de qui il tenait le commandement. Le chef de la Ligue était à Soissons; il répondit à Dubourg-Lespinasse qu'il ne pouvait le secourir. Dubourg consentit à remettre la place, refusa l'argent qui lui était offert de la part d'Henri, et sortit du château, portant encore l'*écharpe noire* de ligueur et avec les soldats de la garnison, et se retira auprès du duc de Mayenne. Il jura qu'il se vengerait de la lâcheté de Brissac, et se battrait à outrance avec lui, dès qu'il pourrait le rejoindre.

Ce château-fort, devenu depuis cette époque prison d'État, n'a, pendant long-temps, reçu que des prisonniers d'un rang élevé; mais le gouvernement, devenu depuis plus absolu, plus ombrageux, plus intolérant, y a fait renfermer des malheureux de tout âge et de toute condition. Des changemens intérieurs sont devenus nécessaires pour remplir sa nouvelle destination.

J'ai cru devoir réunir, dans une seule notice détaillée, la description de chaque localité, et placer cette notice en regard du plan dressé sur les lieux avant la démolition de la Bastille.

CHAPITRE III.

Montagu, grand-maître de la maison du roi et surintendant des finances. — Factions d'Orléans et de Bourgogne. — Desessarts. — Jacques d'Armagnac duc de Nemours. — Le connétable de Saint-Pol. — L'amiral Chabot. — Le chancelier Poyet. — Le maréchal de Biron. — Les ducs de Bouillon. — D'Epernon. — Le comte d'Auvergne. — Ministère du cardinal de Richelieu. — Tableau nominatif des nobles et magistrats et plébéiens, proscrits, bannis, exilés, condamnés, exécutés, assassinés et empoisonnés. — Suite du règne de Louis XIII. — Le Maréchal d'Ancre. — Sa femme. — Mazarin. — Anne d'Autriche. — Louis XIV. — Le surintendant Fouquet. — Lettres galantes de la veuve Scarron, etc. — Le chevalier de Rohan. — Madame de Villars.

C'est s'imposer les plus absurdes et les plus évidentes contradictions que de juger les hommes et les faits passés en dehors des mœurs et des institutions de leur époque. L'autorité royale a été sans force réelle et sans dignité, tant qu'elle ne s'est pas appuyée sur les intérêts et les affections des masses. Deux factions, tantôt opposées, tantôt réunies, se disputaient ou se partageaient les pouvoirs. L'autorité royale, abandonnée à elle-même, était forcée de subir leur influence, sous peine de succomber. La noblesse et le haut clergé, dans le quatorzième siècle, s'étaient groupés sous les bannières d'Armagnac et d'Orléans; les masses, flétries par un long servage, obéissaient aveuglément à leurs maîtres. L'ignorance entretenait cette longue habitude d'asservissement. La prise de la Bastille, en 1417, à laquelle la population prit une part si active, ne fut qu'un fait de parti, qu'un succès de la faction de Bourgogne sur celle d'Orléans : tous ceux qui y furent renfermés à cette désastreuse époque ne pouvaient être considérés que comme prisonniers de guerre; les autres n'étaient qu'une exception.

Il en fut tout autrement depuis; ce château-fort ne reçut plus que des prisonniers d'Etat, et les procès de *Montagu*, de *Desessarts*, des comtes de Saint-Pol, de d'Armagnac, de Biron, avaient une cause toute politique.

Montagu, grand-maître de la maison du roi et surintendant des finances, avait acquis une fortune immense et rapide : son hôtel, ses châteaux étaient meublés avec le plus grand luxe; il possédait beaucoup d'or, de diamans, d'effets précieux; il s'était allié par les mariages de ses enfans et de ses parens aux plus grandes maisons; et, *« tandis que ses coffres étaient pleins, ceux « du roi étaient vides, de sorte que lui et ses « enfans, après avoir engagé leurs revenus et « leurs meubles, jusqu'à leur vaisselle, man- « quaient presque des commodités de la vie. »* (Hist. Méz. 1er v., p. 998.) Le peuple, sur lequel pesait tout le fardeau des impôts, s'indignait du luxe effréné et de l'ambition de ce ministre. Ses plaintes n'étaient qu'un vain bruit, et Montagu eût continué à jouir paisiblement de sa grande fortune et du pouvoir, s'il avait voulu abandonner la faction d'Orléans, et se dévouer au duc de Bourgogne; si ses richesses et ses grands emplois n'eussent été convoités par les partisans du prince bourguignon, alors tout-puissant. Ce n'était pas la première fois que les justes plaintes du peuple avaient servi de prétexte aux chefs des factions pour poursuivre et perdre leurs rivaux.

Le duc de Bourgogne avait fait arrêter Montagu, et l'avait livré à une commission extraordinaire, sous l'accusation de concussion et de péculat. L'accusé ne sortit de la Bastille que pour entendre son arrêt, et « fut mis en une charrette, « vestu de sa livrée d'une houpelande de blanc et « de rouge, chaperon de même, une chausse rouge, « et l'autre blanche, un esperon doré, les mains « liées devant, une croix de bois entre ses mains, « haut assis en la charrette, deux trompettes « devant lui : en cet estat mené ez halles, et la « teste lui fut copée * ».

Ces richesses, ces grands biens qu'on l'accusait d'avoir acquis aux dépens du trésor public, ont-ils été vendus pour réparer le déficit : on n'y songea point; ils furent confisqués suivant l'usage, et sui-

* MSS. de Rousseau à la Bibl. N. — Registre du Parl. — Reg. de la Cour des Comptes.

vant l'usage encore donnés aux seigneurs qui l'avaient dénoncé.

Desessarts qui avait provoqué et obtenu sa condamnation lui succéda au ministère des finances, et quatre ans après, accusé des mêmes crimes, il subit le même supplice. La mémoire de Montagu fut réhabilitée : tous deux, innocens ou coupables, avaient été sacrifiés à des passions privées, à des rivalités haineuses et cupides. Nous verrons d'autres ministres, d'autres grands seigneurs s'élever et tomber de même, et toujours par les mêmes causes, toujours sous le prétexte du bien public, et leur châtiment mérité ou non n'a profité qu'aux ambitieux qui ont hérité de leur pouvoir et de leurs dépouilles. Le peuple a continué de payer et de souffrir.

Le supplice de Montagu, date de 1409; celui de Desessarts de 1413.

Les circonstances qui ont précédé, accompagné et suivi la condamnation et le supplice de Jacques d'Armagnac duc de Nemours, ont un caractère d'atrocité dont l'histoire des temps et des pays les plus barbares offrent peu d'exemples. Lui aussi fut condamné par une commission extraordinaire; ses deux fils, encore enfans, furent placés sous l'échafaud, vêtus de longues robes blanches qui furent bientôt couvertes du sang de leur père. Tout n'est pas fini pour eux, ils sont ramenés à la Bastille, renfermés dans les plus hideux cachots; et deux fois chaque semaine, fustigés jusqu'à effusion de sang, par ordre et en présence de *Lhuillier* gouverneur de la Bastille ; tous les trois mois ce même gouverneur leur faisait arracher une dent... L'aîné perdit la raison et mourut dans les fers, le plus jeune n'obtint sa liberté qu'en 1483, après la mort de Louis XI; leur père avait subi son arrêt en 1476, il n'avait pas été arrêté, et s'était rendu volontairement à Pierre de Bourbon, gendre du roi, et qui, sur l'honneur, lui avait assuré qu'il ne lui serait fait aucun mal.

Le connétable, Louis de Luxembourg, comte de Saint-Pol, connétable de France, se rendait à Mons sous la garantie d'un sauf-conduit du duc de Bourgogne, prince souverain de ce pays, quand il fut arrêté, par le gouverneur de Saint-Quentin, *son meilleur ami*, conduit à Paris et jeté à la Bastille, dont Philippe Lhuillier était encore gouverneur. Le connétable fut condamné par une commission extraordinaire à être écartelé, *les quatre membres pendus en voies publiques et le corps au gibet*; mais par grace spéciale, il fut décapité et sa famille fut autorisée à le faire inhumer.

Que de crimes, que de désastres eussent été prévenus, si l'autorité royale eut respecté la foi des sermens et la loi fondamentale du pays ; si les décrets de l'assemblée vraiment constituante de 1355, n'eussent pas été violés ; si les états convoqués à des époques déterminées, eussent été appelés à fixer l'impôt annuel et à intervenir dans toutes les grandes questions qui intéressaient la sûreté intérieure et extérieure de la France. L'autorité royale a perdu en garantie, en force morale, ce qu'elle croyait gagner en pouvoir; elle ne s'est affranchie du contrôle légal, et nécessaire des Etats-généraux que pour se mettre à la merci de deux factions rivales, qu'une aveugle ambition, de vaniteuses antipathies, ont jeté dans tous les excès et dans tous les crimes. Les leçons du passé, les évènemens même dont les chefs des deux factions étaient les témoins, les instrumens et souvent les victimes, étaient sans enseignement pour l'avenir.

L'amiral Chabot, élevé aux plus hautes dignités, maître d'une grande fortune, favori du roi, devait se croire à jamais heureux et inaccessible aux intrigues des courtisans; une disgrace même ne pouvait être pour lui qu'un malheur très réparable; sûr de l'amitié du roi, de la bienveillance de la favorite que pouvait-il craindre? La jalousie d'un rival de pouvoir, la haine d'un prêtre ont fait évanouir un rêve de bonheur.

Sur une accusation vague, Montmorency et le cardinal de Lorraine, l'ont fait descendre des marches du trône dans un cachot de la Bastille. Il voudra prouver la fausseté de l'accusation par des témoins. Dévoué à ses ennemis, le chancelier Poyet a tout prévu, une ordonnance a privé les accusés de l'unique garantie de l'innocence. Chabot restera sans défense en présence d'une honteuse accusation; il succombera. Condamné à une amende énorme, il ne pourra la payer, et l'amiral de France restera en prison; mais un caprice, un mot de la favorite, le sauvera. Le plus étourdi, le plus crédule des princes, François Ier, a rendu ses bonnes grâces à l'amiral.

Montmorency et le cardinal de Lorraine sont les accusateurs de l'amiral, eux seuls avaient, par leur influence, leurs intrigues, provoqué, obtenu sa condamnation; l'amiral rentre en faveur; proclamé innocent, il devait s'attendre à voir ses accusateurs poursuivis à leur tour, et condamnés comme calomniateurs. Il n'en allait pas ainsi à la cour des Valois. Montmorency et le cardinal de Lorraine n'éprouvèrent pas le plus léger désagrément. Guillaume Poyet, leur instrument, portera seul le poids du ressentiment du roi. François est furieux; il ordonne l'arrestation et la mise en jugement du chancelier. On bâtit une accusation sur une peccadille insignifiante.

A son tour, Poyet veut répondre par des témoins; on lui oppose sa fameuse ordonnance; il ne l'avait faite que pour perdre l'amiral Chabot. Il a porté la peine d'un acte arbitraire qui fut son ouvrage; et, pour rendre sa défense impossible et sa condamnation inévitable, il a suffi de lui appliquer sa propre loi. C'était justice; mais, l'abus une fois reconnu, il fallait le détruire; il fallait abolir une ordonnance inique; l'ordonnance resta.

Voltaire appelle les rois *illustres ingrats*; son

héros, auquel il a créé une réputation usurpée, fut plus qu'ingrat envers ceux qui, au prix de leur sang, l'avaient fait roi. La condamnation de Biron fut son ouvrage. Biron avait conspiré pour la faction espagnole, à une époque où Henri IV n'avait pas encore d'enfans, ni de collatéraux au degré successible. Le roi d'Espagne convoitait le trône de France. Il lui avait été facile de se créer un parti dans la haute noblesse et parmi les principaux officiers de la couronne. La main d'une Infante et le don d'une de nos plus belles provinces, érigées en principauté indépendante, avaient été promis à Biron, pour prix de sa coopération dans cette intrigue. C'est un fait incontestable; mais il s'était rétracté, il avait abandonné ce parti : il l'avait abandonné spontanément. Henri avait fait plus que lui pardonner sa faute; il lui avait rendu son amitié, son rang, ses honneurs; il lui avait confié un gouvernement important. Biron avait en effet rompu toutes ses relations avec l'Espagne et la Savoie, depuis la naissance du dauphin. Cet évènement avait tout changé. Tant que Henri n'avait pas eu d'enfant, Biron avait voulu s'assurer son avenir. Il avait moins consulté l'intérêt général de la France que son intérêt privé. Il voyait la France déchirée par la guerre civile et la guerre étrangère. Après la mort d'Henri sans postérité, il la voyait envahie, partagée, il avait d'avance fait sa part du butin. Il eût été plus français et plus honorable de combiner, d'arrêter un plan de défense générale contre l'invasion étrangère et l'ambition des chefs de parti dans l'intérieur. Mais telle est l'inévitable conséquence des monarchies; tout vit, tout meurt avec le prince; et, s'il n'a point laissé d'héritier, les grands se disputent le trône devenu vacant; chacun des prétendans se ligue avec les étrangers, et le plus horrible des fléaux, la guerre civile, décime la capitale et les provinces. Biron n'avait fait que ce que les autres grands du royaume avaient fait ou projetaient de faire; mais, en admettant qu'il eût été coupable, et ce point est incontestable, ce n'est point la question du procès; il s'agissait de savoir s'il avait cessé de l'être. Il y avait eu de sa part tentative, mais non pas exécution d'un crime; cette exécution avait été suspendue par une circonstance dépendante de sa volonté. Il était donc excusable; un jury l'eût absous; des commissaires l'ont condamné.

Comment justifier Henri IV de la part active qu'il prit à cette affaire? Croyait-il Biron coupable? il devait se borner à le faire traduire devant les juges ordinaires, et laisser à l'action des lois son libre cours; mais devait-il se ravaler au rôle ignoble d'agent de police; tendre un piège à Biron pour l'attirer dans son cabinet et l'y faire arrêter? C'est ce qu'il a fait.

Sully n'avait vu aucune difficulté d'arrêter les ducs de Bouillon, d'Epernon et le comte d'Auvergne : il s'attendait à une violente résistance de la part du maréchal Biron, et il avait proposé à Henri de l'attirer dans son appartement, et de se saisir de sa personne par des gentilshommes dévoués et qu'on ferait cacher, tout prêts à se montrer au premier signal. Henri ne repousse point la pensée d'un honteux et lâche guet-à-pens; il avait répondu : « Je ne veux pas remplir ma chambre et mon cabinet de sang ». Il était convenu que ces seigneurs seraient arrêtés tous, la nuit suivante, dans leur lit. « Sully s'était retiré « dans son pavillon, qui estait vis-à-vis celuy du « mareschal; et, après soupper, se bostat et fit « boster des gens, seller ses chevaux et aprester « son bagage, et se retira dans sa petite chambre, « qui avait veue sur le pavillon du mareschal. At- « tendant d'heure en heure à le veoir attaquer, se « promenant, quelques fois lisant, il ouït sonner « neuf, dix, onze, douze heures.... » Enfin averti par la Varenne que le roi le demandait, il se rendit auprès de lui, et il apprit que le roi avait fait arrêter ces seigneurs dans son cabinet.

Henry s'était ravisé et avait suivi le conseil de Sully, qui partit sur-le-champ pour Paris, et fit tout disposer à la Bastille pour les recevoir; avant de quitter Fontainebleau, il avait donné les ordres nécessaires pour les faire transporter en bateau. (Ecoss. et servit. roy. 2 p. 49).

Biron prétendit avec raison, qu'il avait fait à Henry l'aveu de sa faute, qu'il lui avait même offert de lui dévoiler tout le complot tramé avec les cours d'Espagne et de Savoie, enfin que le roi lui avait pardonné; sa justification résultait d'une lettre produite par le traître *Lafin*; par cette lettre, Biron apprenait à son confident, qu'il avait changé de résolution, renoncé au complot et l'engageait à l'imiter. Il terminait ainsi : « Puisque « Dieu a donné un fils au roi et au royaume, il « faut oublier nos visions anciennes, et si vous « avez bien fait par le passé, tâchons de faire « mieux à l'avenir. »

Rien de plus clair que ces expressions. Le complot avait été abandonné volontairement par Biron avant d'avoir eu un commencement d'exécution, Biron était donc excusable : sa faute lui avait été remise par le roi lui-même, lors de son passage à Lyon. Ses juges, ou plutôt les commissaires, avaient ordre de le condamner; ils déclarèrent qu'il y avait eu abolition de *fait*, non de *droit*, attendu que l'accusé n'avait pas obtenu de « lettres d'abolition enregistrées au parlement ». Vainement le maréchal demanda que le roi s'expliquât sur ce qui s'était passé entre eux. Henri fut impitoyable. N'avait-il pas fait arrêter lui-même l'accusé dans un guet-à-apens? n'était-il pas entré dans les moindres détails de cette arrestation et du transport des prisonniers, de Fontainebleau à Paris. Sully n'avait été que l'instrument passif des ordres du monarque, et Sully était parent de Biron, et se disait son ami. Biron lui-même le croyait tel; il en parla en ces termes à

M. de Rumigny, concierge de la Bastille, au moment où il marchait au supplice.

La Bastille n'était encore, à cette époque, que le dépôt des réserves du trésor. Sully n'en était gouverneur qu'en qualité de grand-maître de l'artillerie. Ce château ne recevait que des prisonniers d'état.

Barbin, la maréchale d'Ancre et beaucoup d'autres furent enfermés à la Bastille sous le règne de Louis XIII, mais ils ne pouvaient être considérés comme prisonniers d'état. Barbin était victime d'une intrigue de cour ; le favori de Louis XIII ne voulait que l'éloigner de la reine-mère ; d'autres serviteurs de cette princesse avaient été écartés par le même moyen. Ils recouvrèrent la liberté, et la maréchale d'Ancre n'eût été qu'exilée, si elle eût été pauvre ; mais son immense fortune était convoitée par les favoris ; une condamnation capitale en entraînait la confiscation ; elle ne pouvait échapper à la mort.

Le nombre des détenus à la Bastille, par ordre de Richelieu, s'élève à peu près à cent, dont deux ou trois pour *religion*. Presque tous appartenaient à la classe privilégiée. C'étaient des grands seigneurs, des prélats, de grandes dames. Richelieu continuait Louis XI. On ignore les noms de la plupart des victimes mises à mort à Ruel, beaucoup d'autres ont été enfermées à Vincennes et autres châteaux-forts ; plusieurs assassinés, un plus grand nombre exilés ou bannis. Cinq-Mars et de

Thou ont été suppliciés à Lyon, Montmorency à Toulouse, le comte de Chalais Talleyrand à Nantes, le comte de Bouteville et des Chapelles, le maréchal de Marillac, à Paris; d'Hautefort, vicomte d'Étranges, à Étranges; le grand-prieur de Vendôme, le maréchal d'Ornano, moururent dans la prison de Vincennes. Gargan fut exécuté au carrefour Saint-Paul, pour sortilège (1631); Saint-Léger Montgaillard, décapité à Paris; Deshayes-Cormenin, à Beziers; d'Entrague, de Capistran, Castrin, à Paris; Chavagnac, à Metz; le capitaine Duval, pendu en 1631; Campredon, officier du duc de Rohan, décapité en 1626; le baron de Saint-Angel, dit le Clausel, pendu en 1626; Gaspard Boulanger, à Amboise; Saint-Preuil de Jussac, décapité à Amiens; le comte de Rieux, de la Feuillade, de Saint-Genit, le baron de Leran, d'Alsan, de Beaumarchais, le duc de la Valette, le duc de Guise, archevêque de Reims; le duc de Rouanez, la marquise de Forgis, le marquis de la Vièville, le commandeur du Jart, le duc de Rohan, le marquis de Marole, etc., etc., etc., avaient été condamnés par contumace, et ont été exécutés *en effigie*.

J'ai indiqué les circonstances particulières des causes et de la durée des proscrits qui ont été enfermés à la Bastille. (Voir les articles qui les concernent, et leurs noms dans la partie biographique); ce régime de terreur et de sang, dirigé par le cardinal Richelieu, a duré plus de seize ans, et n'a fini qu'à sa mort.

Sous le règne de Louis XIV, la Bastille put contenir tous ceux qui avaient le malheur de déplaire aux maîtresses du prince ou à ses ministres, et les accusés de crimes réels ou supposés traduits devant ces commissions extraordinaires, dont le siège fut dès-lors établi à l'Arsenal.

Ainsi, tandis que les ministres de Louis XIV appelaient le concours de tous les parlemens pour la rédaction de nouveaux codes, pour déterminer les attributions de tous les tribunaux, ils établissaient, en dehors de ces juridictions et du droit commun, des commissions de leur choix, placées dans leur dépendance exclusive, et dont l'unique loi était le bon vouloir ministériel. Les portes de la Bastille ne s'ouvrirent et ne se fermèrent que par leurs ordres. Comment le parlement de Paris, si jaloux de ses prérogatives, et qui brisait à son gré les dernières volontés du roi, disposait de la régence pendant la minorité, ne s'était-il pas élevé contre cet étrange abus de tous les pouvoirs, contre l'usurpation flagrante de l'autorité royale, ou plutôt des ministres; comment a-t-il gardé le silence dans une circonstance aussi grave; comment a-t-il souffert que ces actes arbitraires se prolongeassent impunément pendant plus d'un siècle; il se ravisa enfin, mais lorsqu'il fut atteint lui-même et enveloppé dans la proscription commune.

Alors seulement, il éleva la voix; mais dès que le danger fut passé, dès qu'il n'eut plus à craindre pour ses membres que la suspension de ses fonctions et l'exil, il se borna à réclamer pour lui seul, et laissa le despotisme ministériel disposer à son gré de la liberté, de l'existence même des autres citoyens.

Il fit plus, on le vit s'associer à ses ressentimens et à ses vengeances; et, dans les causes qui lui furent déférées par *lettres-patentes*, il se montra aussi obséquieux, aussi servile, que les commissions.

Dès lors, les ministres purent, sans craindre des *remontrances*, soustraire de grands coupables à la juridiction parlementaire, et compter sur la docilité de cette cour pour sévir contre les victimes qu'ils leur livraient. Leur condamnation était écrite d'avance, il est inouï qu'un innocent, déféré au parlement par les ministres, ait été absous.

Ce ne fut qu'en 1753, que le parlement de Paris fit un appel aux autres parlemens, à toute la France, contre cette épouvantable anarchie; cet appel fut entendu. La cour pouvait encore avoir bon marché de l'opposition des parlemens, elle eut recours à la violence, à la force brutale. Maupeou voulut renverser les parlemens et échoua dans son audacieuse entreprise; mais avant cette lutte et tant qu'elle dura, combien de victimes ont été encombrées dans les cachots de la Bastille; combien y ont péri de l'excès de leurs souffrances, ou en mettant elles-mêmes fin à leurs douleurs par le suicide.

Le châtiment d'un ministre prévaricateur est en même temps un acte de justice et un bienfait; il peut contenir dans les limites de la légalité, ceux qui lui succéderont; mais sans la publicité des débats, sans l'exacte observation des formes déterminées par le droit commun, une condamnation est illégale, et sans utilité pour la chose publique.

Il est vrai de dire que Fouquet a été condamné et non jugé, par une contradiction dont notre histoire offre tant d'exemples. L'autorité royale pour laquelle ses principaux agens exigent des masses un respect sans bornes, une sorte de culte, a toujours été compromise, avilie en pareille circonstance; les ministres font toujours jouer au roi un rôle honteux. Ainsi, Louis XIV accepte une fête de Fouquet, lui témoigne la même confiance quand il vient de signer l'ordre de l'arrêter.

Dans les intrigues de cour, les causes les plus frivoles amènent souvent les évènemens les plus graves. La veuve Scarron, devenue favorite et presque reine, ne pouvait, comme tous les parvenus, voir qu'avec une peine extrême ceux dont l'aspect lui rappelait ce qu'elle avait été; elle avait tout tenté pour indisposer son royal amant contre Fouquet, dont la présence lui rappelait d'humilians souvenirs. Ce n'est qu'une conjecture, mais elle est au moins vraisemblable; tous les papiers de Fouquet avaient été saisis sans nulle exception,

et parmi ces papiers se trouvèrent des lettres de la veuve Scarron, qui depuis afficha une vertu si sévère; ces lettres prouvaient qu'elle n'avait pas toujours été aussi scrupuleuse; elle briguait elle-même les honneurs du mouchoir, elle était pauvre, obscure; Fouquet avait la clef du trésor de l'Etat, il savait qu'avec les financiers et les hommes d'Etat il faut en finir promptement, et que le dénouement des négociations en affaire comme en plaisir, ne doit pas se faire attendre. C'est dans cet esprit qu'elle avait écrit les deux lettres suivantes; elle était alors obscure et pauvre. « Je ne vous connais pas assez pour vous
« aimer; et quand je vous connaîtrais, peut-être
« vous aimerai-je moins; j'ai toujours fui le vice,
« et naturellement je hais le péché; mais je vous
« avoue que je hais encore plus la pauvreté. J'ai
« reçu vos dix mille écus, si vous voulez encore
« en apporter dix mille dans deux jours, je ver-
« rai ce que j'aurai à faire. »

Deuxième lettre.

« Jusqu'ici, j'étais si bien persuadée de mes
« forces que j'aurais défié toute la terre; mais j'a-
« voue que la dernière conversation que j'ai eue
« avec vous m'a charmée : j'ai trouvé dans votre
« entretien mille douceurs, à quoi je ne m'étais
« pas attendue. Enfin, si je vous vois jamais seul,
« je ne sais pas ce qui arrivera. »

La pauvre veuve avait voulu faire ses affaires

elle-même : le galant contrôleur-général n'était embarrassé que sur le choix. D'autres se chargeaient de pourvoir à ses plaisirs; deux autres lettres fort courtes et très significatives, vont le prouver.

Madame de Valentinois, avec cette complaisance, dont une dame de cour est seule capable, écrivait au surintendant : « Je ne sais plus de
« quel prétexte me servir pour vous voir : j'ai passé
« deux fois aujourd'hui, inutilement au-dessous
« de vos fenêtres; donnez-moi *un rendez-vous*
« je pourrai me défaire de tout le monde pour
« m'y rendre.

« J'ai parlé à madame....... de la bonne sorte, et
« puis quasi répondre d'elle : je vous ai ménagé une
« entrevue pour après-demain; mais je souhaite
« qu'elle ne soit pas comme elle est aujourd'hui.
« Jamais elle ne m'a paru si aimable, et assuré-
« ment mes affaires iront fort mal. »

L'abbé de Belebat, dont l'ambition se bornait à se voir enregistrer sur la feuille des bénéfices, était plus concis dans sa correspondance avec l'heureux surintendant des finances. Sa lettre est brève comme un bulletin de courtier.

« J'ai trouvé aujourd'hui votre fait. Je sais une
« fille belle, jolie et de bon lieu; j'espère que
« vous l'aurez pour trois cents pistoles. »

Voilà les mœurs de l'époque. La cour du *grand roi* était ainsi faite.

Fouquet a trouvé des amis et des défenseurs dans l'adversité. Les gens de lettres ne l'abandonnèrent point; il suffit de citer La Fontaine et Molière. Pelisson s'est immortalisé par son généreux dévouement; il eut laissé une réputation honorable et toujours pure, s'il ne se fût laissé entraîner dans cet ignoble et sale coterie des *convertisseurs*, qui, l'argent du trésor et les dragons aidant, avaient le monopole des conversions à tant par tête.

L'aveu d'un accusé ne doit jamais faire preuve contre lui. Entre lui et la société qui l'accuse, les témoins seuls doivent éclairer la conviction du juge : cette maxime de justice et de probité était dictée par la raison avant d'être consacrée en principe judiciaire.

Le chevalier de Rohan et ses complices étaient coupables du plus grand des crimes, ils avaient trahi leur pays, ils avaient vendus à l'ennemi l'entrée des frontières qu'ils étaient chargés de garder et de défendre. Il eut été possible de découvrir la preuve légale de l'accusation par une enquête. On n'y songea pas. Les commissaires eurent recours à de honteux expédiens, à de perfides allégations, à des mensonges enfin pour surprendre l'aveu d'un accusé.

Le chevalier de Rohan et ses complices étaient vraiment des criminels d'État. Le jugement de cette affaire appartenait au parlement de Rouen. C'était le tribunal suprême du lieu du délit; la procédure révéla le motif qui avait déterminé à soustraire les accusés à leurs juges naturels. Un prince était compromis par les déclarations du chevalier Louis de Rohan, il fallait sauver l'honneur de ce prince, et par ordre du roi cette déclaration fut biffée sur les registres.

« Tous crimes doivent être jugés et punis aux « lieux où ils ont été commis. » Ce principe de droit était consacré par l'ordonnance de 1770, et c'est sous l'empire de cette ordonnance et quatre ans après sa promulgation, que fut rendu par des commissaires, et à Paris, l'arrêt qui condamna Louis de Rohan, le chevalier Despréaux, la dame de Villars et Affinis Vandenenden, ses complices. Voilà comme les ministres de Louis XIV respectaient les ordonnances qu'ils avaient fait rendre. Le parlement de Rouen était seul compétent. Le privilège s'étendait à tout, l'échafaud avait aussi les siens. Louis de Rohan, le chevalier Despréaux, madame de Villars étaient nobles et furent décapités. Le Hollandais Affinis Vandenenden était étranger et plébéien, il fut pendu *.

* Voy. La Biographie des Prisonniers de la Bastille, V°. Rohan, Villars, etc.

CHAPITRE IV.

Cour des poisons. — La marquise de Brinvilliers. — La Voisin. — Les prêtres Le Sage, Etienne Guibourg, et Giles Davot. — Interrogatoire et torture. — Le marquis de Feuquière. — Madame de Vivonne. — Le duc de Luxembourg. — Les comtesses de Polignac, du Roure, de Soissons. — La duchesse de Bouillon. — Le comte de Saissac. — Mademoiselle de Lagrange, le curé de Launay. — Révocation de l'édit de Nantes. — Proscription des Protestans. — Bannissement. — Supplices. — Confiscations. — Emigrations, etc.

Madame de Sévigné avait de l'esprit et de la gaîté de reste, pour faire du procès et du supplice de la marquise de Brinvilliers le sujet d'une plaisanterie. C'est en sortant de la Grève, où elle a vu l'exécution, le 17 juillet 1776, que madame de Sévigné, dont les lettres sont citées comme un modèle de sensibilité exquise, écrit :

« Enfin, c'en est fait, la Brinvilliers est en
« l'air; son pauvre petit corps a été jeté, après
« l'exécution, dans un fort grand feu, et ses cen-
« dres au vent, de sorte que nous la respirerons;
« et par la communication des petits esprits, il
« nous prendra quelques humeurs empoisonnantes
« dont nous serons tous étonnés.

« Elle fut jugée hier. Ce matin on lui a lu son

« arrêt, et on l'a *présentée* à la question. Elle a
« dit d'abord qu'il n'en était pas besoin, qu'elle
« dirait tout. En effet, jusqu'à quatre heures, elle
« a conté sa vie plus épouvantable qu'on ne peut
« penser.... A six heures, on l'a menée, nue en
« en chemise et la corde au cou, à Notre-Dame,
« faire amende honorable, et puis on l'a remise
« dans le même tombereau, où je l'ai vue jetée
« à reculons sur de la paille, avec une cornette
« basse, un docteur auprès d'elle, un bourreau
« de l'autre côté; elle est morte comme elle a vécu,
« c'est-à-dire avec fermeté.

« Elle a dit à son confesseur, en chemin, de
« faire mettre le bourreau devant, afin de ne
« pas voir ce coquin de Desgrais qui l'avait
« prise.... »

C'était à la Bastille que le chevalier de Sainte-Croix avait appris l'art de confectionner les poisons; il avait eu, pour maître, Exili, autre prisonnier. La marquise de Brinvilliers a été initiée au crime par le chevalier de Sainte-Croix, son amant. Ce chevalier, bâtard d'un seigneur normand, avait été introduit dans la maison de la marquise par le mari de cette dame. Le lieutenant civil Danbrai, pour faire cesser le scandale, et mettre un terme aux relations coupables du chevalier, n'imagina rien de mieux que de le faire mettre à la Bastille par lettre de cachet. L'adultère était flagrant, la conduite de Sainte-Croix n'était rien que régulière; c'était un véritable chevalier d'industrie; le père de madame de Brinvilliers pouvait le poursuivre ou le faire poursuivre pour des délits qui eussent été facilement et légalement prouvés; les lois lui offraient le moyen de le faire bannir de la capitale; il préféra la voie arbitraire des lettres de cachet. Il n'avait pas assez de crédit pour prolonger indéfiniment l'emprisonnement de l'amant de sa fille; et le prisonnier reprit bientôt après sa liberté et ses anciennes relations. Il s'était lié, pendant son court séjour à la Bastille, avec l'Italien Exili, fabricant et débitant de poison. Exili avait été arrêté avec un autre Italien qui mourut à la Bastille. Exili avait appris à Sainte-Croix ses funestes secrets; il n'avait pu, dans leur prison, que lui enseigner la théorie de son art. Sainte-Croix était venu s'établir à l'hôtel de Brinvilliers, aussitôt après sa sortie de la Bastille. Exili, puissamment protégé, obtint aussi sa liberté. Il fut admis dans le même hôtel, et sous les yeux du chevalier et de la marquise, il composa des poisons dont celle-ci faisait l'essai dans les hôpitaux qu'elle fréquentait. Assurée du succès, elle devint parricide; son père, ses frères moururent empoisonnés par elle ou par ses complices. Sainte-Croix périt en préparant un poison très subtil. Lachaussée, son valet, était passé successivement au service de Danbray l'aîné et de l'abbé Danbray, frères de la marquise. Lachaussée avait péri sur la roue. Ses révélations avaient compromis son ancien maître, la marquise et le receveur-général du clergé, Penautier, que son or et la protection de l'archevêque de Paris et du haut clergé, sauvèrent d'une condamnation capitale et méritée. Exili et l'autre Italien n'avaient été signalés à l'autorité que par des révélations faites au grand pénitencier de Paris; mais Exili, qui survécut à son complice décédé en prison, ne fut point livré à la justice ordinaire; il fut soustrait à l'action des tribunaux, et cette infraction à la loi commune enhardit les autres artisans de poison. Les grands seigneurs, les grandes dames de la cour, dont ces scélérats n'avaient été que les instrumens, ont trouvé grace devant la chambre ardente, dont le lieutenant-général de police la Reynie était rapporteur. Cette chambre ne se montra sévère que contre d'obscurs accusés. Ce la Reynie, premier lieutenant-général de police, n'avait pas été investi de cette magistrature municipale, à l'occasion des empoisonnemens, mais contre la presse et contre les auteurs et distributeurs des nouvelles à la main; et sur quatorze procès, dont il fut en même temps l'accusateur et l'un des juges, un seul prévenu fut condamné à être banni de Paris pendant quelques années. Le gouvernement du *grand roi* s'était rendu complice des empoisonnemens, en créant une juridiction exceptionnelle, qui ne devait juger que par ordre. Les grands coupables devaient être épargnés; les autres seuls devaient porter la peine de leurs crimes communs. Si Exili et son complice; si ces deux premiers artisans de poisons eussent été immédiatement livrés à la justice du parlement, leur châtiment eût pu arrêter le cours de tant d'autres assassinats. Si le chevalier de Sainte-Croix, la marquise de Brinvilliers et tant d'autres n'eussent pas été initiés dans cet art homicide, que de victimes n'eussent pas péri! que de crimes eussent été prévenus! L'égalité devant la loi, est plus qu'un droit; c'est un bienfait, c'est une garantie pour toutes les existences, pour toutes les propriétés. Le père de la Brinvilliers n'avait voulu que faire cesser un scandale domestique, en faisant emprisonner par une lettre de cachet le complice de sa fille adultère. Cette lettre de cachet lui coûta la vie : sa fille, épouse coupable, devint parricide. L'arbitraire, employé pour la répression d'une faute, a été la première et l'unique cause des crimes les plus révoltans. On ne doit attribuer qu'aux lettres de cachet lancées contre l'Italien Exili et le chevalier de Sainte-Croix, cette épouvantable série d'empoisonnemens qui ont porté la mort et l'effroi jusque dans les familles royales de France et d'Espagne.

Le parlement a jugé la marquise de Brinvilliers, et à fait bonne justice.

Bastard et le *Maître* étaient détenus à la Bastille comme complices de la marquise de Brinvilliers; le premier fut transféré à la Conciergerie et l'autre resta à la Bastille, où ils étaient tous deux depuis le 4 août 1676.

Mais pourquoi, quelques années après, a-t-on

soustrait à sa juridiction d'autres accusés du même crime? C'est que la marquise de Brinvilliers n'était qu'une femme ordinaire, qui ne tenait pas à la cour, et que les autres étaient de grands seigneurs, de grandes dames, que le roi recevait chaque jour dans son palais de Versailles, qui avaient l'entrée des petits appartemens. Il ne s'agissait pas de les faire condamner, mais de les sauver. Le roi établit une commission spéciale à l'Arsenal, que l'on appela comme celles qui l'avaient précédée, Chambre Royale de l'Arsenal, que le public nomma *Cour des Poisons*.

Plusieurs accusations d'empoisonnemens furent jugées au parlement de Paris en 1676, 1677 et 1678, et ces sortes de crimes se renouvellaient surtout à la cour avec une effrayante progression.

La voix publique signalait plusieurs dames et seigneurs; les interrogatoires subis par La Voisin, les prêtres Le Sage, Guibourg et Davot révélèrent de grands coupables. La Chambre Royale, établie par lettres patentes du 7 avril 1679, se composait de huit conseillers d'État, six maîtres des requêtes: Robert, procureur du roi au Châtelet, fut nommé procureur-général de la commission; Perrey, avocat au parlement, substitut; Sagot, greffier du Châtelet, fut appelé aux mêmes fonctions dans la commission; Bezous et La Reynie, rapporteurs.

Aucun membre du parlement n'en fit partie; la commission ne se composait que de fonctionnaires dans la dépendance des ministres. Ainsi les hommes du gouvernement restaient seuls chargés de prononcer sur un crime capital, dont le parlement seul devait connaître, et dont seul il avait connu jusqu'alors. Les fabricateurs de poisons, gens obcurs et de la *plebe*, La Voisin, La Vigoureux, les prêtres Le Sage, Guibourg et Davot furent condamnés à mort et exécutés. Restaient à juger ceux à la demande desquels ils avaient fabriqué ou livré les poisons, et les mêmes charges pesaient sur tous les accusés.

Les coupables cependant continuaient de se montrer à la cour; comment auraient-ils craint la sévérité des commissaires, le roi lui-même avait écrit à la comtesse de Soissons que si elle ne se sentait pas *bien nette* dans l'affaire des poisons, il lui conseillait en ami de pourvoir à sa sûreté, elle ne se le fit pas dire deux fois et partit immédiatement pour le Brabant avec la marquise d'Alluye.

Toutes ces procédures criminelles s'instruisaient alors à huis clos, et les juges seuls connaissaient les déclarations des accusés et des témoins. Mais toutes les procédures instruites devant les nombreuses commissions qui ont siégé à l'Arsenal, avaient été déposées aux archives de la Bastille, et la plupart ont été alors livrées à la publicité; d'autres ont été transférées dans les dépôts publics ou recueillies par des curieux.

Les déclarations de La Voisin, de Le Page et des autres accusés, qui furent jugés les premiers, et qui seuls furent condamnés, ont jeté sur ces crimes, long-temps secrets, une affreuse lumière. La superstition mêlait des momeries aux horreurs de l'empoisonnement; des profanations sacrilèges, le blasphême, d'obscènes impiétés, précédaient l'exécution du crime. Le prêtre Etienne Guibourg était aumônier du comte de Montgommery, il avait déclaré avoir remis à un sieur Dami du poison pour se défaire du ministre Colbert; la première dose ayant manqué son effet, une plus forte lui avait été demandée. Une autre demande de poison lui avait été faite par Pinon-Dumartray, conseiller au parlement, pour être donné au roi par un des officiers de la bouche; Pinon Dumartray voulait venger par un crime l'emprisonnement de Fouquet, dont il était parent. L'abbé Guibourg avait ajouté qu'à la sollicitation de Le Roy, gouverneur des pages de la petite écurie, il avait dit des messes sur le ventre de plusieurs femmes, retroussées jusque au-dessus de la gorge.

On le conduisait, les yeux bandés, au lieu où la messe devait être célébrée et on le ramenait de même après, au lieu où on l'avait été chercher. Ces messes étaient payées fort cher. Il avait reçu vingt pistoles (200 f.) pour une de ces messes célébrée dans une maison à Saint-Denis. Après la consécration, il devait prononcer la conjuration, conçue en ces termes : « je vous conjure esprits, dont vos noms sont dans ce papier écrit, d'accomplir la vérité et le dessein de la personne pour laquelle cette messe est célébrée. »

Le prêtre Guibourg était âgé de 71 ans ; un autre prêtre, Gilles Davot, révéla les mêmes horreurs et les mêmes profanations. Je transcris son interrogatoire ; les faits sont vrais, sont démontrés, et cependant hors de toute vraisemblance : on ne peut concevoir ces excès de scélératesse et de stupidité C'est à de pareils traits, que l'on peut appliquer ce mot profond de Mirabeau à son compatriote Béranger : « Vous ne pourrez croire ce dont cependant vous serez convaincu. »

« L'an mil six cent quatre-vingt-un, le neuvième de juillet, dix heures du matin, nous, Claude Bazin, chevalier, seigneur de Bézons, conseiller d'état ordinaire, et Gabriel Nicolas de La Reynie, conseiller d'état ordinaire, commissaires députés pour l'exécution des lettres-patentes du 7 avril 1679, sommes transportés avec le greffier de la commission au chasteau de la Bastille, où estant, avons fait venir par devant nous, dans la chambre de la question, Gilles Davot, condamné à mort par arrêt de la chambre du 7 du premier mois, auquel Davot pour ce, fait mettre à genoux, avons fait prononcer par ledit greffier de la commission, ledit arrêt, par lequel il a esté déclaré duement atteint et convaincu des crimes de sacrilèges, profanations et impiétés, et d'avoir abusé de son titre de prestre. Pour réparation de quoy, et pour les autres cas mentionnés au procès, il a esté condamné à faire amende honorable au-devant de la principale porte de l'église de Notre-Dame, et estre pendu et estranglé à une potence en la place de Grève, son corps mort jeté au feu et ses cendres au vent; ledit Davot, préalablement appliqué à la question, ordinaire et extraordinaire, pour apprendre par sa bouche la vérité d'aucuns cas résultant de son procès et avoir la révélation de ses complices. Après laquelle prononciation, ledit Davot a esté saisy par l'exécuteur de la haute justice, lié par les bras et mis sur le siège de la question, ensuite de quoy a esté procédé à son interrogatoire, ainsy qu'il suit:

« Interrogé de son nom, surnom, âge, qualité et demeure, après serment de dire vérité et avoir mis la main *ad pectus*, a dit qu'il s'appelle Gilles Davot, prestre, âgé de quarante ans.

« Sy lorsque luy respondant fit les bénédictions et aspersions d'eau bénite sur les bâtons de coudre chez La Voisin, et dont il a parlé au procès, le nommé Le Sage y estoit présent.

« A dit que non, et qu'il n'y avoit que La Voisin; mais que lors il estoit revestu de son surplis et de son estolle.

« Sy lesdits bastons de coudre n'estoient pas pour servir à brusler une hostie consacrée?

« A dit qu'il ne scait point cela, et que La Voisin ne lui dit point quel usage elle en vouloit faire.

« A quel dessein il vouloit faire passer soubs le calice, en disant la messe, les poudres et billets que La Voisin lui donnoit?

« A dit, qu'il n'en a jamais mis soubs le calice.

« Exhorté de reconnoistre la vérité, et à luy remonstré qu'il ne luy sert de rien de la desnyer ou de la desguiser, en l'estat qu'il est à présent, et condamné à mort.

« A dit qu'il a bien pris des billets pour les passer soubs le calice; mais qu'il n'a jamais pris de poudre pour cela.

« Ce que lui respondant a fait chez La Voisin, outre ce qu'il a recognu au procès?

« A dit qu'il n'y a rien fait autre chose que ce qu'il a déclaré, et qu'il n'a dit qu'une messe à Montmartre pour une femme qui vouloit du mal à son mari, et que c'est La Voisin qui lui fit dire laditte messe.

« Sy luy respondant, ne dit pas une conjuration en disant la messe!

« A dit que non, et que ce fut le mari de laditte Voisin qui respondoit à la ditte messe.

« Ce que le respondant a fait pour ledit Le Sage.

« A dit qu'il n'a rien fait pour lui, que de dire beaucoup d'évangiles qu'il luy faisoit dire, et qu'il en a dit même sur des os de mort qui estoient dans la manche d'une chemise, et ne scait pour quelle personne c'estoit, ni pour quel dessein.

« Sy ce n'estoit pas pour faire mourir quelqu'un que luy respondant, dit lesdittes évangiles sur l'os d'un mort?

« A dit, que ledit Le Sage ne le luy dit point, et que ledit Le Sage se servoit aussi d'autres prestres, entre autres du nommé Ollivier prestre.

« Ce qu'il scait, que ledit Ollivier a fait pour ledit Le Sage?

« A dit qu'il n'en scait rien.

« S'il n'a point dit de messe, pour ledit Le Sage, que celles qu'il a recognues au procès.

« A dit que non, si ce n'est une messe qu'il dit pour la nommée Fanchon, que le nommé Baix entretenait, en ce aux Petits-Pères.

« Ce que luy respondant, fut d'extraordinaire à ladite messe?

« A dit qu'il n'y fut rien d'extrordinaire.

« Exhorté de rechef de reconnoître la vérité, sur les sacrilèges, profanations et impiétés qu'il a faits, outre ce qui est mentionné au procès!

« A dit qu'il a tout déclaré ce qu'il savoit au procès, que luy respondant n'a jamais eu de mauvaises intentions, et que c'est sa foiblesse, et qu'il scait bien qu'il a manqué, et dit de soi qu'il est vray, que ledit Le Sage, lui a donné des conjurations pour les réciter en disant la messe; mais que luy respondant ne les a point récitées, qu'il est vray qu'il les portoit sur luy en disant la messe, qu'il est vray que ledit Le Sage a dit de les dire à l'endroit de la consécration; mais que luy respondant ne l'a pas dit, bien est vray qu'il leur disoit après, qu'il les avoit récitées à la consécration aux messes, que le respondant dit, scavoir une en Sorbonne, une autre aux Petits-Pères, pour laditte Fanchon, et trois autres messes qu'il a dit aussy en différentes églises, après le mariage par lui fait, du nommé Le Sage avec Margo, dont il est parlé au procès.

« Sy lui respondant a dit de semblables messes pour faire mourir?

« A dit qu'il se souvient bien, que lorqu'il dit les évangiles dans le cabaret, pour la femme du rendez-vous de l'église des Jacobins; ledit Le Sage luy dit que laditte femme étoit la servante d'une femme qui vouloit empoisonner son mary, et lui dit aussi, ledit Le Sage, que le billet qu'il luy donna, et qui estoit plié, estoit pour faire mourir, et le mettre soubs le calice, et s'en servir avec la conjuration à laditte messe qu'il devoit dire; mais que ledit Le Sage retira dans le même instant, ledit billet disant qu'il falloit qu'il parlât auparavant à la maîtresse de laditte servante, qu'il disoit être une femme de qualité, sans la luy nommer, et estoit ladite servante une grande fille qui avoit le teint bazané, autant qu'il peut s'en soubvenir, qu'il ne se soubvient pas bien, sy ce fust ledit Le Sage ou laditte servante, qui mist le billet entre les mains de luy respondant, et luy dit laditte servante, qu'après que ledit Le Sage auroit parlé à sa maîtresse, elle reviendroit trouver luy respondant avecq ledit Le Sage, et qu'il a dit la suite de cela au procès, et dit de soy. Qu'il a desnyé au procès, qu'il eut dit au mariage, par représentation, dont est parlé au procès, les parolles sacramentales; mais qu'il est vray qu'il les a dit lors dudit mariage.

« Ce qu'il scait de Gérard prêtre?

« A dit qu'il n'en scait que ce qu'il a dit au procès.

« Exhorté de dire ce qu'il scait dudit Gérard, outre ce qu'il a recognu au procès?

« A dit qu'il n'en scait autre chose.

« Ce que luy répondant a fait pour La Duval?

« A dit qu'il n'en scait autre chose que de dire une messe à Saint-Victor, que laditte Duval luy fist dire pour une femme qui y fut présente, et n'a autre chose à dire sur cela que ce qu'il a dit, et que luy respondant eut un escu de laditte femme pour laditte messe, ou luy respondant ne fist rien d'extraordinaire.

« Sy laditte Duval ne luy dit point l'intention pour laquelle elle lui fist dire laditte messe?

« A dit que non.

« Ce que luy respondant a fait pour La Delaporte et pour La Pelletier?

« A dit qu'il n'a rien fait pour lesdittes femmes, et ne connoîst pas même laditte Pelletier.

« Sy luy respondant n'a jamais dit de messe chez La Voisin, ni fait d'autres impiétés?

« A dit que non.

« Sy lorsqu'il fust à Clignancourt avecq Le Sage, et qu'il y fust fait ce qui est dit au procès, ce n'étoit pas à l'intention de faire mourir?

« A dit qu'il ne scait point l'intention pourquoy cela fust fait.

« Interpellé et exhorté de recongnoîstre tout ce qu'il scait, sans rien réserver, ni rien dissimuler de la vérité?

« A dit qu'il n'a rien de plus à dire, et qu'il scait bien qu'il est jugé et condamné, et qu'il fault qu'il meure.

« Lecture faite de ses interrogatoires et responses?

« A dit ses responses contenir vérité y a persisté et signé. Signé Bazin et de La Reynie.

« Ce fait, a esté le dit Davot déshabillé et mis sur le siège de la question, a esté lié par les bras et par les pieds et attaché, luy a esté passé le petit tréteau, et exhorté ledit Davot de déclarer la vérité de tout ce qu'il scait des sacrilèges et impiétés qu'il a commis chez La Voisin et ailleurs, et a luy remonstré qu'il ne peult obtenir de Dieu sa miséricorde, qu'en déclarant la vérité qu'il ne veult point recongnoistre, et les noms de ses complices?

« A esté osté ledit tréteau et au premier pot de l'ordinaire, a dit: mon Dieu ayez pitié de moy, que voulez-vous que je dise, j'ay tout déclaré.

« Exhorté de dire la vérité et adverti de ne rien dire, soit à charge, soit à décharge qui ne soit très véritable?

« A dit qu'il ne scait rien et que s'il scavoit quelque chose, il le déclareroit, sans se laisser tourmenter.

« Au deuxième pot d'eau de l'ordinaire, s'est écrié: je ne scais rien, qu'il est prest de mourir.

« Exhorté de dire ce qu'il a fait de plus chez La Voisin?

« A dit qu'il n'a rien fait davantage, que ce qu'il a dit; qu'on le déchire tant qu'on voudra et qu'on le fasse mourir, il ne dira rien davantage, qu'il a dit la vérité.

« A quel usage l'on debvoit se servir des bastons, de coudre, qu'il a bénits chez La Voisin?

« A dit qu'il n'en scait rien.

« Sy ce n'estoit pas pour s'en servir à brusler quelques hosties consacrées?

« A dit qu'il ne scait rien et qu'il mourra comme cela, n'a jamais rien fait pour faire mourir que ce qu'il a dit, et l'évangile qu'il a dit sur la teste de la servante dont il a parlé, dans le cabaret, estoit pour le dessein particulier de ladite servante, et le billet qu'elle luy donna estoit pour le dessein de sa maîtresse.

« Au troisième pot d'eau, n'a rien dit.

« Au quatrième pot d'eau et dernier de l'ordinaire, s'est escrié qu'il a dit la vérité, et qu'il n'en peult plus, que l'on le soulage et qu'il dira la vérité.

A esté soulagé, et luy a esté passé le treteau, a dit qu'il prie Dieu qu'il ne luy fasse point de miséricorde s'il n'a dit la vérité.

« Lui a esté ôté ledit treteau.

« Au cinquième pot d'eau et dernier de l'extraordinaire, s'est escrié : ah mon Dieu! ah mon Dieu! et n'a rien dit. Au sixième pot d'eau et deuxième de l'extraordinaire, s'est escrié : je me meurs, je n'en puis plus! j'ai tout dit. Au septième pot d'eau, le troisième de l'extraordinaire, n'a rien dit. Au huitième pot d'eau, le dernier de l'extraordinaire, s'est escrié extraordinairement qu'il mourait et n'a rien dit.

« Ce fait et attendu qu'il a souffert la question ordinaire et extraordinaire, a esté soulagé et délié, après que le sieur Morel, maistre chirurgien présent à laditte question, nous a dit: que le dit Davot enfloit extraordinairement et qu'il y avoit péril à le laisser un plus long-temps dans les tourments et a esté ledit Davot mis sur le matelas, auprès du feu où lecture luy ayant esté faite de ses déclarations à la question, et a dit icelles contenir vérité, y a persisté et signé la minute, signé Bazin et de la Reynie.

« Ce fait et après que ledit Davot a esté exposé un temps considérable sur ledit matelas, a esté procédé de nouveau à son interrogatoire ainsy qu'il en suit.

(Interrogé de son nom, prénom etc, il repond comme au premier interrogatoire). Sy ce que luy respondant a dit pendant la question est véritable ?

« A dit qu'oui et qu'il y persiste.

« Sy luy respondant a dit tout ce qu'il scavoit des choses dont il a esté enquis pendant la question et entre autres sur le fait de la dame de qualité et de sa servante, pour l'affaire desquelles, luy respondant se trouva avecq ledit Le Sage et laditte servante au rendez-vous des Jacobins ?

« A dit qu'oui et que l'évangile que luy repondant, dit sur la teste de laditte servante, dans le cabaret ils déjeunèrent estoit pour le compte particulier et pour les desseins de laditte servante, qui ne le luy dit point néanmoins et que le billet que laditte servante ou ledit Le Sage, ne peult bien dire lequel des deux luy donna, et que ledit Le Sage reprit après, comme luy respondant l'a déclaré, estoit pour le dessein de la dame de qualité sa maîtresse, et pour le dessein, dont luy respondant, a parlé et persisté en tout ce qu'il a dit sur ce sujet comme véritable.

« S'il n'a rien autre chose à dire pour descharge de sa conscience.

« A dit que non, et qu'il nous prie de luy donner un confesseur pour se préparer à la mort.

« Lecture a luy faite, de ses interrogatoires et responses contenir vérité y a persisté et signé la minute. Signé Bazin et de La Reynie, et plus bas Pagot. »

L'instruction contre le prêtre Guibourg qui pour les mêmes griefs fut condamné à mort et exécuté, constate ces mêmes tortures; ses interrogatoires révellent des circonstances horribles.

Ce prêtre âgé de 71 ans ne se bornait pas à dire des messes pour le succès des empoisonnemens, il fabriquait et vendait lui-même des poisons: il avoua qu'il avait dit des messes sur le ventre de plusieurs femmes; ajoutant, qu'elles n'étaient pas déshabillées, mais seulement retroussées jusque au-dessus de la gorge.

Le papier, dont il s'agit dans l'interrogatoire du prêtre Davot, était placé sous le calice. Tous les empoisonneurs jugés par le parlement et la chambre ardente qui fut établie à l'Arsenal, étaient prêtres ; et ce fut un prêtre qui donna les premiers renseignemens, en révélant le secret de la confession. Tous les autres accusés, ceux pour lesquels les fabricans et distributeurs de poisons avaient opéré, appartenaient aux premières familles de la cour. Les poisons s'expédiaient de Paris à l'étranger. S'il faut en croire le marquis Dangeau et les autres annalistes du temps, le poison dont mourut madame Henriette d'Angleterre, duchesse d'Orléans, tante de Louis XIV, avait été envoyé par le chevalier de Lorraine son amant, alors en Italie. Ce fut aussi de loin, que fut expédié le poison qui fit périr la princesse Marie Louise, fille de madame Henriette, mariée en 1679 au roi d'Espagne ; elle mourut dix ans après sa mère en 1689, on attribua ce crime au conseil autrichien, qui redoutait que l'influence de la jeune reine sur son époux, ne déterminât le prince à refuser de se joindre aux puissances liguées contre la France.

On découvrit cet affreux complot et un contre-poison fut envoyé de Versailles ; mais le courrier arriva trop tard, et Dangeau raconte que le roi dit au souper : « la reine d'Espagne est morte em-
« poisonnée, dans une tourte d'anguille, la com-
« tesse de Pernits, les caméristes Zapata et Nina
« qui en ont mangé après elle, sont mortes du
« même poison. » Voilà ce que rapporte, en propres termes, Dangeau qui avait vécu pendant quarante ans et sans interruption, dans l'intimité de Louis XIV.

Les jésuites étaient alors tout-puissans. La cour était encore plongée dans l'abrutissement superstitieux du moyen âge; tandis que la nation, éclairée par la propagande, repoussait de tous ses vœux et de tous ses efforts les doctrines ultramontaines et les absurdes prétentions du pouvoir absolu. Les troubles de la Fronde n'avaient été que la manifestation de l'opinion publique, pour une réforme dans toutes les branches de l'administration; et c'est à cette époque, à la fin du dix-septième siècle, qu'avaient été promulguées ces fameuses ordonnances de Louis XIV, qui érigeaient en principe de procédure criminelle, la question et les tortures, même après la condamnation de l'accusé. Le procès-verbal que je viens de transcrire constate l'application de l'ordonnance criminelle de 1670 : application modérée, car l'ordonnance prescrivait six pots d'eau pour la question ordinaire, et autant pour la question extraordinaire. Le corps du condamné était placé sur un tréteau, de manière à recevoir la plus grande extension possible. Davot, après le quatrième pot, allait expirer, si, sur l'avis du médecin, le juge rapporteur n'eût interronmpu le supplice. C'était au mois de juillet, et le malheureux patient *extraordinairement enflé*, avait été étendu sur un matelas devant un grand feu. Cette précaution avait été nécessaire pour prolonger de quelques instans son agonie. L'échafaud l'attendait. Alors l'instruction du procès était secrète : le dernier supplice seul était public. La marquise de Brinvilliers n'avait point subi la question : elle y avait été seulement présentée. C'était une femme titrée. Davot n'était qu'un pauvre prêtre obscur; elle était coupable, il n'était que soupçonné.

Les faits rappelés dans son interrogatoire avaient déja été déclarés par Le Sage, La Voisin et les autres empoisonneurs, dont le prêtre Davot ignorait les révélations. Beaucoup d'autres faits qui accusaient un grand nombre de seigneurs et de dames de haut parage, se trouvaient consignés dans l'interrogatoire subi par Le Sage.

Suivant lui, M. Pas, marquis de Feuquière, colonel d'infanterie, âgé de trente-huit ans, lui avait offert deux mille livres de rente pour se défaire du parent d'une jeune personne qu'il voulait épouser, et dont ce parent lui refusait la main.

Madame Le Ferou, veuve du président de ce nom, et mort empoisonné, avait sollicité La Voisin de *s'employer* pour madame de Dreux, et cette empoisonneuse l'avait *débarrassée* de deux parens dont l'un était conseiller; ce magistrat avait sauvé la vie à La Voisin : mais celle-ci avait sacrifié son libérateur aux exigences de madame de Dreux, qui, pour prix de ce double assassinat, lui avait fait présent d'une croix de diamans, qui valait plus de cinq cents écus.

Le Sage avait ajouté que madame de Vivonne, fort inquiète d'un billet signé d'elle, des duchesses de Vitry et d'Angoulême, et de la princesse de

Tingry, qu'elle avait confié à La Filastre, autre empoisonneuse. *Ce billet regardait le roi et contenait des choses épouvantables.* Madame de Vivonne avait supplié Le Sage, *les larmes aux yeux et avec la plus vive instance*, de retirer ce fatal billet, dont la découverte pouvait perdre elle et ses nobles amies. La Filastre avait reçu de ces dames de très fortes sommes. Le Sage avait promis merveilles, et il s'était tiré d'affaire par une jonglerie dont madame de Vivonne avait été dupe. Il terminait ses révélations en déclarant que « les relations de ceux qui faisaient *ce commerce* des poisons s'étendaient aux principales villes de France, en Allemagne, en Suède et autres Etats, et pays étrangers. »

Voyez les articles biographiques *Luxembourg* (duc de); *Bonnard*, son intendant; les comtesses de *Polignac*, *du Roure*, de *Soissons*; *Mancini*, duchesse de Bouillon; Clermont, comte de *Saissac*; *Guibourg*, *Davot*, etc., etc; *Grange* (la demoiselle de la); *Nail*, curé de Launay, etc., etc.

Si tous ces procès eussent été portés au parlement, les ministres de Louis XIV n'eussent pu les diriger au gré du maître, qui voulait sauver les nobles coupables. La commission de l'arsenal ne condamna que les fabricans et débitans de poisons, et les seigneurs et nobles dames, qui les avaient employés, furent tous déclarés innocens.

Le duc de Luxembourg fut le seul qui subit

une forme de procédure; on se borna, pour tous les autres, à un interrogatoire très sommaire, et on se hâta de les proclamer innocens, sans autres formalités. Les ministres avaient pensé sans doute qu'il suffisait de débarrasser la société des fabricans de poisons. Cette condescendance pour les volontés du prince pouvait avoir et eut en effet les plus funestes conséquences. Les moyens de détruire n'ont jamais manqué aux criminels qui ont voulu les employer, et la honteuse partialité des commissaires de l'arsenal laissa la société, sans garantie contre de nouveaux attentats.

Si le ministres de Louis XIV eussent respecté les lois rédigées tout récemment et sous leurs auspices; s'ils n'eussent pas craint de violer l'ordre de juridiction qu'ils avaient eux-mêmes établi, la société n'eût rien gagné à leur respect pour la légalité, tous les coupables eussent été jugés par les tribunaux compétens et suivant le droit commun; mais les nobles condamnés eussent obtenu leur grace, et la *miséricorde royale* les eût rendus à la société; ils eussent repris leur rang, leur privilège; on voulait leur épargner la tache d'une condamnation; il ne s'agissait que de crimes privés.

Proscription et embastillement des Protestans.

Comment qualifier l'attentat dont le gouvernement se rendit coupable par la violation du droit le plus sacré, *la liberté de conscience?* Ce droit avait été solennement reconnu par l'édit de Nantes de 1598. C'était une des conditions de l'avènement de la branche des Bourbons au trône des Valois; c'était pour s'en assurer la jouissance, que plusieurs générations avaient versé leur sang, sur le champ de bataille, cet Henri IV n'était que leur chef. Il leur devait la couronne de France; il avait combattu à leur tête et pour la même cause, depuis sa première abjuration dans la chapelle du Louvre, le 24 août 1572.

Cette abjuration fut l'effet de la violence. Henri avait été moins courageux que son cousin le prince de Condé, qui, comme lui, menacé de la mort, n'en persista pas moins dans sa croyance religieuse, et ne perdit point la vie.

Parvenu au trône, et devenu catholique, Henri devait des garanties aux Français de la religion réformée. Des places de sûreté leur avaient été données; c'était justice et prudence; il leur fallait des garanties légales, et l'édit de Nantes ne leur accorda qu'une partie de celles auxquelles ils avaient un droit incontestable. L'édit lui-même était une grave faute. Il fallait éviter toute différence entre les Français à raison de leur culte, maintenir pour tous l'égalité devant la loi commune. Le temps eût effacé progressivement les antipathies politiques et religieuses. Vainement Henri avait déclaré l'édit irrévocable. Né dans un pays libre et gouverné par ses États, dont le roi n'était que le chef de l'admistration, Henri avait oublié l'exemple et les leçons de sa mère, de Coligny, les leçons plus puissantes de l'infortune et de l'expérience. Les rois ne se sont jamais crus liés par leurs propres actes, encore moins par ceux de leurs prédécesseurs. Henri lui-même, pendant les douze années qu'il régna depuis la promulgation de son édit, s'est montré souvent infidèle à ses principales dispositions.

Et cependant le trésor public, d'immenses propriétés, les onéreuses contributious appelées dîmes, fournissaient largement aux dépenses du clergé catholique, tandis que les frais du culte réformé, la construction, l'entretien des temples, des écoles, des séminaires, des pauvres, des malades, étaient à la charge des familles protestantes.

Des assemblées étaient indispensables pour régler le régime intérieur; et les attributions des synodes, des consistoires furent presque détruites par l'édit Richelieu de 1629. Ce n'était point assez pour un gouvernement qui avait pour devise et pour règle, *une foi, un roi.*

L'article 12 de la déclaration de 1669 avait restreint, mais non pas aboli la faculté qu'avaient les consistoires de recevoir des legs et des donations. Richelieu s'était contenté d'ôter à ces assemblées tout caractère politique ; ses successeurs ont été plus loin, ils enlevaient, par cette déclaration de 1669, aux protestans, les seuls moyens qui leur restaient pour fournir aux besoins de leur culte.

Au grand étonnement des ministres de Louis XIV, les protestans continuèrent de se soutenir, sans autres ressources que les sacrifices et les privations que s'imposèrent les fidèles et leurs pasteurs; ils jouissaient du moins des revenus, des legs et des donations antérieurs à 1669; ces propriétés, qui devaient être sacrées, leur furent enlevées par une nouvelle déclaration du 15 janvier 1683. Le roi les déclara confisqués à son profit ; les églises catholiques eurent leur part du butin. Quelques débris furent donnés aux hôpitaux, pour l'entretien des malades protestans. Un arrêt du conseil du 4 septembre 1684, « défendit à tous « particuliers, de quelque qualité et condition « qu'ils soient, de retirer, dans leurs maisons, « aucun malade de la religion protestante, sous « prétexte de charité. »

Cet arrêt inhumain reçut immédiatement son exécution, tous les malades furent enlevés des maisons de leurs bienfaiteurs, ou des bras de leurs parens, et transportés sur des brancards à l'Hôtel-Dieu. Cet enlèvement, exécuté en même temps, dans tous les quartiers de Paris, excita l'indignation générale; des catholiques même, manifestèrent hautement leur étonnement et leur douleur. Les ministres avaient voulu que la capitale offrît l'exemple de la soumission à l'arrêt du grand conseil.

Le but du gouvernement était évident, il voulait isoler les protestans, séparer les membres de chaque famille, livrer sans défense au zèle des *convertisseurs*, les vieillards, les malades et les enfans; et faciliter ainsi les abjurations.

Cependant les liens civils et religieux des familles n'étaient point rompus; les pasteurs, les chefs des consistoires restaient en possession des actes civils; ils constataient les naissances, les mariages, les décès. L'ilotisme des protestans n'était pas consommé; un gouvernement dominé par les jésuites et les maîtresses du prince, ne pouvait tarder à briser le dernier lien qui unissait encore les Français protestans. Un arrêt de 1685, enleva aux ministres de la religion réformée les registres de l'état civil, pour les remettre aux prêtres catholiques.

Aucun mariage ne put être célébré qu'à la condition d'une attestation de catholicisme et d'un serment. Ainsi les familles protestantes ne purent s'unir sans un parjure. Toutes les infractions au droit commun, à la foi des contrats, à la liberté politique et religieuse, stipulée par les traités les plus solennels, dont la justice, la raison, l'honneur et la religion même consacraient l'inviolabilité, étaient abolis par de simples arrêts du conseil. De l'édits eussent été soumis à l'enregistrement parlementaire, et les ministres avaient voulu s'affranchir de cette formalité.

La fameuse assemblée du clergé de 1682, n'avait consenti à proclamer sa déclaration, sur les *libertés de l'église gallicane* qu'à la condition de l'entière extirpation de l'hérésie; car c'est de cette époque que date ce redoublement effréné de proscriptions contre les protestans. On voulait les pousser à la guerre civile, on espérait en avoir bon marché; on oubliait quelle résistance, avaient opposée aux meilleures troupes et aux meilleurs généraux, les protestans des Cévennes.

Dans toutes les parties de la France, les protestans avaient perdu leurs temples, partout ils étaient traqués comme des bêtes fauves : *mort ou messe*, tel était le mot d'ordre donné aux gouverneurs, aux intendans des provinces. Le ministre de la guerre Louvois s'était fait théologien; il dirigeait les missions et les dragonnades. Il écrivait au duc de Noailles; « que sa majesté voulait qu'on
« fît sentir les dernières rigueurs, à ceux qui ne
« voudraient pas se faire de sa religion (Hist.
« de l'éd. de Nant. 1. 5 l. 23. p. 868 et suiv.); que
« ceux qui auraient la fausse gloire de vouloir
« demeurer les derniers, devaient être poussés
« jusqu'à la dernière extrémité; S. M. désirant
« que l'on s'explique durement contre ceux qui
« voudraient persister à professer une religion
« qui lui déplait. »

Un déclaration royale portait : « que si les « malades, qui auraient refusé le viatique, re- « couvraient la santé, leur procès leur serait « fait, et qu'ils seraient condamnés, les hom- « mes à faire amende honorable et aux ga- « lères perpétuelles; les femmes aussi à l'a- « mende honorable et à être enfermées; que « quant à ceux qui mourraient après le refus, le « procès serait fait à leur mémoire, leur succession « confisquée, et leurs cadavres traînés sur la claie « et jetés à la voirie. »

Les protestans restaient sous les coups de leurs persécuteurs. L'article 10 de l'édit leur défendait de sortir de France, ni d'en transporter leurs biens et effets. La France n'était plus pour eux qu'une vaste prison. Les étrangers, jusqu'alors tributaires de notre industrie, profitèrent habilement des circonstances. Des agences s'établirent en France et à Paris même : les directeurs avaient à leur disposition des passeports pour la Prusse, la Hollande, l'Angleterre, et des fonds. Des relais, établis jusqu'aux frontières, facilitaient l'émigration des proscrits. Le commerce était entre les mains des protestans, et, grace au zèle maladroit des *convertisseurs*, d'immenses capitaux, et les plus habiles manufacturiers, les ouvriers les plus instruits passèrent à l'étranger, malgré l'excessive surveillance des gouverneurs, des intendans et les primes accordées aux agens de cette police si active, si brutale et qui observaient toutes les localités.

Toutes les prisons d'Etat étaient encombrées de protestans: on les torturait dans le silence des cachots pour leur extorquer une abjuration. Les enfans étaient arrachés à leurs parens et remis à des moines et à des religieuses...... Supplices, menaces, séductions, tout était employé, et les geôliers devenaient les auxiliaires des missionnaires. On obtint ainsi beaucoup d'abjurations ; mais les *nouveaux convertis*, ne se croyant pas liés par un acte arraché par la violence, reprenaient, avec la liberté, l'exercice du culte de leurs pères. On crut prévenir ce retour, en les retenant en prison, après leur avoir promis la liberté pour prix de leur abjuration.

Les protestans occupent une grande place dans les registres de la Bastille et des autres prisons d'Etat : honte et malheur aux jeunes filles, aux jeunes épouses que le fanatisme livrait aux geôliers. Les officiers, les aumôniers même, maîtres de leur existence, les plongeaient dans des cachots infects; les privaient d'air et d'alimens, jusqu'à ce qu'ils eussent assouvi sur leurs victimes leur brutale lubricité : souvent même ils employaient la violence. Les preuves de ces scènes d'horreur ne manquent pas, et elles rendent le doute impossible. J'appelle l'attention sur la jeune épouse Odricot, sur son époux plus malheureux encore; je pourrais en citer beaucoup d'autres : ils sont tous rappelés dans la partie biographique : des familles entières, renfermées dans les mêmes prisons, ignoraient le sort de leur père, de leur mère, de leurs enfans, dont ils n'étaient séparés que par un mur ou un plancher.

Ces persécutions commencées sous Louis XIV ont continué sous les règnes de ses successeurs, et ne se ralentirent qu'à la fin du dix-huitième siècle; l'opinion publique était devenue une puissance; mais les protestans n'en étaient pas moins exclus de toutes les fonctions publiques; ils étaient encore soumis à la même législation, aux mêmes édits, aux mêmes prohibitions : seulement la persécution n'avait pas la même intensité; mais c'était encore une classe de Paria, sans droits, sans patrie, sans garantie pour le présent et pour l'avenir. Doit-on s'étonner qu'ils aient salué de leurs acclamations la révolution de 1789, qui leur rendait les droits des citoyens. Alors seulement ils furent Français. On ne les a point vus abuser de la victoire commune, ni provoquer des représailles contre la secte catholique qui les avait proscrits, décimés par le fer et les supplices pendant près de deux siècles. On ne les vit point se réunir en armes pour se défendre contre les nouveaux dangers, dont les menaçaient les ennemis de la grande révolution. Les lois les protégeaient; mais des magistrats, trahissant leurs devoirs et leurs sermens, les livrèrent sans défense aux bandes fanatiques du midi. Le sang coula à Montauban, à Toulouse, dans l'Albigeois et les Cévennes.

La paix fut rendue à ces malheureuses contrées

quand l'autorité fut confiée à des magistrats choisis par les citoyens; ces guerres déplorables paraissaient pour jamais éteintes quand le retour des Bourbons ramena les mêmes crimes et les mêmes calamités. Les massacres des protestans du midi, pendant les premières années de la restauration, sont encore présens à tous les souvenirs.

La liberté de conscience, admise sans restriction, sans arrière-pensée, peut seule nous garantir du fléau des guerres de religion : on n'aura fait qu'en suspendre l'explosion, tant qu'il existera dans nos lois, dans nos mœurs, une ligne de démarcation entre les différens cultes; on sait combien on a abusé des mots *religion de l'Etat, religion de la majorité*. N'avons-nous pas vu la fureur des conversions se renouveler il y a peu d'années? les traditions de l'ancien régime n'étaient pas perdues. Nous n'avons plus de Bastille; mais nous avons encore des couvens, dont les dotations et l'indépendance sont consacrées par des lois.

J'ai cru devoir réunir dans un seul cadre, l'aperçu rapide, mais fidèle, de la proscription des protestans, avant et depuis la révolution de 1789. Plusieurs familles dont les ancêtres avaient été forcés d'abandonner la France y sont rentrés depuis cette dernière époque, et ont éprouvé à leur tour les mêmes persécutions et subi les mêmes calamités. L'histoire des proscrits de deux époques aussi éloignées présentent souvent les mêmes noms.

En présence d'évènemens aussi graves, et qui embrassent l'existence politique et religieuse de plusieurs générations, et qui ont eu une si grande influence dans la civilisation européenne, le problème historique de *l'Homme au Masque de fer*, n'est plus qu'un évènement ordinaire. Combien d'autres ont été comme ce prisonnier mystérieux, détenus, transférés de prisons en prisons sous un nom supposé, et tenus au secret le plus rigoureux jusqu'à leur mort. Leurs familles compulseraient vainement les registres mortuaires; ils n'y trouveraient point les noms qu'ils chercheraient.

CHAPITRE IV.

L'homme au masque de fer. — Etait-il frère aîné de Louis XIV, ou son frère jumeau? — Résolution de ce problème historique.

Je réduirai à cette seule question l'examen de ce problème historique. Les autres versions ne peuvent soutenir l'épreuve d'une discussion sérieuse; j'appellerai d'abord l'attention sur chacune d'elle, cet exposé impartial et succinct suffira pour en démontrer l'invraisemblance.

Les gouvernemens ont souvent livré à la curiosité publique, des contes imaginés à plaisir pour distraire la nation d'objets plus graves, et qui la touchaient de plus près; c'est toujours la queue du chien d'Alcibiade, cet expédient mille fois répété à rarement manqué son effet, et en France plus qu'ailleurs. Si l'existence du prisonnier mystérieux est un fait démontré; si l'on se fut borné à dénaturer son nom, à rendre sa personne invisible pour tout autre que le gouverneur geôlier et la personne chargée exclusivement de le servir, son sort ressemblerait à celui de beaucoup d'autres prisonniers, dont on a voulu couvrir l'existence d'un voile impénétrable; mais celui-ci était toujours couvert d'un masque de velours, à ressort;

le gouverneur de la Bastille ne lui parlait que découvert, debout, et avec les marques du plus profond respect : les meubles de sa chambre étaient d'un choix recherché, il était vêtu avec une sorte d'élégance et ne portait que du linge extrêmement fin ; il appartenait donc à une famille riche et puissante, il savait donc de quel sang il était né ; car s'il l'eut ignoré, à quoi bon ces égards pour sa personne, ce luxe de meubles et de vêtemens ? Un traitement simple, un chétif mobilier de prison, des vêtemens ordinaires suffisaient ; cette simplicité même était nécessaire, pour qu'il ne put soupçonner la réalité de son origine et de ses droits.

Dans l'absence de toute preuve directe et positive, il faut s'en tenir aux probabilités et apprécier les documens invoqués à l'appui de chacune de ces versions historiques, si contradictoires.

Les seules pièces authentiques relatives à l'existence du mystérieux prisonnier, à son séjour à Pignerol, son transfèrement à la Bastille, et sa mort, 1° sont; le journal de *du Junca*, lieutenant de roi à la Bastille, écrit en entier de sa main, et publié pour la première fois par le père Henry Griffet, jésuite aumônier de la Bastille. 2° L'acte de décès de la paroisse Saint-Paul.

« Jeudi, 18 septembre 1698, à trois heures
« après-midi ; M. de Saint-Mars, gouverneur de
« la Bastille est arrivé pour sa première entrée
« des îles Sainte-Marguerite et Saint-Honorat,

« ayant amené avec lui, dans sa litière un ancien
« prisonnier qu'il avait à Pignerol, dont le nom
« ne se dit pas, lequel on fait toujours tenir mas-
« qué, et qui fut d'abord mis dans la tour de la
« *Basinière* en attendant la nuit, et que je con-
« duisis ensuite moi-même, sur les neuf heures
« du soir, dans la troisième chambre de la *Ber-*
« *taudière*, laquelle chambre j'avais eu soin de
« faire meubler de toutes choses, avant son arri-
« vée, en ayant reçu l'ordre de M. de Saint-Mars.
« .... En le conduisant dans ladite chambre, j'é-
« tais accompagné du sieur Rosarges, que M. de
« Saint-Mars avait aussi amené avec lui, et le-
« quel était chargé de servir et de soigner ledit
« prisonnier, qui était nourri par le gouver-
« neur.

« ...... Du lundi 19 novembre 1703, le prison-
« nier inconnu, toujours masqué d'un masque de
« velours noir, que M. de Saint-Mars avait amené
« avec lui, venant des îles Sainte-Marguerite et
« qu'il gardait depuis long-temps, s'était trouvé
« hier un peu plus mal en sortant de la messe, est
« mort sur les dix heures du soir, sans avoir eu
« une grande maladie, M. Giraut, notre aumô-
« nier, le confessa hier; surpris de sa mort, il n'a
« pu recevoir les sacremens, et notre aumônier l'a
« exhorté un moment avant que de mourir. Il fut
« enterré le mardi vingt novembre, à quatre heu-
« res après-midi, dans le cimetière de Saint-Paul

« notre paroisse*, son enterrement coûta quarante
« livres. »

Extrait des registres mortuaires de l'église royale** et paroissiale de Saint-Paul.

« L'an mil sept cent trois, le dix-neuf novem-
« bre, *Marchialy*, âgé de quarante-cinq ans, est
« décédé à la Bastille, duquel le corps a été inhumé
« dans le cimetière de cette paroisse, le vingt dudit
« mois, en présence de M. Rosarges, major de
« la Bastille et de M. Reilh, chirurgien de la Bas-
« tille, qui ont signé. »

Collationné à la minute et délivré par nous,
soussigné, bachelier en théologie, et vicaire de
de Saint-Paul. A Paris, le mardi neuf février
1750.   *Signé* POITEVIN.

3º Le folio 120 du grand registre de la Bastille,
correspondant à l'année 1698, époque de l'entrée
du prisonnier masqué, avait été soustrait et remplacé par une feuille écrite par Chevalier, major
de la Bastille, qui, en 1775, adressa cette feuille
et d'autres pièces à M. Amelot, ministre de Paris,
avec d'autres pièces qui ont été communiquées par
M. Duval, ancien secrétaire de la police, aux au-

---

* L'église et le charnier Saint-Paul, n'existent plus, des maisons particulières ont été bâties sur leur emplacement.

** Anciennement appelée chapelle Saint-Paul-des-Champs, érigée en paroisse, en 1107, avait pris le titre de paroisse royale, parce qu'elle était celle des rois qui habitaient alors les hôtels Saint-Paul et les Tournelles.

teurs de la *Bastille dévoilée*. Cette feuille, formulée comme celle du journal de du Jonca, et divisée en colonnes, contient les énoncioations suivantes :

NOMS ET QUALITÉS DES PRISONNIERS.	DATES DE LEURS ENTRÉES.	TOM. P.	MOTIFS DE LA DÉTENTION.
Ancien prisonnier de Pignerol, obligé de porter toujours un masque de velours noir, dont on n'a jamais seu le nom ni les qualités.	18 septembre 1698, à 3 heures après-midi.	Du Jonca, vol. 37.	On ne l'a jamais scu.

A la colonne d'observations on lit :   OBSERVATIONS.

« C'est le fameux homme au masque, que personne n'a jamais scu, ni connu. »
« NOTA. Ce prisonnier a été amené à la Bastille, par M. de Saint-Mars, lorsqu'il est venu prendre possession du gouvernement de la Bastille, venant de son gouvernement des îles Sainte-Marguerite, et Honorat, et qu'il avait ci-devant à Pignerol.
« Ce prisonnier était traité avec une grande distinction de M. le gouverneur, et n'était vu que de lui et de M. de Rosarges, major du du château, qui seul en avait soin. »

La feuille du major Chevalier s'accorde identiquement avec l'extrait que je viens de rapporter; on y lit aussi, sous la forme d'observations, après l'indication des dates du décès et du folio du journal de du Jonca :

« ..... Ce prisonnier a resté à la Bastille 5 années
« et 62 jours, non compris le jour de son enter-
« rement.
« *Nota.* Il n'a point été malade que quelques
« heures; mort comme subitement, il a été ense-

LA BASTILLE.

« veli dans un linceul de toile neuve; et généra-
« lement tout ce qui s'est trouvé dans sa chambre,
« comme son lit tout entier, y compris les ma-
« telas, tables, chaises et autres ustensiles, réduit
« en poudre et en cendres, et jeté dans les la-
« trines. Le reste a été fondu, comme argenterie,
« cuivre et étain. Ce prisonnier était logé à la troi-
« sième chambre de la tour *Bertaudière*, laquelle
« chambre a été regrattée et piquée jusqu'au vif
« dans la pierre et reblanchie de neuf de bout à
« fonds. Les portes et fenêtres ont été brûlées com-
« me tout le reste.... »

Cette note confirme ce qu'avaient écrit à ce sujet Linguet et Saint-Foix, et ce qu'a rapporté aux rédacteurs de la Bastille dévoilée M. de Saint-Sauveur, fils d'un ancien gouverneur de la Bastille; et dont le père avait été très lié avec Saint-Mars.

Voltaire, détenu à la Bastille à l'âge de 22 ans, en 1717, ajoute : « Cet inconnu fut logé aussi
« bien qu'on peut l'être dans ce château. On ne
« lui refusoit rien de ce qu'il demandoit; son plus
« grand goût étoit pour le linge d'une finesse ex-
« traordinaire et pour les dentelles. Il jouoit de la
« guittare. On lui faisoit la plus grande chère, et le
« gouvernement s'asseoit rarement devant lui.

« Un vieux médecin de la Bastille, qui avait
« souvent traité cet homme singulier dans ces ma-
« ladies, a dit : qu'il n'avoit jamais vu son visage,
« quoiqu'il eût souvent examiné sa langue et le

« reste de son corps; il étoit admirablement bien
« fait, disoit ce médecin; sa peau étoit un peu
« brune; il intéressoit par le son de sa voix, ne
« se plaignant jamais de son état et ne laissant
« point entrevoir qui il pouvoit être. Un fameux
« chirurgien, gendre du médecin dont je parle, et
« qui a appartenu au maréchal de Richelieu, est
« témoin de ce que j'avance, et M. de Bernaville,
« successeur de M. de Saint-Mars me l'a souvent
« confirmé.

« ..... Pour son âge, il dit lui-même à l'apothi-
« caire de la Bastille, peu de jours avant sa mort,
« qu'il croyoit avoir soixante ans, et le sieur
« Marsobon, chirurgien du maréchal de Richelieu,
« et ensuite du régent, gendre de cet apothicaire,
« me l'a redit plusieurs fois.

« .... M. de Chamillard * fut le dernier minis-
« tre qui eût cet étrange secret. Le second ma-
« réchal de la Feuillade, son gendre, m'a dit qu'à
« la mort de son beau-père, il le conjura à genoux
« de lui apprendre ce que c'étoit que cet homme
« qu'on ne connut jamais que sous le nom de
« *l'homme au masque de fer*. Chamillard lui ré-
« pondit que c'était le secret de l'Etat, et qu'il
« avait fait serment de ne jamais le révéler. »

Louis XV n'avait reçu la révélation de ce secret
que le jour de sa majorité; le duc d'Orléans, avant
cette époque, avait constamment refusé cette confidence. Les deux systèmes, soutenus par le P.

* Mort en 1721 âgé de 70 ans.

LA BASTILLE. 81

Griffet et Saint-Foix, occupaient beaucoup les hommes de cour; il échappa à Louis XV ce propos, que depuis il a répété : « Laissez-les disputer; « personne n'a dit encore la vérité sur le masque « de fer. »

Ce prince s'entretenant sur l'homme au masque de fer avec M. de la Borde, lui dit : « Vous vou- « driez que je vous dise quelque chose à ce sujet; « ce que vous saurez de plus que les autres, c'est « que la prison de cet infortuné n'a fait tort à per- « sonne, qu'à lui. »

On croit que sa discrétion ne put tenir contre l'avide curiosité et les caresses de madame de Pompadour : il fut plus réservé avec le dauphin, père de Louis XVI, qu'avec la favorite, il se contenta de répondre à ses questions : « Il est bon que vous « ignoriez ce secret; vous auriez trop de dou- « leur. »

Ce secret intéressait donc essentiellement la famille royale.

L'auteur d'une histoire de Provence, le P. Papon*, raconte plusieurs faits qui s'étaient conservés dans la tradition du pays, et il les avait recueillis à Pignerol même. Tout le monde connaît l'anecdote de l'assiette d'argent, sur laquelle le prisonnier avait écrit et qui fut trouvée par un paysan. Le P. Papon rapporte d'autres anecdotes non

* P. Papon oratorien, né à Nice en 1736, mort à Paris en 1803, publia son histoire générale de Provence 4 vol. in-4° en 1778.

6

moins remarquables; je n'en citerai qu'une seule, qui est moins connue.

« Je trouvai, dit-il, dans la citadelle, un vieil
« officier de la compagnie franche, âgé de 79 ans.
« Il me dit que son père, qui servait dans la même
« compagnie, lui avait plusieurs fois raconté
« qu'un *frater** aperçut un jour, sous les fenêtres
« du prisonnier, quelque chose de blanc qui flot-
« tait sur l'eau; il l'alla prendre et l'apporta à
« M. de Saint-Mars. C'était une chemise très
« fine, pliée avec assez de négligence, et sur la-
« quelle le prisonnier avait écrit d'un bout à
« l'autre.

« M. de Saint-Mars, après l'avoir dépliée et
« avoir lu quelques lignes, demanda au frater,
« d'un air fort embarrassé, s'il n'avait pas eu la
« curiosité de lire le contenu. Celui-ci protesta
« plusieurs fois qu'il n'avait rien lu : mais, deux
« jours après, il fut trouvé mort dans son lit. C'est
« un fait que l'officier a tant de fois entendu ra-
« conter à son père et à l'aumônier depuis ce
« temps-là, qu'il le regarde comme incontes-
« table....

« ..... Je dois dire encore qu'on avait mis aux
« deux extrémités du fort, du côté de la mer,
« deux sentinelles qui avaient ordre de tirer sur
« les bateaux qui s'approcheraient à une certaine
« distance.

« La personne qui servait le prisonnier mou-

* Chirurgien-barbier.

« rut à l'île Sainte-Marguerite. Le frère de l'of-
« ficier dont je viens de parler, qui était pour
« certaines choses, l'homme de confiance de M. de
« Saint-Mars, a souvent dit à son fils, qu'il avait
« été prendre le mort, à l'heure de minuit, dans
« la prison, et qu'il l'avait porté sur ses épau-
« les, dans le lieu de sa sépulture. Il croyait
« que c'était le prisonnier lui-même qui était
« mort; mais c'était, comme je viens de le dire, la
« personne qui le servait... »

Voltaire affirme que « le marquis de Louvois
« alla voir le prisonnier dans l'île Sainte-Margue-
« rite avant sa translation, et lui parla debout avec
« une considération qui tenait du respect. »

Il y avait alors onze ans que ce prisonnier était détenu à l'île Sainte-Marguerite; il paraît constant qu'il avait été auparavant enfermé au fort d'Exilles; mais on a toujours ignoré le lieu d'où il avait été conduit dans cette première prison. Il est impossible de préciser la durée de sa captivité. Il paraît qu'il avait été remis à la garde de M. de Saint-Mars dix ans avant que celui-ci eut été promu au commandement du fort d'Exilles. Il fut nommé à ce poste, en juin 1681; et le ministre Barbesieux lui écrivait le 13 août 1691 :

« Votre lettre, du 26 du mois passé, m'a été
« rendue; lorsque vous aurez quelque chose à me
« mander du prisonnier qui est sous votre garde
« depuis vingt ans, je vous prie d'user des mêmes

« précautions que vous faisiez quand vous écriviez
« à M. de Louvois *. »

Une prison avait été bâtie tout exprès aux îles
Sainte-Marguerite pour *garder le masque*. Le ministre Louvois écrivait, en avril 1687, à Saint-Mars, gouverneur de ces îles depuis 1685..: « Il
« n'y a point d'inconvénient de changer le chevalier de *Thezut* ** de la prison où il est, pour y
« mettre *votre prisonnier*, jusqu'à ce que celle
« que vous lui faites préparer soit prête. »

Je pourrais ajouter d'autres faits racontés par
Lagrange-Chancel, prisonnier aux îles Marguerites à la même époque que l'homme au masque de
fer, et d'autres documens pour démontrer l'importance du secret attaché à l'existence de cet inconnu, que Louis XV lui-même appelait infortuné. Mais j'en ai dit assez, je crois, pour faire
apprécier, à leur juste valeur, les divers systèmes
hasardés et soutenus de bonne foi par quelques
publicistes, ou peut-être inventés exprès pour discréditer les résultats de leurs investigations sur
l'individualité de ce personnage extraordinaire, et
rendre plus impénétrable le secret de sa naissance.
Il n'y a qu'un fait certain et invariablement constaté, la durée de sa captivité, sous la garde de
Saint-Mars. D'après la lettre du ministre Barbesieux, de 1691, le prisonnier lui aurait été confié

---

* Mort la même année 1691.
** Ce nom parait supposé, il s'agit sans doute de *Lauzun*
alors prisonnier aux îles Marguerites.

depuis vingt ans. Il l'a amené à la Bastille en 1698. Il y est mort après un séjour de cinq ans et soixante-deux jours, d'après le journal de du Jonca, major de ce château-fort; en tout plus de trente-deux années. Saint-Mars est mort cinq ans après lui, à l'âge de quatre-vingt-deux ans.

L'âge indiqué dans l'acte mortuaire inscrit sur les registres de Saint-Paul, est un faux patent: il suffit, pour s'en convaincre, de rapprocher les dates et de les comparer, et le major du Jonca lui-même atteste que le nom de *Marchialy* et l'âge de quarante-cinq ans, mentionnés dans l'acte de décès, sont également supposés.

Les précautions, constamment employées pour dérober la vue de ce prisonnier à tout le monde, les dépenses, les soins, les respects, dont il a été l'objet, ne peuvent s'appliquer qu'à une personne du plus haut rang; les frais énormes de sa longue détention, ce secret qui n'eut pour dépositaires que le chef du gouvernement, son premier ministre et l'officier à qui la garde du prisonnier était confiée; le maintien de cet officier dans cette mission importante et délicate pendant plus de trente-deux années, et jusqu'à la mort du prisonnier. Cette prison, construite tout exprès à l'autre extrémité de la France, sur le bord de la mer; tout concourt à prouver que la moindre indiscrétion pouvait mettre en péril les plus grands intérêts. Un seul ministre est admis dans la confidence du prince régnant. Tous les ordres, toutes les instructions données à l'unique agent chargé de la garde du prisonnier, émanent directement du roi, et sont directement et exclusivement transmis à cet agent par le ministre. Cet agent, par une concession extraordinaire obtient, avec le commandement d'un château-fort situé dans la partie du Piémont, conquise 1636, le commandement d'autres forts situés sur le littoral de la Provence. Tout annonce qu'il s'agissait d'une question de dynastie. L'histoire moderne offre plusieurs évènemens de ce genre; on se rappelle la disparition d'une héritière du trône de Russie, dans le cours du dernier siècle : le genre, le lieu, l'époque de sa mort, sont encore un mystère.

Toutes les circonstances connues, qui ont précédé, accompagné et suivi la détention du prisonnier masqué, à la Bastille, ne peuvent se rapporter à un prisonnier de condition privée, et donnent un caractère de vérité à un trait rapporté par Lagrange-Chancel, détenu à Pignerol à l'époque de la translation du personnage masqué :

« Plusieurs personnes m'ont raconté, dit-il,
« que, lorsque Saint-Mars alla prendre possession
« du gouvernement de la Bastille, où il condui-
« sit son prisonnier, on entendit ce dernier, qui
« portait son masque de fer, dire à son conduc-
« teur : Où me conduisez-vous ? est-ce que le roi
« en veut à ma vie ? — Non, *mon prince*, ré-
« pondit Saint-Mars, votre vie est en sûreté;

« vous n'avez qu'à vous laisser conduire. » (*Lettre de Lagrange-Chancel à Fréron, année litt. 1768.*)

Aucun des faits que je viens d'exposer ne peut s'appliquer au duc de Beaufort: nulle nécessité de cacher sa détention si comme le prétend l'auteur des Philippiques, il eût été arrêté au milieu de son armée, lors de l'expédition de Candie; n'avait-il pas été arrêté et conduit au donjon de Vincennes, pendant les troubles de la Fronde avec le prince de Condé? Son arrestation avait été publique; le duc de Beaufort s'était échappé, était rentré en grace, il avait obtenu plusieurs commandemens dans la marine, dix ans s'étaient passé depuis les troubles de la Fronde, aucun fait nouveau n'avait provoqué contre lui la sévérité du gouvernement; l'auteur de ce système ne s'appuie que sur un oui dire, pour affirmer le prétendu emprisonnement secret du duc de Beaufort; et Saint-André Montbrun, témoin oculaire de sa mort, atteste dans ses mémoires (p. 361 et suivantes) « que ce prince « fut tué et confondu au milieu de la foule des « morts... On sait que le grand visir envoya sa « tête à Constantinople, où elle fut portée trois « jours par les rues au bout d'une pique, comme « une marque de la défaite des chrétiens. »

Le duc de Beaufort était mort en 1611, il avait cinquante-huit ans lors du siège de Candie (1669). Le prisonnier masqué est mort en 1703, âgé de soixante à soixante-dix ans, suivant un témoin.

de ses derniers momens, le duc de Beaufort aurait donc eu quatre-vingt-douze ans.

Le système de Saint-Foix, relativement au duc de Montmouth, n'est pas moins invraisemblable. Les aventures romanesques et la fin déplorable de ce fils naturel de Charles II, roi d'Angleterre, sont bien connus; condamné à mort comme coupable du crime de lèse-majesté, il a subi son arrêt, à Londres, en plein jour, au milieu d'une foule immense. La crédulité de M. Saint-Foix ne fléchit pas devant un tel fait, il convient que l'exécution a eu lieu, mais qu'un autre s'était dévoué pour Montmouth et avait pris sa place sur l'échafaud, et présenté sa tête à la hache du bourreau... Il faut une foi bien robuste pour admettre une telle substitution, sans preuves positives, évidentes, et l'auteur n'invoque que de vagues conjectures. Une prison perpétuelle eût été considérée comme un bienfait pour un condamné à la peine de mort, et alors toute précaution mystérieuse devenait inutile; l'arrêt contre Montmouth est du 15 juillet 1685, et, d'après la lettre du ministre Barbesieux, le prisonnier masqué était depuis 1671 sous la garde de Saint-Mars.

Il n'y a jamais eu de prisonniers tant soit peu importans dont on n'ait plusieurs fois annoncé l'évasion, avant ou après sa condamnation. Le procès du surintendant Fouquet avait fait grand bruit; l'histoire de ce procès, les mémoires de Pellisson, son ami, son compagnon d'infortune: les écrits des hommes de lettres les plus distingués de l'époque, les hommages en prose et en vers inspirés par l'amitié de ces grands maîtres, pour l'illustre infortuné sont dans toutes les bibliothèques, le lieu de sa détention n'a jamais été un secret; sa mort au château de Pignerol, la translation de son corps à Paris, son inhumation dans l'église des Dames Sainte-Marie, grande rue Sainte-Antoine, sont constatés par des actes authentiques, et par cette note inscrite sur le grand registre de la Bastille, portant « que M. Fouquet mourut à « Pignerol sur la fin de 1680, qu'il a été enterré « le 28 mars 1681, à l'église du couvent des Da- « mes Sainte-Marie le 28 mars 1681, grande rue « Saint-Antoine à Paris. »

L'acte d'inhumation est ainsi conçu.

« Le 28 mars 1681, fut inhumé dans notre « église, en la chapelle de Saint-François de « Salle, messire Nicolas Fouquet, qui fut élevé « à tous les degrés d'honneur de la magistrature, « conseiller du parlement, maître des requêtes; « procureur-général, surintendant des finances et « ministre d'état, etc. »

Il est mort en 1683, et l'homme au Masque de fer en 1703; ce ne fut qu'après la prise de la Bastille, qu'un de ces fabricans de bulletins à deux sous s'avisa de faire imprimer en gros caractère en tête d'une petite brochure, *Grande découverte, l'homme au Masque de fer dévoilé* d'après une note trouvée dans les papiers de la Bastille.

Cette note prétendue n'était qu'une stupide mystification, c'était une carte portant le n° 64,389,000, avec ces mots : *Fouquet arrivant des îles Sainte-Marguerite avec un masque de fer X,X,X, Kersadion.*

Un conte aussi niais porte en lui-même sa réfutation, on peut en dire autant de l'aventure vraie ou supposée du secrétaire du duc de Mantoue, enlevé à la chasse et conduit au fort de Pignerol en 1687. La date seule pouve que ce ne pouvait être l'homme au Masque de fer, dont la détention date de 1671; un secrétaire du duc de Mantoue n'était pas un personnage assez important, pour qu'on prît tant de précaution pour couvrir son enlèvement et sa captivité d'un voile impénétrable. Cette anecdote n'est d'ailleurs racontée que dans l'ouvrage d'un moine réfugié en Hollande, qui y vivait de pamphlets et de satyres.

L'homme au Masque de fer était-il le duc de Vermandois ? Cette autre version a été très accréditée et mérite un examen plus sérieux. Elle fut d'abord publiée dans un petit ouvrage intitulé : *Mémoires pour servir à l'histoire secrète de Perre*, l'un des ouvrages les plus curieux de l'époque de la régence. Le duc de Vermandois y est désigné sous le nom de *Giafer*. Il aurait donné un soufflet au Dauphin, il devait partir ensuite pour l'armée, où l'on aurait fait courir le bruit de sa mort, mais il aurait été enlevé et conduit, en 1685, à Pignerol. L'auteur des Mémoires secrets prolonge la prétendue captivité de ce prince jusque à la majorité de Louis XV. L'homme au masque était mort en 1703; il le fait enfermer à Pignerol en 1683, et sous la garde de Saint-Mars, qui ne prit le commandement de cette citadelle qu'en 1686; cependant cette version, où tout est invraisemblable, et même impossible, a été adoptée et soutenue par le père Griffet, qui avait peut-être ses raisons pour débiter cette fable.

Toutes les relations de l'époque, tous les historiens, sont d'accord sur ce fait, que le 12 novembre 1683, au soir, le comte de Vermandois tomba malade à Courtrai, que le lendemain une fièvre maligne se déclara, et qu'il mourut dans la nuit du 18 au 19 du même mois; que son convoi partit le même jour de Courtrai, qu'il arriva le 24 à Arras, où il fut inhumé le 25. La date et la cause de sa mort sont confirmées dans les mémoires de mademoiselle de Montpensier, par des lettres de Bussy-Rabutin, tom. 5, pag. 484, et dans tous les écrits relatifs à mademoiselle de la Vallière, mère de ce jeune prince. Je ne citerai qu'un seul acte, et son authenticité ne peut être l'objet du moindre doute. On lit dans les registres capitulaires de la cathédrale d'Arras, compulsés par Saint-Foix, l'ordre suivant :

« De par le roi,

« A nos très chers et bien amés les doyens, cha-
« noines en chapitre de notre cathédrale d'Arras.

« Très chers et bien amés, ayant appris avec

« un très sensible déplaisir que notre très cher et
« très amé fils le comte de Vermandois est dé-
« cédé en la ville de Courtrai; et desirant qu'il soit
« mis dans l'église cathédrale de notre ville d'Ar-
« ras, nous mandons au sieur évêque d'Arras, de
« recevoir le corps de notre dit fils, lorsqu'il sera
« porté dans ladite église, et de le faire inhumer
« avec les cérémonies qui s'observent des person-
« nes de sa naissance, et que vous assistiez en corps
« à la cérémonie, etc.   Louis.

« Le Tellier. »

Un contrat du 24 janvier 1684, passé entre l'intendant Chauvelin, stipulant pour le roi, et la chapelle d'Arras, alloue à ce chapitre une somme de dix mille francs pour la fondation d'un *obit* perpétuel pour le repos de l'ame du comte de Vermandois. En 1687, Louis XV fit cadeau à la même église d'un ornement complet de velours noir, avec un dais aux armes du comte de Vermandois, brodé en or. Tous les magistrats d'Arras sont tenus d'assister au service anniveraire, et le lieutenant de roi doit informer la cour que la cérémonie a eu lieu.

Ce fils naturel de Louis XIV avait été reconnu par lui; il était au berceau, lorsqu'il fut nommé amiral de France : cette grande dignité conférée à un enfant, n'était alors qu'un évènement très ordinaire.

En admettant la scène du soufflet donné à l'héritier présomptif de la couronne, et la punition de ce fait, par un emprisonnement dans un château-fort; où était la nécessité du secret? A quoi bon cacher à tout le monde l'existence du coupable? Un intérêt de dynastie peut seul expliquer la mystérieuse captivité de l'homme au masque de fer; et cet intérêt ne pouvait exister pour le comte de Vermandois. Mais, dans cette hypothèse comme dans toutes les autres déjà citées, il faudrait encore, pour qu'elle fût vraisemblable, qu'il y eût identité de date; et le comte de Vermandois, enlevé, emprisonné, en 1683, n'a pu être le prisonnier masqué, gardé par Saint-Mars aux îles Marguerites, à Exilles et à Pignerol, depuis 1671. Ce comte de Vermandois, né le 2 octobre 1667, ne pouvait être le prisonnier enterré à Saint-Paul en 1703, à l'âge de plus de soixante ans.

Un autre personnage a été signalé comme étant l'homme *au masque*, une anecdote empruntée aux mémoires de Bonnac, ambassadeur à la Porte, publié en 1724, en a fourni le sujet. On a prétendu que ce prisonnier mystérieux était *Avedik*, patriarche des Arméniens schismatiques. En admettant que les jésuites aient fait enlever ce patriarche, qu'ils l'aient fait transférer en France et emprisonner à la Bastille, un changement de nom suffisait pour le soustraire à d'importunes investigations. L'enlèvement aurait eu lieu en 1698; le patriarche aurait été embarqué et conduit, la même année, aux îles Sainte-Marguerite; et Saint-Mars, qui n'avait pas quitté l'homme au masque depuis 1671, l'aurait amené à la Bastille en 1698.

C'est une chose singulière que ces anachronismes répétés par tous les auteurs de ces divers systèmes sur l'individualité du prisonnier. Le fait de la détention de cet homme sous la garde de Saint-Mars, depuis 1671 jusqu'à l'époque de sa mort, est authentiquement démontré; et ces dates, qui sont une vérité prouvée, ne peuvent s'appliquer aux faits avancés sur les divers personnages cités dans les systèmes que je viens d'analyser. Je n'ai parlé du secrétaire du duc de Mantoue, de Fouquet, du patriarche Avedik, que pour mémoire. (Voyez *Avedik*, dans la partie biographique.)

L'homme au masque était-il fils d'Anne d'Autriche, épouse de Louis XIII? Etait-il né avant ou après Louis XIV? était-il jumeau de ce dernier? Cette dernière version n'est pas vraisemblable. Le premier enfant étant avoué, reconnu, le second devait l'être. La famille royale eût eu deux dauphins; l'ordre de successibilité au trône n'eût pas été troublée, et avant l'évènement, il eût été facile de tout régler à cet égard; l'usage constamment suivi dans l'ordre de filiation était bien connu et consacré par la loi générale sur le droit d'aînesse. Louis XIII n'avait nul intérêt à couvrir d'un voile impénétrable la naissance immédiate d'un second fils. La naissance de deux jumeaux était un double obstacle à l'ambition de son frère qu'il haïssait. Aucune conjecture probable, aucun indice de fait ne permet de supposer, avec quelque vraisemblance, qu'Anne d'Autriche soit accouchée de deux jumeaux. Depuis, elle eut un autre fils, Philippe de France, duc d'Orléans, père du régent, et que Louis XIII refusa d'embrasser après sa naissance. Il en eût été de même pour tout autre enfant, l'*honneur* de la reine était à couvert, et le titre de *fils* ou *fille de France* leur était acquis. Le roi eût été forcé de dissimuler pour ne pas compromettre les droits acquis au dauphin.

Le malheureux enfant, condamné au moment de sa naissance à mourir dans son berceau ou à ne vivre que dans une prison impénétrable, était donc né avant celui qui depuis fut Louis XIV.

Louis XIII qui, suivant l'expression de la reine Christine, n'aimait *des femmes que l'espèce*, Louis XIII qui eut plusieurs maîtresses, et qui n'en avoua qu'une seule, mademoiselle de La Fayette, n'eut aucun enfant naturel. Il ne vivait point avec la reine, ils étaient séparés *de* fait, depuis plusieurs années, quand cette princesse fit une fausse-couche. L'évènement n'avait pas été prévu, et toute la cour fut dans la confidence. Louis XIII ne put l'ignorer, et son favori Luynes ne manqua pas de se prévaloir de cet *accident* pour l'irriter contre la reine. On parla même de répudiation.

Anne d'Autriche était entraînée par la nature et par la contagion de l'exemple d'une cour aussi corrompue. Louis XIII avait renvoyé toutes les dames, les officiers et les domestiques qu'elle avait amenés d'Espagne. Elle eut toujours, dit Voltaire, (siècle de Louis XIV) « une conduite plus que « suspecte : ce qu'il y avait de plus insupportable « pour elle, elle entendait de tout côté des chan- « sons et des vaudevilles, sur le doute où l'on affi- « chait être de sa vertu... » L'époque était féconde en pamphlets, en chansons satyriques. La cour, la ville étaient divisées en plusieurs factions ; ce n'est pas dans des écrits passionnés, qu'il faut chercher la vérité : aussi n'invoquerai-je que les historiens les plus graves et les faits les mieux constatés.

Délaissée par un époux sombre, morose, ombrageux, sans caractère, sans énergie, la jeune reine environnée d'adorateurs, avide d'hommages et de plaisir, exposée sans défense à toutes les séductions, elle ne fut d'abord qu'imprudente et bientôt coupable. Un insolent favori s'était placé entre les deux époux, et rendait tout rapprochement impossible. « Il est certain qu'ils passèrent « l'un et l'autre à des mouvemens fort approchans « du mépris et de la haine. » (M an. des R. et Reg. v. 6 p. 134).

Tous les historiens contemporains s'accordent sur ce point, et madame de Motteville dans ses *mémoires* d'Anne d'Autriche dont elle était la confidente intime et madame de Bregis, malgré tous leurs efforts, leur partialité pour cette princesse, ne peuvent dissimuler ses *galanteries*. Elle n'était sensible qu'au plaisir, son cœur était fermé à tout sentiment généreux. La cour était divisée en deux factions, celle de la reine mère, et celle du favori (*de Luynes*). Anne affectait une indifférente neutralité; un premier trait la montra telle qu'elle était. Le maréchal d'Ancre venait d'être assassiné sur l'ordre exprès de Louis XIII, par le capitaine des gardes Vitry, qui, pour prix du plus lâche des crimes, obtenait le bâton de maréchal de France. Les deux confidens de Marie de Médicis, laissaient un fils âgé de dix ans, le bel orphelin errait éploré dans le Louvre. On n'avait pu lui faire prendre aucun aliment, le comte de Fiesque en eut pitié; il obtint de la jeune reine qu'il lui serait présenté; elle lui fit donner des confitures. L'enfant parut devant elle, ses graces, sa douleur naïve paraissent l'intéresser; une voix de courtisan a murmuré que l'enfant dansait avec grace. Anne d'Autriche a fait venir des musiciens, et l'enfant est contraint de danser une sarabande, tandis que l'on traînait dans les rues le cadavre de son père, et que l'on jetait sa mère dans les cachots de la Bastille, d'où elle ne devait sortir que pour monter à l'échafaud.

Anne d'Autriche avait oublié la sévérité de l'étiquette espagnole, qui ne permettait aux reines la plus innocente relation avec les hommes, même avec les princes de la famille royale, qu'en présence de leurs époux. Anne vivait avec le duc d'Orléans dans une familiarité plus que fraternelle;

L'ombrageux Louis XIII se montra très jaloux, et ses boutades de mauvaise humeur contre sa femme et contre son frère, excitaient le mépris et les railleries de la cour. Le ministre favori en profitait pour entretenir la mésintelligence des deux époux. Le découverte de la conspiration de Chalais-Talleyrand, amena d'étranges révélations; Chalais n'était que l'instrument du duc d'Orléans et de la jeune reine. Le but des conjurés était de faire casser le mariage du roi, pour cause d'impuissance; sa femme devenue libre devait épouser le duc d'Orléans. Ce projet de mariage a été prouvé au procès; la reine mère n'y était pas étrangère. Louis XIII nomma une commission pour juger les coupables. On remarqua que dans les lettres patentes adressées au chancelier Marillac, il exceptait des poursuites la reine mère et le duc d'Orléans, et ne disait rien de sa femme, dont il s'était long-temps séparé de fait. La condamnation de Chalais et des autres complices, fut motivée sur leurs aveux, et leurs interrogatoires n'ont pas été publiés. Anne s'était ouvertement opposée au mariage du duc d'Orléans, avec mademoiselle de Montpensier.

Sept années s'étaient écoulées depuis le mariage de Louis XIII et d'Anne d'Autriche, et les deux époux avaient presque toujours vécu loin l'un de l'autre; Anne en courant avec la connétable de Luynes avait fait une chute, dont le résultat fut une fausse-couche. Toute la cour le sut et Louis XIII ne l'ignora point.

Depuis cet *accident*, le duc d'Orléans s'était montré plus réservé avec sa belle-sœur; Bellegarde se mit sur les rangs, d'autres lui succédèrent, et Montmorency, l'un des plus galans et des plus magnifiques seigneurs de la cour, ne soupira pas en vain. Lors de sa condamnation à Toulouse, on lui trouva au bras un bracelet de cheveux avec le portrait d'Anne d'Autriche. Il avait plus d'amour que de vanité, car le secret de son intimité avec la reine n'eut peut-être jamais été révélé, sans l'évènement qui lui coûta la vie. On se rappela l'antipathie haineuse de la reine contre la marquise de Sablé, sa rivale, qui lui disputait le cœur de Montmorency.

La passion de cette princesse pour le duc de Buckingham a été publique, et les principaux faits qui en démontrent l'évidence appartiennent à l'histoire; ils se rattachent aux plus graves négociations diplomatiques. Le mariage de Madame Henriette de France, fille d'Henri IV, avec Charles Ier, roi d'Angleterre, était convenu, arrêté, entre les deux cours, et l'on n'attendait plus que les dispenses du pape. Buckingham, favori de Charles Ier, et qui l'avait été de son prédécesseur, fut envoyé en France pour recevoir la princesse qu'il devait épouser au nom du roi, et la ramener en Angleterre. Les dispenses se firent long-temps attendre, les ambassadeurs anglais prolongèrent leur séjour à la cour, « ils prirent de grandes habitudes « chez quelques dames, sous prétexte de galante-

« ries : mais en effet pour avoir connaissance parti-
« culière des affaires de France, et acquérir des
« personnes d'intrigues, pour en pouvoir faire
« leur profit, lorsqu'il serait utile au bien de leur
« maître. » (Hist. du min. du card. Rich., t. Ier
p. 194).

Ce système de galanterie diplomatique avait tout récemment échoué en Espagne, par la vaniteuse étourderie du duc de Buckingham. L'éclat de ses amours pour l'épouse d'Olivarès, principal ministre, avait fait rompre le mariage projeté entre une infante et le roi d'Angleterre, alors prince de Galles. Buckingham porta ses vues plus haut à la cour de France, il adressa ses hommages à la reine elle-même. « Il se surpassa en prodigalités,
« en fêtes. Au milieu de ces scènes de plaisir et de
« dissipation, quelques coups-d'œil amoureux
« d'Anne d'Autriche, allumèrent une vive pas-
« sion dans son ame. Le bruit courut que Buckin-
« gham poussa loin cette conquête, mais le vigi-
« lant Richelieu déconcerta souvent ses projets. »
(Macaulay hist. des Stuarts).

Le grave Hume, après avoir peint des plus brillantes couleurs le portrait de Buckingham, ajoute : « Le succès qu'il eut à Paris fut aussi fatal
« que son ancienne disgrace, à Madrid. Les car-
« resses de la cour lui inspirèrent l'audace d'adres-
« ser ses soins ambitieux à la reine, et les ap-
« parences du mérite firent quelques impres-
« sions sur un cœur qui n'était pas sans disposi-

« tions pour la tendresse. Du moins cet attache-
« ment de l'ame, qui couvre tant de dangers sous
« une délicieuse surface, semble avoir été souffert
« par la princesse; et le duc emporta des idées si
« flatteuses, qu'après son départ il retourna secrè-
« tement à Paris sous quelques prétextes, et, s'é-
« tant présenté chez la reine, il fut congédié avec
« un reproche qui ressemblait moins à la colère
« qu'à la bonté.

« Richelieu fut bientôt informé de cette corres-
« pondance; on prétend que la vigilance de ce
« ministre fut ici poussée par la jalousie. La politi-
« que ou la vanité lui avait fait hasarder d'adresser
« aussi des vœux à la reine, mais un prêtre d'un âge
« au-dessus du moyen, d'un caractère sérieux et
« livré aux plus vastes plans de l'ambition ou de
« la vengeance, était un adversaire fort inégal
« dans une démêlé avec un jeune courtisan, qui
« ne respirait que la galanterie et la gaîté. Le
« chagrin du cardinal lui fit tourner ses efforts à
« ruiner les amoureux projets de son rival. » (hist.
maison de Stuart. t. 2. p. 58 et suivantes).

« Buckingham, dit Nani, historien contempo-
« rain, eut la hardiesse de parler d'amour à la
« reine Anne d'Autriche, et ne cachait pas même
« sa passion devant ses dames d'honneur. La reine
« était un jour au lit, la marquise de Senecey
« était à ses côtés dans un fauteuil, le duc admis
« s'exprima avec tout le feu que lui inspirait sa
« situation. La marquise irritée lui dit : Monsieur,

« taisez-vous, on ne parle pas ainsi à une reine de
« France. Le duc qui avait plus d'expérience que
« la chaste dame d'honneur sur le langage qui
« plaisait davantage à la reine, continua et réus-
« sit. »

Madame de Motteville, créature et favorite d'Anne d'Autriche, confirme dans ses mémoires les faits racontés par les historiens que je viens de citer; à travers les efforts de la panégyriste, pour pallier les détails, et pour montrer sa maîtresse plus imprudente que coupable, la vérité se fait jour; suivant madame de Motteville, la reine entraînée par la duchesse de Chevreuse « n'avait pu
« éviter, malgré la pureté de son ame, de se
« plaire aux agrémens de cette passion,... qui
« flattait plus sa gloire qu'elle ne blessait sa ver-
« tu. »

Si Buckingham parlait de son amour, avec tant d'abandon et d'éclat, dans la chambre à coucher de la reine; il devait se montrer plus hardi dans le tête à tête; je vais laisser parler madame de Motteville, « on a beaucoup parlé, dit-elle,
« (*mém.* t. 1er. *p.* 17 *et suiv.*) d'une promenade
« qu'elle fit dans un jardin du logis, où elle logea
« lorsqu'elle alla conduire la reine d'Angleterre à
« Amiens. Elle se fit en présence de toute la suite
« qui d'ordinaire accompagnait cette princesse : et
« j'ai vu des personnes qui s'y trouvèrent, et qui
« m'ont instruite de la vérité; le duc de Buckin-
« gham qui y fut, la voulant entretenir, Putange,

« écuyer de la reine, la quitta pour quelques mo-
« mens, croyant que le respect l'obligeait de ne pas
« écouter ce que le seigneur anglais lui voulait dire.

« Le hasard alors, les ayant menés dans un dé-
« tour d'allée; où une palissade les pouvait ca-
« cher au public, la reine dans cet instant, surprise
« de se voir seule et apparemment importunée
« par quelque sentiment trop passionné du duc
« de Buckingham, elle s'écria et appela son écuyer
« et le blâma de l'avoir quittée. »

Et madame de Motteville fait à propos de ce *cri* et de cet appel à son écuyer, les plus touchans commentaires sur la vertu presque farouche de la reine; elle avait disparu avec un homme *quelques momens*, cet homme était un amant, c'était Buckingham. La colère d'Anne d'Autriche contre son écuyer ne fut qu'une imprudence de plus. Louis XIII avait pris la chose au sérieux, l'écuyer *Putange*, fut exilé, madame de Vesnel, dame d'atour, le médecin de la reine, de la Porte, premier valet de chambre, honoré de toute la confiance de cette princésse, furent exilés; et la Porte fut, dix ans après, mis à la Bastille *.

La scène du bosquet ne devait pas être la dernière. Toute la cour avait accompagné la jeune reine d'Angleterre au de là d'Amiens. Buckingham oublie qu'il ne peut s'éloigner de cette princesse, qu'après l'avoir remise à son maître. Sa passion seule l'entraîne; il a rejoint le carosse d'Anne

* Voy. l'article Porte (de la). Dans la Biographie.

d'Autriche, il se cache la tête dans les rideaux de la portière; il pleure, Anne n'est pas moins émue, la princesse de Conti, placée près de la reine, a vu couler leurs larmes. C'est la reine elle-même qui raconte cette scène à madame de Motteville. (*Mém. t.*1 *p.* 19). Ces adieux devaient être éternels, mais le duc arrivé à Calais, prétexte une affaire importante, il faut qu'il en confère avec la reine mère, il laisse à Calais la fiancée de son maître et son cortège; il est bientôt auprès d'Anne d'Autriche, dans sa chambre à coucher; elle reçut sa visite avec moins de surprise que de plaisir. « il « vint tout librement se mettre à genoux devant son « lit, baisant son drap avec des transports si « extraordinaires, qu'il était aisé de voir que la « passion était violente et de celles qui ne laissent « aucun usage de la raison à ceux qui en sont « touchés. La reine m'a fait l'honneur de me dire « qu'elle en fut embarrassée, et cet embarras mêlé « de dépit fut cause qu'elle demeura long-temps « sans lui parler. La comtesse de Launois, alors sa « dame d'honneur, dit à Buckingham avec beau-« coup de sévérité: que ce n'était pas la coutume « de France et voulut le faire lever. Mais lui sans « s'étonner combattit contre la vieille dame, di-« sant: qu'il n'était pas Français, qu'il n'était pas « obligé d'observer toutes les lois de France. Puis, « s'adressant à la reine, lui dit tout haut les choses « du monde les plus tendres; mais elle ne lui ré-« pondit que par des plaintes de sa hardiesse, et

« sans peut-être trop de colère, lui ordonna sé-
« vèrement de se lever et de sortir. Il le fit et après
« l'avoir vue le lendemain, il partit bien résolu
« de revenir en France le plus-tôt qu'il lui serait
« possible. » (*ib. p.* 20 et 21.)

La princesse Henriette ne trouva point le bonheur sur le trône d'Angleterre; Buckingham n'eut point de peine à l'engager à faire un voyage en France. Elle écrivit à la reine-mère, en la priant de trouver bon qu'elle pût amener avec elle « le *duc*
« *de Buckingham, sans qui elle ne pouvait faire*
« *ce voyage.*

La réponse ne se fit pas attendre; la reine-mère et Louis XIII refusèrent de consentir à ce voyage à de telles conditions, et Bassompierre, alors ambassadeur de France à Londres, reçut, par un courrier, l'ordre de dire au duc « *que, pour les*
« *raisons qu'il savait, sa personne ne serait point*
« *agréable au roi très chrétien.* » Ce refus avait été dicté par Richelieu, qui ne voyait dans Buckingham qu'un rival préféré.

L'un gouvernait l'Angleterre comme l'autre la France : « Dans le transport de sa passion roma-
« nesque, dit Hume, Buckingham jura qu'il ver-
« rait la reine en dépit de tout le pouvoir de
« France, et, dès ce moment, il prit la réso-
« lution d'obliger son maître à rompre avec cette
« puissance. »

Une querelle d'amour entre deux favoris de rois va mettre en campagne les armées de France et d'Angleterre : un dernier trait va démontrer toute l'exaltation de l'amour de Buckingham pour Anne d'Autriche. Cette reine lui avait sacrifié sa réputation; Buckingham lui sacrifiera la sienne, ses sermens, ses devoirs les plus sacrés; il trahira son prince, son bienfaiteur et son pays, pour plaire à celle qu'il aime; il mourra assassiné et déshonoré.

Il avait fait rompre la paix entre l'Angleterre et la France. Louis XIII, Richelieu ne veulent pas qu'il vienne en France comme ami; il y viendra comme ennemi; il rêve déja une vengeance complète, terrible et un double triomphe.

Richelieu a endossé la cuirasse, l'armée royale de France est commandée par un prêtre : le cardinal s'est fait capitaine; il assiège La Rochelle, dernier boulevart des protestans proscrits; Buckingham prépare une flotte formidable. Louis XIII ne sera pas plus heureux à La Rochelle qu'à Montauban. L'armée navale, commandée par Buckingham, va ranimer le courage des protestans, et décupler leurs forces. Louis XIII sera donc forcé de lever honteusement le siège. L'intervention puissante de Buckingham a rendu la lutte trop inégale. L'embarquement a commencé dans les ports de la Tamise, avec une étonnante activité. Tout à coup les opérations paraissent suspendues, quelques vaisseaux anglais font une incursion sans résultat. Une lettre de femme opère ce prodige. Richelieu, cédant à la nécessité, a exigé de la reine qu'elle écrivît à Buckingham de suspendre, au moins pour quelque temps, les embarquemens, et Buckingham a cédé aux desirs de la reine*. Un cri de surprise et d'indignation a retenti dans la France et à La Rochelle; il a été répété en Angleterre. Buckingham veut réparer sa faute, se réhabiliter dans l'opinion et se venger. Il va reparaître devant La Rochelle avec une flotte formidable; il est à Portsmouth, il presse le départ de l'expédition; Soubise, les députés de La Rochelle le félicitent. Ils vont partir ensemble. Un gentilhomme écossais, Felton Déft, approche de Buchingham, et l'a frappé d'un coup de couteau. Buckingham tombe mort au milieu des commissaires rochelais, sur la place de Portsmouth. Si *l'homme au Masque* était fils d'Anne d'Autriche et de Buckingham, il était né au commencement de 1626. L'aventure du bosquet avait fait trop de bruit; et Louis XIII, en exilant de la cour tous ceux que leur service attachait alors à la maison de la reine, avait donné à cette aventure le plus grand éclat; le souvenir en était trop récent, et Louis XIII, qui, avant cette époque, n'habitait plus avec sa femme, s'en était éloigné plus que jamais. La reine, de son côté, dut pren-

---

* Tous les détails de cette singulière négociation se trouvent dans *le récit des incidens screts qui firent que l'Angleterre ne secourut point La Rochelle*, etc., par monsieur le maréchal de Tessé, dans la précieuse Collection à la Lettre Rouge, lettre A, p. 23 et suivantes, publié à Luxembourg, 1745.

dre les plus grandes précautions pour cacher les conséquences de sa faute. L'auteur lui en était trop cher pour qu'elle pût se déterminer à se séparer pour jamais d'un enfant dont elle adorait le père : peut-être rêvait-elle son retour et un avenir plus prospère.

Sans influence dans le gouvernement, Anne d'Autriche était brouillée avec le ministre favori, dont elle avait repoussé les hommages; sa cour devait être bien solitaire, bien triste : il lui fut facile de tromper tous les regards sur son état, et d'envelopper d'un voile impénétrable le jour critique de sa délivrance. Mazarin, qui exerça sur elle un empire absolu, dont elle fut moins l'amie que l'esclave, n'eut dû cet ascendant qu'à la confidence de cet important secret. De la Porte, son premier valet de chambre, le connaissait sans doute; sa fidélité résista à toutes les épreuves, il ne vit le terme de son exil que pour subir une longue détention.

Parvenu au ministère, Mazarin fut tout pour Anne d'Autriche; elle n'était plus jeune, elle avait plus de quarante ans, l'amour n'entrait donc pour rien dans leur intimité. J'ai sous les yeux la correspondance de ce ministre avec cette princesse, lors des négociations pour le mariage projeté avec les Bourbons d'Espagne. Le ton familier de ses lettres, l'absence de ces formules respectueuses qu'exigeaient les convenances de rang, cette affectation à ne désigner le jeune roi que sous la dénomination de le *confident*, tout prouve que l'amour était étranger à leurs relations; Mazarin était pour Anne d'Autriche, l'homme unique, l'homme nécessaire. La mort du *mystérieux enfant* pouvait tout changer. Ainsi s'explique tout naturellement l'asservissement d'Anne d'Autriche aux moindres volontés de Mazarin; on n'est plus étonné de la voir tout braver pour lui, s'enfuir avec lui de la capitale, et le maintenir au pouvoir malgré l'opposition des parlemens, les cris de réprobation de la France entière; compromettre pour lui seul son honneur, sa réputation et le trône même; enfin accepter sa part de honte dans tous les pamphlets lancés de toute part contre ce ministre *. Le secret fut bien gardé; Richelieu avait tout tenté pour attirer la Porte à son service, il l'avait fait mettre à la Bastille en 1637. La Porte n'en sortit qu'après la mort du ministre, et fut disgracié de nouveau à la mort d'Anne d'Autriche.

Mazarin mourut en 1661 : l'existence du prisonnier masqué reste couverte du même mystère; le secret ne fut confié par Louis XIV qu'à un seul de ses ministres. Il passa après la mort de Louvois à Barbesieux, son fils et son successeur; Chamillard en fut le dernier dépositaire comme ministre. Le régent ne le connut que comme chef du gouvernement, et Louis XV ne l'a su qu'à sa majorité. L'existence de ce personnage mystérieux

* La Collection de ces satires, pamphlets, vaudevilles, etc., appelées Mazarinades, forment 60 vol. in-4°.

ne se révèle qu'à dater de 1671, par la lettre du ministre Barbesieux à M. de Saint-Mars, alors gouverneur de Pignerol. Ce n'était pas, sans de graves motifs, qu'on l'avait confiné dans le château-fort le plus éloigné; sa translation à la Bastille s'explique par une circonstance toute naturelle. Le château du fort de Pignerol avait été rendu au souverain de Piémont par le traité de 1696. Saint-Mars gardait à vue ce prisonnier, depuis vingt-six ans; le secret qui lui était confié devait mourir avec lui. Le gouvernement de la Bastille vint à vaquer, on ne pouvait le lui refuser; le prisonnier, vieilli dans les fers et dans l'habitude de l'isolement le plus absolu, n'était plus à craindre, il avait passé l'âge des passions; Saint-Mars l'amena avec lui. Ils avaient vieilli ensemble, et le geôlier ne survécut que de quelques années à son prisonnier.

Tout ce qui avait servi à son usage, avait été brûlé, anéanti; les registres de la Bastille n'indiquaient que la date de sa mort, sous un nom supposé. Mais avant cet évènement, un document précieux, publié à l'étranger jeta un grand jour sur ce problême historique, qui n'a plus aujourd'hui qu'un intérêt de curiosité.

Depuis l'invention de l'imprimerie, il n'y a plus de secret pour l'histoire, et les époques les plus fécondes en graves évènemens ont aussi été signalées par une prodigieuse profusion de publications; ce qui ne pouvait, sans un danger évident, inévitable, être publié en France, était confié aux presses étrangères. Ils circulaient clandestinement dans les cercles; les nouvelles à la main, les petits journaux de 4 pages in-12, échappaient facilement aux investigations de la police; mais la vérité s'y trouve souvent confondue au milieu d'une foule d'assertions très hasardées. L'article que je vais citer avait été inséré dans le *journal des gens du monde*, et n'a jamais été contesté; s'il eut été isolé, il mériterait peu de confiance, mais quand on rapproche ce qu'ont écrit sur ce prisonnier, les graves historiens que j'ai cités, les demi-révélations de Voltaire qui *ne pouvait tout dire sur ce sujet*, et l'article que je vais transcrire, on arrive, si non à une vérité mathématiquement démontrée et prouvée, du moins à la version la plus vraisemblable.

On se rappelle que lorsque Barbesieux succéda au ministre Louvois, son père, il était très jeune, il avait toute la confiance du roi. La confidence du secret était devenue une nécessité. Sa lettre à Saint-Mars que j'ai citée, prouve qu'il savait tout à cet égard. Il eut des maîtresses, mais une seule lui inspira un attachement sérieux, la mort seule rompit les liens de cette rare intimité; il lui laissa une fortune indépendante, c'était mademoiselle de Saint-Quentin.

Après la mort de son ami, elle s'était retirée à Chartres, où elle mourut dans un âge fort avancé. Le secret était alors sans importance, le prisonnier n'existait plus. La vieillesse est causeuse, la vanité est de tous les âges, et mademoiselle de Saint-Quentin aimait sans doute à rappeler un passé dont elle était fière. Elle avait eu l'amour et toute la confiance d'un premier ministre, et c'est de lui qu'elle disait avoir appris le secret du Masque de fer. Je copie l'article.

« La reine devint éperduement amoureuse de
« Buckingham; leur commerce eut des suites.
« Anne ne tarda pas à s'en apercevoir: elle était
« alors brouillée avec son mari, qui, de la jalousie,
« était passé à l'aversion contre elle. Il ne pouvait
« y avoir d'excuse, de *quiproquo*; la reine dissi-
« mula le mieux qu'elle put sa grossesse: elle ac-
« coucha secrètement, l'enfant fut nourri dans le
« plus profond mystère; lorsque Mazarin mourut,
« Louis XIV l'envoya prisonnier aux îles d'Hières.
« Mademoiselle de Saint-Quentin ajoutait qu'il y
« avait une parfaite ressemblance entre les deux
« frères, raison pour laquelle le prisonnier por-
« tait toujours un masque.... » (Journal des Gens du Monde, p. 284).

L'histoire a enregistré toutes les circonstances des derniers momens d'Anne d'Autriche.... Après avoir donné au jeune roi sa bénédiction, elle lui dit d'une voix ferme et solennelle: « Faites ce que je
« vous ai dit, je vous le dis encore, le saint Sacre-
« ment sur mes lèvres. »

Une conférence secrète venait d'avoir lieu entre le prince et sa mère. Quel mystère lui avait-elle révélé, on l'ignore; mais il est démontré que peu après la mort d'Anne d'Autriche, un prisonnier masqué fut confié à la garde de Saint-Mars.

On sait que Louis XIII, après l'éclat qu'avait fait Buckingham, avait résolu de répudier la reine, qu'il témoigna la même résolution en 1637. Louis XIV naquit l'année suivante; que de soins, que d'efforts pour l'amener à partager le lit de la reine au Louvre? Sa jalousie n'avait-elle pas éclaté à une époque antérieure; quel était ce billet que Louis XIII voulait arracher à madame d'Hautefort, l'une des confidentes de la reine, et qu'elle cacha dans son sein, où le pudique Louis XIII n'osa porter la main? C'était une lettre de Buckingham, du moins telle fut l'opinion de la cour.

Voltaire, dans ses dernières années, avait été moins discret avec ses amis que dans ses écrits; et ce qu'il a dit, confirme la révélation de mademoiselle de Saint-Quentin.

Que le vieux Chamillard, dernier confident de Louis XIV, n'ait pas cédé aux instances de la Feuillade, son gendre, on le conçoit facilement; mais Barbesieux, ministre à vingt-deux ans, avait pu céder aux prières, aux caresses d'une jeune maîtresse qu'il adorait. L'hérédité, dans les lignées royales, ne pourrait pas toujours, sans danger, être soumise à de sévères investigations. Louis XIV lui-même n'aurait-il pas eu des doutes sur sa propre filiation? D'étranges révélations lui avaient été faites par sa mère, à son moment suprême; et ce souvenir a pu avoir quelque influence sur l'acte

8

par lequel il déclara des enfans naturels successibles à la couronne.

Le ministère de Mazarin avait duré plus de dix-huit ans; comme Richelieu, il réunissait plusieurs portefeuilles. Son pouvoir était sans borne; nul ministre ne rencontra d'opposition plus opiniâtre, plus orageuse; nul ne compta plus d'adversaires, n'essuya plus de disgraces ni plus d'affront. Il avait été proscrit par les premiers corps de l'État; forcé de s'évader de la capitale, il ne pouvait ignorer qu'il avait été pendu en effigie dans tous les carrefours, que sa tête y avait été mise à prix; il était rentré en triomphe dans Paris; il avait vu à ses pieds ceux-là mêmes qui l'avaient abreuvé d'humiliations et d'outrages; et, maître de se venger, il s'était borné à faire exiler les plus mutins. Il ne fit mettre à la Bastille et à Vincennes qu'un très petit nombre de frondeurs, et ces exils et ces emprisonnemens furent de courte durée. Son despotisme pesait de tout son poids sur la reine et sur son fils; il voulait régner seul, et malheur aux courtisans qui ne tenaient leur emploi que de la régente ou du roi; il les destituait brutalement, et l'avarice avait autant de part que l'orgueil à ses actes arbitraires, il faisait argent de tout; il gouverna en maître absolu un pays dont il ignorait les lois, les mœurs, les intitutions. On connaît son indifférence pour les libelles et les chansons. Ils chantent, disait-il; ils paieront. L'argent le consolait des épigrammes.

CHAPITRE V.

La Bastille sous Louis XIV. — Suite. — Journées des barricades. — Etablissement d'un lieutenant-général de police à Paris. — Nouvelles à la main. — Abolition du gouvernement municipal. — La Bastille sous la régence. — Faits généraux. — Conjuration Cellamare. — L'abbé Portocarréro. — Le cardinal Dubois. — Madame de Staël. — Affaire du parlement de Bretagne. — La Chalotais. — Nobles Bretons condamnés à mort et exécutés. — Suite du règne de Louis XV. — Affaire du prince Ragotzi, etc. — Le maréchal de Richelieu. — Voltaire.

Les prisonniers que Richelieu avait jetés en si grand nombre dans les châteaux-forts, ceux qu'il avait exilés, avaient recouvré leur liberté à la mort de ce ministre. La politique, plus qu'un sentiment de justice, avait eu part à ces premiers actes de la régence d'Anne d'Autriche. Mazarin, qui gouvernait sous son nom, avait compris les exigences de sa position, et senti la nécessité de populariser le nouveau gouvernement.

Suivant l'usage, on avait fait les plus belles promesses pour le bien-être du peuple; et suivant l'usage aussi, ces promesses furent une déception. Qui aurait pu en réclamer l'exécution? Les grands; ils ne songeaient qu'à eux: l'or, les places lucratives leur furent prodigués: on ne croyait point payer trop cher leur dévouement. Les parlemens, celui de Paris seul était en position d'agir utilement. Il aurait pu se montrer exigeant quand on vint lui demander la régence pour la reine, il pouvait faire ses conditions; mais, fier d'exercer une autorité qui n'appartenait qu'aux États-généraux, son orgueil satisfait le rendit insensible à la misère publique. Les plus justes plaintes étaient étouffées; divers auteurs furent traités de séditieux et poursuivis; mais, dès que le ministère voulut rétablir une ancienne taxe qui ne pesait que sur les revenus des charges de la magistrature, le parlement fit des remontrances, des protestations, et se ligua avec tous les autres parlemens pour défendre ce qu'il appelait les privilèges, les prérogatives de la magistrature.

Quelques voix s'élevèrent aussi en faveur du peuple, et réclamèrent la réformation des abus. Le vieux Broussel avait retrouvé toute l'énergie du jeune âge, Blancmenil, deux autres conseillers appuient sa voix généreuse; seuls, ils sont poursuivis par la cour. Le parlement lui-même les abandonna. L'édit fiscal, qui froissait son orgueil et son intérêt, est révoqué: le peuple seul s'est rappelé le danger de ses défenseurs; il se rallie, forme des barricades, assiège la reine, le jeune roi son fils, et le Mazarin dans le palais royal, toute la famille s'enfuit à Saint-Germain. Broussel est bientôt rendu à la liberté.

Le sang du peuple avait aussi coulé, dans le

combat de Saint-Antoine, le 1er juillet 1652. Turenne était à la tête de l'armée royale ; Condé commandait celle des mécontens ; Gaston d'Orléans était le chef de ce parti. Les deux armées étaient en présence ; Anne d'Autriche, son fils, le cardinal ministre, leurs courtisans, comptant sur une victoire complète, avaient quitté leur retraite de Saint-Denis, et s'étaient placés sur les hauteurs de Charonne pour être témoins de la défaite de leurs ennemis. Gaston d'Orléans tremblait au Luxembourg, et n'osait se montrer. Une femme, mademoiselle de Montpensier, se rend auprès de lui ; et, après trois heures de sollicitations, elle a obtenu enfin l'ordre de faire ouvrir les portes de Paris, pour recevoir les débris de l'armée de son cousin, et protéger leur rentrée dans la capitale. Ce n'était point assez : l'adhésion du corps municipal était indispensable ; mademoiselle de Montpensier a couru à l'Hôtel-de-Ville : les mères, les épouses, les filles, les amantes des combattans, l'ont suivie ; et, malgré une défense de la cour fugitive, de fermer les portes à l'armée de Condé, le corps municipal, qui déja opinait pour obéir à la lettre du roi, a donné à la fille de Gaston l'ordre qu'elle a demandé; elle s'est dirigée vers la Bastille, à travers les blessés, les morts et les mourans. Condé, rassuré par elle, était retourné sur le champ de bataille ; elle avait fait placer de l'artillerie en dehors des fossés : une forte barricade était défendue par la troupe et par une réserve de quatre cents bourgeois. Les canons des tours sont chargés, et les boulets sillonnent les rangs des royalistes.

L'armée de Condé, protégée dans sa retraite, a pu rentrer dans la ville. Mademoiselle de Montpensier s'est aperçue que douze drapeaux, enlevés à l'armée royale, sont portés en triomphe à la tête des colonnes; ces drapeaux étaient aussi français: les chefs ont bientôt reçu l'ordre de les réunir à ceux de leur régiment; mais ils n'en ont pas moins été portés à Notre-Dame.

La cour était restée sur les hauteurs de Charonne, elle entendait retentir l'artillerie de la Bastille, et la croyait dirigée contre les mécontens; Mazarin ne doutait point que ce ne fût l'effet de ses intelligences dans la ville. « Bon, s'écriait-il; « ils tirent sur les ennemis. » Le maréchal de Villeroi n'avait point pris le change: « Si c'est made-« moiselle, avait-il dit, elle aura fait tirer sur « nous. » On avait reconnu qu'il ne s'était point trompé; mais alors le cardinal faisant allusion à la passion de *mademoiselle*, qui s'était flattée d'épouser le jeune roi qu'elle aimait, s'était écrié après la dernière volée: « Voilà un boulet de canon « qui vient de tuer son mari. »

Comment le cardinal ministre, instruit de la bataille qui devait avoir lieu, ne s'était-il pas assuré de la Bastille? C'est qu'il connaissait bien Gaston d'Orléans, et que la courageuse résolution de mademoiselle était hors de toute prévision. Les femmes ont joué le principal rôle dans les troubles de la Fronde ; le cardinal ministre les trouva toujours à la tête de tous les partis qui se formèrent contre lui, et son ministère, qui ne finit qu'avec sa vie, ne fut qu'une lutte continuelle contre une opposition turbulente, dont les grands, le haut clergé et la magistrature, formaient tous les élémens, sans système, sans plan arrêté; les intrigues succédèrent aux collisions armées, et Mazarin triompha par la ruse de ces ennemis. Il n'avait point compromis la dignité de la France, et ses instructions aux plénipotentiaires français au congrès de Munster, insistaient pour la réunion de la Belgique, qu'il regardait comme le boulevard de la capitale; boulevard nécessaire, indispensable, et sans lequel sa sûreté était évidemment compromise. S'il fut le plus cupide des ministres, il a été le moins cruel; peut-être, et sans le combat de Saint-Antoine, le nom de la Bastille n'eut été signalé dans l'histoire de son époque par aucun évènement important.

Le procès de *Fouquet*, du chevalier de *Rohan* (Voyez ces noms dans la biographie), n'ont eu lieu qu'après la mort de Mazarin.

La France, comme tous les autres États, n'avait point alors de journaux politiques; les nouvelles de cour, quelques articles littéraires, peu d'annonces industrielles, et en temps de guerre, de petits bulletins officiels, suffisaient pour alimenter ces feuilles, d'ailleurs si exigues; mais la Fronde avait habitué le public aux brochures, aux vaudevilles satyriques, et même à des mémoires sérieux sur les plus graves questions d'administration. Ces publications qui se succédaient avec une piquante et rapide variété, étaient devenues un besoin, et elles avaient cessé avec les collisions qui les avaient fait naître.

A cette époque (1667), l'autorité municipale était confiée *au bureau de la ville*, composée des échevins, et présidée par le prévôt des marchands, du lieutenant-civil, du lieutenant-criminel, du chevalier du guet, comme chef de la garde municipale soldée, étaient chargés de la police de sûreté, de salubrité, et judiciaire.

Alors, comme depuis, les ministres soutenaient que cette partie de l'administration ne pouvait s'exercer sans arbitraire, et les fonctions de police attribuées au lieutenant-civil et au lieutenant-criminel furent déférées à un lieutenant-général de police, choisi et nommé par le roi, c'est-à-dire par les ministres. Ce nouveau fonctionnaire devait recevoir directement les ordres et les lettres de cachet des secrétaires d'État, il était spécialement dans les attributions du ministre de Paris.

Le premier lieutenant-général de police fut Gabriel-Nicolas de la Reynie. Il signala son entrée en fonctions par des poursuites sévères contre les auteurs et distributeurs de nouvelles à la main. Cependant on comprit dès-lors l'inconvenance de confondre les prévenus de ce genre de délit, avec les voleurs, les assassins, les escrocs et les faussaires, etc. La Bastille fut destinée à leur servir de prison.

Ces nouvellistes fournissaient leurs gazettes à la main, et les brochures politiques à de grands seigneurs et même aux diplomates étrangers. On citait au rang de leurs principaux souscripteurs, les ducs de la Trémouille et d'Epernon, l'introducteur des ambassadeurs, Chabanais, la duchesse de Nemours, le surintendant des finances, Fouquet figurait aussi au nombre des souscripteurs, ainsi que la duchesse de Chevreuse, le comte de Claire, l'abbé de la Rivierre, conseiller intime de Gaston d'Orléans; l'abbé Colbert et beaucoup d'autres.

Le lieutenant-général de police fit arrêter successivement quatorze personnes soupçonnées de rédiger ou de distribuer ces feuilles à la main. On ne connaît qu'une seule condamnation prononcée contre Marcelin de l'Aage; il avait été condamné à être fustigé et banni de Paris pour cinq ans, avec défense de récidiver sous peine de la vie.

Mais dès que la police eut été confiée exclusivement au lieutenant-général de police, à l'homme du roi, les prévenus de délit de la presse furent rarement déférés à la justice ordinaire. Le lieutenant-général de police, que ses agens appelaient le magistrat, ordonnait seul leur arrestation; il décidait de la durée de leur emprisonnement à la Bastille, à Vincennes ou à Bicêtre.

Le gouverneur de la Bastille ne fut plus qu'un simple geôlier aux ordres du lieutenant-général de police, qui se réservait de régler les moindres détails de l'intérieur ; un prisonnier ne pouvait recevoir de visites, changer de linge, écrire, se faire raser, aller à la messe ou se promener sans un ordre exprès du *magistrat*.

Le major tenait les registres d'entrée et de sortie, enregistrait les ordres, et adressait chaque jour son rapport au *magistrat*.

Ainsi la lieutenance-générale de police de Paris était une véritable dictature : un seul homme disposait, sans responsabilité aucune, de l'honneur, de la fortune, de la liberté, de la vie même des citoyens. L'établissement de cette magistrature arbitraire était une violation manifeste de la loi fondamentale du pays. Le gouvernement municipal, consacré, garanti par les actes les plus authentiques, n'existait que sur le papier : l'autorité royale était arrivée progressivement à l'absolutisme. Paris, comme toutes les grandes cités de France, était régi par des magistrats de son choix, gardé par une *milice* bourgeoise : le parlement avait usurpé la haute administration municipale et judiciaire : les élections avaient été successivement négligées, retardées, et enfin tombées en désuétude. Mais l'ordonnance, qui créa un lieutenant-général de police porta le dernier coup aux immunités des citoyens de Paris, et frappa de mort leurs institutions. On conçoit qu'à cette époque, les masses n'aient point compris toutes les conséquences de cette usurpation scandaleuse. Mais comment le parlement a-t-il pu si long-temps garder le silence? Comment ce corps si nombreux, si influent, si jaloux de ses prérogatives, et si éclairé, n'a-t-il pas, à l'apparition de cette ordonnance, protesté au nom des lois indignement violées, au nom de la liberté des citoyens livrés à la merci d'un *homme du roi*, et maintenu dans leurs attributions le prévôt des marchands, le lieutenant civil, le lieutenant criminel, ses subordonnés.

Lorsque la nouvelle dictature eut frappé quelques-uns de ses membres et toute la compagnie, alors il se ravisa, il fit des remontrances, mais sans dignité, sans énergie; et jamais il ne signala la véritable cause du mal, cette ordonnance de création du lieutenant-général de police, qui était d'autant plus puissant, que les limites de son pouvoir n'étaient point clairement déterminées. Un corps armé spécial fut mis à sa disposition, ne recevait d'ordre que de lui; une légion d'espions circulait dans toutes les parties de la capitale, pénétrait dans toutes les maisons; le foyer domestique ne fut plus protégé.

Jusqu'alors la Bastille et Vincennes ne comptaient que peu de prisonniers : ces deux châteaux ne purent bientôt plus suffire. Les couvens des frères de la Charité à Charenton, des Lazaristes à Paris, furent transformés en succursales des châteaux forts; et les geôliers enfroqués surpassèrent en férocité leurs confrères de la Bastille, de Vincennes et de Bicêtre.

Depuis cette époque (1667), les proscriptions, les emprisonnemens arbitraires, les jugemens par commissions, prirent un effrayant accroissement; le lieutenant-général de police s'était érigé en grand prévôt, en juge souverain : il prononçait sur le lieu, la durée de la détention de ceux qu'il avait fait arrêter. Au terme de l'ordonnance de création, il ne devait être que l'exécuteur des ordres des ministres; mais il s'était bientôt affranchi de cette dépendance, et une foule de lettres, de procès-verbaux portaient en termes précis, après l'arrestation et l'entrée à la Bastille des malheureux proscrits : *prendre les ordres du ministre pour régulariser les écritures.*

Il y a plus, il est arrivé souvent que de simples commissaires de police, des exempts, des inspecteurs, arrêtaient des citoyens, les écrouaient à la Bastille, sous la réserve de prendre les ordres de leur supérieur, ordres qui devaient être antidatés, *pour la régularité* des écritures. J'ai rapporté plusieurs de ces ordres et de ces procès-verbaux dans la partie biographique. Les lieutenans-généraux de police obtinrent une grande importance sous le long règne de Louis XIV : il n'y avait pas assez de prisons pour le *grand roi.* Je n'ai pu qu'esquisser le tableau des persécutions contre les protestans et les jansénistes.

La minorité de Louis XV semblait devoir être

moins orageuse que celle de son prédécesseur. La France était en paix avec toute l'Europe, mais si elle n'avait point d'ennemis, elle n'avait, d'autre part, point d'alliés. Le trésor était épuisé; une dette immense, résultat des longues guerres et surtout des folles prodigalités du règne précédent, menaçait l'État d'une inévitable banqueroute. Les prétentions de la cour de Rome, son inconcevable opiniâtreté à maintenir sa bulle *unigenitus*, son refus d'accorder des bulles d'institution aux nouveaux prélats, pouvaient être sans conséquence pour la tranquillité intérieure, et le régent avait d'abord employé avec succès un moyen déja mis en usage sous Louis XII et Henri II; il avait établi une commission de séculiers pour l'installation des prélats auxquels les bulles étaient refusées. La caisse apostolique se trouvait ainsi privée des annates qu'elle recevait à chaque promotion. La cour de Rome se montra plus docile, et les bulles ne furent plus refusées; restait la *constitution unigenitus*, qui divisa tout le clergé en deux factions. Le régent ne donna d'abord aucune importance à cette ridicule guerre, et il eut réussi à la faire oublier, si l'ambition de Dubois n'eut dérangé son plan, et si ce prêtre ministre n'eut acheté la pourpre au prix de l'honneur, du repos et de l'or de la France. Un évènement plus grave pouvait couvrir la France d'échafauds, et encombrer toutes les prisons : la conspiration de Cellamare, une circonstance toute fortuite et étrangère à toutes les prévisions, révéla un secret que tout l'or prodigué par Dubois, toute l'activité de ces agens n'avaient pu faire découvrir.

La conspiration étant habilement ourdie: avant même la mort de Louis XIV, on avait jeté dans le public les plus atroces préventions contre le duc d'Orléans; on l'accusait de n'être pas étranger à la mort des trois dauphins; on le signalait comme prêt à immoler à son ambition le faible et dernier rejeton de la race directe de Louis XIV. Les princes légitimés accréditaient ces bruits; si l'accusation avait été vraie, rien n'avait pu empêcher le duc d'Orléans, parvenu à la régence, de frapper le dernier coup. Il ne l'avait point fait, il avait au contraire donné tous ses soins pour la conservation du jeune prince; ce fait répondait à tout.

Aux dévots, on parlait de sa conduite privée, de son indifférence pour la religion; il n'était ni moliniste, ni janséniste, les deux sectes le considéraient comme un hérétique, un impie. A la magistrature, on parlait de la destitution du chancelier d'Aguesseau, aux hommes politiques du choix de l'immonde et crapuleux Dubois, pour premier ministre. On s'était assuré d'une de nos plus belles provinces, la Bretagne était prête à se révolter et n'attendait que le signal.

L'or et les intrigues de l'Espagne alimentaient la rébellion; les nations n'ont été que trop souvent sacrifiées à des intérêts, à des intrigues de dynasties. Philippe V ne se rappelait qu'il était né Français, que pour réunir sur sa tête et la couronne à l'éventualité de laquelle il avait renoncé, et celle qu'il devait au sang et aux trésors de la France pendant la longue guerre de la succession.

S'il n'y avait de guerre que dans l'intérêt et par la volonté des peuples qui seuls en font tous les frais, en supportent tous les dangers et tous les maux, le plus redoutable, le plus désastreux des fléaux qui affligent l'humanité serait le plus rare, ou plutôt les cas de guerre ne serait qu'une exception. Mais les rois seuls en décident; pour eux c'est un jeu où ils ne risquent rien, et où ils se flattent de gagner beaucoup.

Le duc Richelieu fut impliqué dans cette conjuration, et ne fut point recherché. Il fut deux fois mis à la Bastille sous la régence, mais pour d'autres causes. Voltaire eut aussi les honneurs de la proscription, mais sa double détention à la Bastille fut courte, et il fut traité avec une *faveur* marquée. Il ne faut juger les hommes et les évènemens, qu'en faisant la part des institutions et même des préjugés de leur époque. Rien n'était changé, et la France de Louis XV, était encore celle de Louis XIV. Le roi de fait, était Gaston d'Orléans, et tous les actes de l'autorité suprême était au nom d'un enfant de cinq ans, voilà toute la différence.

La conjuration de Philippe V pouvait avoir les plus graves conséquences, la guerre civile et la guerre étrangère. Le but de la conjuration était de mettre la couronne de France sur la tête de Philippe V, roi d'Espagne. Elle avait été ourdie par le cardinal Albéroni, premier ministre et favori de ce prince, et dirigée à Paris par Cellamare, ambassadeur de cette cour.

Le duc et la duchesse du Maine, le cardinal de Polignac, des évêques, des magistrats, de grands seigneurs, des gentilshommes, étaient entrés dans la conspiration. Les cardinaux de Rohan et de Bissy furent violemment soupçonnés d'y avoir participé.

Tout étant disposé pour l'exécution, le prince de Cellamare écrivit au cardinal Albéroni qu'il n'attendait plus que ses ordres pour agir. On devait d'abord s'assurer du jeune roi et du régent. Des hommes déguisés en marchands, en ouvriers, en religieux, partis des diverses provinces, devaient se réunir à Paris. Trois cents contrebandiers avaient été choisis, et devaient prendre l'uniforme des gardes-du-corps. Ils se seraient rendus la veille de Noël à l'Oratoire, rue S. Honoré où le régent devait entendre la messe de minuit, ils se seraient emparés de sa personne, et l'auraient immédiatement conduit sur les frontières d'Espagne, où il aurait été renfermé dans une prison d'état. Des courriers seraient expédiés pour les principales villes, porteurs de lettres toutes prêtes pour y annoncer la révolution.

Tout le plan, les noms des conjurés, les modèles des lettres que devait écrire le roi d'Espagne au roi de France, aux états-généraux, au parlement, aux intendans et au clergé; des instructions, des lettres signées par Cellamare avaient été remises à l'abbé Portocarrero, neveu du cardinal de ce nom. Déjà il était en route, mais suivi de près par des agens envoyés par le cardinal Dubois, instruit de tous les détails de la conjuration par Bussat, employé comme copiste à la secrétairerie du prince de Cellamare.

Que ce secret ait été découvert par la Fillon, fameuse matrone de l'époque, ou directement par *Bussat* à Dubois, peu importe.

L'abbé Portocarrero fut arrêté à Poitiers, et toutes ses dépêches furent immédiatement remises à Dubois; elles furent lues au conseil de régence, et le 9 décembre 1718, le prince de Cellamare fut arrêté chez le ministre Leblanc, et conduit ensuite à son hôtel par de Liboy, gentilhomme ordinaire du roi.

Cellamare, escorté par des mousquetaires déguisés qui avaient été embusqués au Palais-Royal, fut ramené dans son hôtel. Tous ses meubles furent visités, tous ses papiers enlevés : Dubois présidait à cette opération. Ces papiers, divisés en quatre ballots, furent portés au Louvre. De Liboy conduisit ensuite l'ambassadeur jusqu'aux frontières d'Espagne. Les principales pièces de la conjuration furent imprimées à quatre cents exemplaires et expédiées dans toutes les provinces de France.

La duchesse du Maine et son mari ne furent arrêtés que le 29 décembre. La duchesse fut conduite dans un couvent de Dijon, le duc à la forteresse de Dourlan, le prince des Dombes et le comte d'Eu, à En. Les dames et les officiers de leurs maisons, une partie de leurs domestiques furent mis en prison. L'abbé Brigant, MM. Barjeton, Davisard, Malezieu père, Malezieu fils, le chevalier Dumenil, mademoiselle Delaunay, depuis Madame de Staal, Rondel, sa femme de chambre, M. de Gavaudun, l'abbé Le Cassais, une vieille comtesse, le comte de Laval, le marquis Bois-d'Avis, mademoiselle de Montauban, deux valets de chambre, quatre valets de pied, deux frotteurs de la duchesse du Maine furent conduits à la Bastille.

L'abbé Dubois assistait à leurs interrogatoires. Lui seul donnait les ordres au gouverneur pour les moindres délais relatifs à ces nombreux prisonniers.

Le régent avait fait accompagner les pièces imprimées et envoyées dans toutes les provinces par une circulaire ainsi conçue :

« Afin que le public soit instruit sur quels fon-
« demens Sa Majesté a pris la résolution, le 9 du
« présent mois, de renvoyer le prince de Cella-
« mare, ambassadeur du roi d'Espagne, et d'or-
« donner qu'un gentilhomme ordinaire de sa mai-
« son l'accompagne jusqu'à la frontière d'Espa-
« gne; on a fait imprimer les copies des deux

« lettres de cet ambassadeur à M. le cardinal Al-
« beroni, des 1er et 2 du présent mois, signées par
« ledit ambassadeur, entièrement écrites de sa main
« et sans chiffres.

« Lorsque le service du roi et les précautions
« nécessaires pour la sûreté et le repos de l'État,
« permettront de publier les projets manifestés et
« mémoires cotés dans ses deux lettres, on verra
« toutes les circonstances de la détestable conjura-
« tion tramée par cet ambassadeur pour faire une
« révolution dans le royaume. »

Les pièces promises ne furent point publiées.
Si l'on en excepte les huit cents contrebandiers
indiqués dans la lettre de Cellamare au cardinal
Alberoni, on ne voit parmi les conjurés que des
dames et des seigneurs de la cour, des prélats et
des gentilshommes, quelques prêtres séculiers et
des jésuites.

La conjuration avait de grandes ramifications
en Normandie, et surtout en Bretagne. Une affaire
aussi importante devait être portée au parlement
de Paris. Les chefs de la conjuration étaient ses
justiciables, et c'était dans le ressort de cette
cour que le plan de ces conspirateurs s'était formé,
et que la conjuration devait éclater. Pour la régularité de la procédure et pour réunir sur un point
les pièces du procès et tous les accusés, il aurait
fallu faire conduire à Paris les conjurés des provinces, comme on avait déjà fait à l'égard du marquis Bois-d'Avis et d'autres : telle était la marche

prescrite par la loi. Mais les ministres du régent se réservèrent de diriger l'affaire à Paris; et, par lettres-patentes du 3 octobre, une commission extraordinaire fût établie à Nantes pour les accusés bretons. Ce n'était pas sans doute pour accélérer la procédure que le ministre avait soustrait les accusés à leurs juges naturels, puisque cette commission de Nantes n'avait été instituée que plus de dix mois après la découverte de la conjuration et l'emprisonnement des principaux accusés.

La commission de Nantes se montra très sévère. Cent quarante accusés furent cités devant elle; quatre furent condamnés à mort et décapités, seize autres condamnés à la même peine, par contumace, ont été exécutés en effigie. Savoir :

Crisogon-Clément de *Guer*, marquis de Poncallec, y demeurant; Thomas-Simon de *Mont-Louis*, écuyer, demeurant à Placaer; Laurent *Lemoine*, chevalier de *Thalouet*, demeurant à Burrach; François du *Coedic*, écuyer demeurant à l'hôtel le Paradis, condamnés à mort et décapités sur la place du Bouffey; le marché y tenant, le 26 mars 1720, le jour même de l'arrêt.

Louis Thalouet, de Bonamour, gentilhomme, à Lourmoi; *De Lambilly*, conseiller au parlement de Bretagne; Jacques Melac, *Hervieux Denis*, demeurant à Josselin, de *la Berraye*, gentilhomme, *Thalouet* de Boishorand, gentilhomme, *Trevelec*, de *Bourgneuf*, fils, gentilhomme, *Coquart de Rosconan*, gentilhomme, le comte de

Polduc-Rohan, le chevalier de *Polduc*, son frère, François-Auguste du *Groesquer*, l'aîné, gentilhomme, l'abbé du Groesquer, son frère, *Delaboussaye*, père, gentilhomme, de la *Boissière-Kerpedron*, gentilhomme, le chevalier *du Crosco*, *Gouello de Kerantré*, gentilhomme, de *Villegley*, gentilhomme.

Du Groesquer fut amnistié en mai 1723, et Gouello de Kerantré en octobre de la même année. Un arrêt du 26 mai 1720 avait ordonné que tous les écussons des châteaux des quatre condamnés à mort seraient détruits, les fossés de leurs châteaux comblés, les bois et avenues coupés, les fortifications démolies, tous les biens confisqués. Une amnistie générale fut accordée à tous les condamnés par contumace; la commission, ou chambre royale de Nantes fut transférée de Nantes à Paris, par lettres-patentes du 14 avril 1720, pour y juger ceux qui avaient été exceptés de l'amnistie; ils devaient se constituer volontairement à la prison du fort Levêque pour y purger leur contumace. La commission n'eut à prononcer que des acquittemens.

Par lettres-patentes du 3 avril 1721, les biens confisqués furent rendus aux condamnés ou à leurs familles. La commission de Nantes finit ses opérations, à Paris, en 1724 : elle siégeait à l'Arsenal.

Vingt-deux colonels, tous conjurés, s'étaient engagés à arrêter le régent et à le conduire à la

Bastille, trois seulement ont été conduits à la Bastille, le duc de Richelieu, le comte de Laval, le marquis de Saillant. Un quatrième colonel, Bouscairenne, de Mont-Fleury, avait été mis aussi à la Bastille pour la même affaire; mais cet officier était au service de la Pologne. Il dut sa liberté à une infâme dénonciation qu'il fit contre Fournier, chirurgien de la Bastille. (Voy. *Fournier, Laval, Saillant, Richelieu; Brigant* (l'abbé), *Staal*.)

Le régent avait craint d'irriter la cour d'Espagne en se montrant sévère contre les conjurés. Cette puissance répondit à sa clémence par une déclaration de guerre, avant même que les procédures aient été commencées.

Les actions de la banque de Law avaient été soumises à une révision. Des condamnations capitales furent prononcées et exécutées. En 1723, quatorze accusés comparurent devant une commission extraordinaire siégeant à l'Arsenal: quatre avaient été condamnés à mort, leur peine fut commuée. (Voy. *Thalouet, Clément, Gally, Dandé* et autres, dans la partie biographique de cet ouvrage). Tous ces accusés ont été détenus à la Bastille.

Ragoszi, dont la vie aventureuse semble appartenir aux chroniques du moyen âge, avait pour résident en France l'abbé Bremner. Les motifs pour lesquels cet abbé fut mis à la Bastille ne sont pas bien constatés: il y était entré le 18 août 1721; la vie lui était moins chère que sa liberté, il se coupa la gorge dans son cachot, le 22 septembre de la même année. Il était détenu depuis 34 jours.

CHAPITRE VI.

La Bastille sous Louis XV. — Suite. — La bulle *unigenitus*.
— Les Jansénistes. — Les convulsionnaires. — Empoisonnemens. — Impunité garantie. — Lally. — Affaire de l'administration du Canada. — Enlèvement du conseil supérieur du Cap français. — Le chevalier de Rohan.

Presque tous les prisonniers détenus à la Bastille sous la régence, n'avaient été arrêtés que pour cause politique, et leur captivité ne fut pas longue. Il n'en fut pas de même depuis la majorité de Louis XV. Les emprisonnemens arbitraires, même pour des causes étrangères à la politique, s'accrurent avec une inconcevable progression.

Honte et malheur aux rois qui se font théologiens, Louis XV aurait dû se rappeler les erreurs et les crimes de son prédécesseur, et les maux irréparables causés par la révocation de l'édit de Nantes. Le régent s'était montré plus sage, et n'avait point fait des débats élevés, entre les jansénistes et les molinistes, une affaires d'État; il devait imiter cette prudente neutralité.

Mais à peine eut-il atteint sa quatorzième année, et pris comme *roi majeur* les rênes du gouvernement, que les persécutions contre les protestans reprirent leur funeste intensité. La proscription des écrivains fut érigée en système, et plus de quatre-vingt mille lettres de cachets furent expédiées sous la direction des jésuites contre les jansénistes.

Si Louis XV, mieux conseillé, eût renvoyé au pape son insolente et absurde bulle *unigenitus*; si, comme Philippe-le-Bel, il eut fait un appel à la nation, représentée par les États-généraux, la cour de Rome eut tremblé, elle eut tout sacrifié à la crainte de voir la France s'affranchir d'une humiliante dépendance, et établir un patriarche à la tête de l'église gallicane; mesure sage et politique, proposée par le président de Harlay, dans le conseil d'Henri IV, et renouvelée depuis. Mais Louis XV se laissait gouverner par son confesseur, jésuite et par ses maîtresses. Quelques actes de répression furent tentés, mais avec faiblesse, et une timidité qui ne firent qu'irriter les deux factions fanatiques; tout le clergé catholique se divisa en *acceptans* et en *appellans*.

Le délire fut porté au plus haut degré d'extravagance à la mort du diacre Paris, décédé le 1er mai 1727; on ne parlait que de miracles opérés, chaque jour, sur la tombe du bienheureux Paris.

Fils aîné d'un conseiller au parlement de Paris, il avait, après la mort de son père, cédé à son frère, ses droits à la succession paternelle, et s'était consacré à l'état ecclésiastique. Il mourut à trente-six ans, et ses derniers actes ont été une protestation contre la constitution *unigenitus*; il fut enterré le 3 mai, dans le cimetière de la paroisse Saint-Médard; une foule immense de magistrats, de prêtres, de grandes dames suivis son convoi. Chaque jour le cimetière était encombré de fanatiques se heurtant, se pressant pour pénétrer jusqu'à la tombe du saint diacre; des paralitiques prétendus en sortaient en dansant, de prétendus estropiés marchaient fièrement après avoir jeté leurs béquilles. Une enquête impartiale, et bien dirigée, eut fait connaître la vérité. Les ministres et les premiers magistrats, ne s'en avisèrent point, et laissèrent d'abord le cardinal de Noailles, archevêque de Paris, tenir registre des miracles, et leur prêter un caractère d'authenticité.

Ce ne fut que plus d'un an après l'ouverture de ces représentations grotesques, de ces momeries qui outrageaient la religion et la raison, que le garde-des-sceaux Chauvelin écrivit au cardinal certificateur de miracles, et lui remontra, dans les termes les plus respectueux, qu'il aurait dû, avant d'agir, consulter Sa Majesté.

Les gens sensés savaient à quoi s'en tenir sur les miracles de la façon du cardinal archevêque, mais ils concevaient difficilement les convulsions, les hommes de l'art les plus instruits ne pouvaient s'expliquer ce *phénomène*. L'épreuve du feu confondait leur raison, ils n'y voyaient point de miracle, mais la cause toute naturelle de ce prétendu prodige leur échappait. Nous avons vu depuis tant d'hommes et tant de femmes *incombustibles*, qu'un tel spectacle n'a pas même un intérêt de curiosité; mais, en 1728, le peuple était moins éclairé, et à cet égard tout le monde était peuple.

Une des fameuses convulsionnaires de l'époque, Marie Sonnet, dite *la Sœur au feu*, s'est fait délivrer le certificat suivant, signé par onze *messieurs*, et enregistré à Paris, le 12 mars 1740, signé Pipereau, reçu 12 sous.

Carré de *Maugeron*, conseiller au parlement; milord François *Drummont*, comte de Perth; *Arrouet*, trésorier de la chambre des Comptes; François *Desvernay*, docteur de Sorbonne; Pierre *Jourdan*, chanoine de Bayeux; Alexandre-Robert *Boindin*, écuyer, sieur Boisbessin, etc., etc.

« ......Attestent avoir été présens et vu la con-
« vulsionnaire dans la même séance, sur un feu
« très ardent, environnée de flammes pendant
« l'espace de deux heures un quart, à cinq reprises
« différentes composant deux heures un quart,
« sans que la convulsionnaire en ait été endom-
« magée, ni même le drap dans lequel on l'avait
« enveloppée toute nue, pour qu'on ne put pas
« dire que ses hardes l'avaient garantie; en foi de
« quoi, etc. » Suivent les signatures.

D'autres convulsionnaires se faisaient assener sur la poitrine des coups de hache, enfoncer des clous dans les mains, et ne s'en portaient pas plus mal. J'ai rapporté toutes ces circonstances dans les articles des convulsionnaires mis à la Bastille. (Voy. leurs *noms*). Il me suffira de faire remarquer que ces épreuves avaient presque toujours lieu sur des femmes (voy. l'article *le Père* (la petite Sainte) âgée de sept ans), accusée de se donner des convulsions à volonté. Le mot *convulsion* était devenu séditieux. Une malheureuse femme, *Jeanne le Lièvre*, affligée d'épilepsie, éprouve un accès dans la rue; un homme de la police passe, entend prononcer le mot *convulsion*, et, sans vouloir écouter aucune explication, il fait enlever la pauvre femme et la fait conduire à la Bastille. (Voy. *Lièvre (le)*.

Le cimetière Saint-Médard fut fermé par ordre du roi en 1732. Mais les convulsionnaires continuèrent à se donner en spectacle dans des maisons particulières, et cette folie se prolongea encore plusieurs années.

L'accusation de jansénisme suffisait pour faire emprisonner les personnes les plus irréprochables, et le nombre des victimes passent toute croyance. Les jésuites, qui dirigeaient toutes les consciences de la cour, activaient de tous leurs moyens la persécution, et les farces de Saint-Médard les servaient à merveille. On peut croire qu'ils ne paraissaient sévir contre les obscurs acteurs de ces momeries, que pour atteindre plus haut. C'était à l'association de Port-Royal qu'ils en voulaient, et l'évènement l'a bien prouvé ; après avoir, sans beaucoup de peine, rendu ridicule les convulsionnaires, ils attaquèrent de front les solitaires de Port-Royal. Tout fut détruit, anéanti, et on fit passer la charrue sur le sol du monastère. On sait avec quelle courageuse résignation les religieuses de Port-Royal supportèrent les vexations inouïes, dont elles furent victimes.

Le jansénisme, soutenu par des hommes d'un grand talent, d'un grand caractère et d'une vaste érudition, a du moins fixé l'attention publique sur les prétentions relatives à la cour de Rome, et réduit, réfuté et battu en brèche le prétendu dogme de l'infaillibilité du pape. C'est ainsi que cette grande et orageuse querelle toute théologique, a été utile aux progrès de la civilisation, et de la liberté politique et religieuse. Le tableau des mœurs et du gouvernement de chaque époque, se dessine en traits saillans et caractéristiques dans l'histoire de la Bastille. L'arbitraire s'y montre partout à découvert, mais avec des nuances bien tranchées; on le voit tour à tour poursuivre le patriotisme courageux, les dissidences d'opinion, et protéger les grands coupables que recommandaient une haute naissance et d'intimes relations avec la cour.

Qu'un grand seigneur se rende coupable d'un crime, la Bastille ne s'ouvre que pour le protéger et le soustraire à la juste sévérité des lois, et cette protection s'étendait souvent à ses complices. Le même gouvernement, qui avait plongé dans un cachot, en 1737, le comte de l'Orge, pour avoir, dans un mémoire, signalé les abus, les vices du gouvernement, les malversations et l'ineptie des hommes du pouvoir, ouvre la Bastille, comme un asile protecteur, à un chambellan de l'impératrice reine de Hongrie, accusé d'avoir, pendant son séjour à Paris, tenté d'empoisonner un banquier, dont il avait séduit la femme, qu'il voulait emmener avec lui à Vienne. Son criminel projet avait été révélé par Peck, son valet de chambre. La haute police ministérielle fait conduire le comte chambellan à la Bastille le 29 juillet 1761; et quelques mois après, il en est sorti accompagné de l'inspecteur Buhot, qui ne le quitta qu'à la frontière. Le comte se rendait à Vienne, pour assister au mariage de l'archiduc Joseph. La police avait sous sa main *Doucet*, qui avait fourni le poison : elle lui laisse le temps de se mettre en sûreté, et de sortir de Paris. Les lettres de la femme du banquier avaient été saisies; elles prouvaient sa criminelle intimité avec le comte-chambellan; elle ne fut point arrêtée, et le ministre Saint-Florentin écrivit au lieutenant-général de police Sartine :

« Si vous pouvez éviter de faire arrêter la « femme du banquier, vous ferez bien ; vous « savez qu'il y a bien des gens qui s'y intéressent. »

Le comte de Staremberg, ambassadeur de l'impératrice-reine, s'était chargé des dettes du chambellan, dont les chevaux, les équipages et les meubles furent publiquement vendus au profit de ses créanciers. Ce noble empoisonneur put se rendre tranquillement aux fêtes nuptiales de l'archiduc Joseph, et reprendre le cours de ses aventures amoureuses; et le courageux auteur d'un mémoire patriotique enfermé à la Bastille en 1757, n'en sortit qu'en 1789. Il y serait encore sans la victoire de la première insurrection parisienne.

Indulgente pour les grands, impitoyable pour les petits, telle était la justice de l'époque; un tel gouvernement ne pouvait se passer de commissions extrajudiciaires ni de bastilles. Le scandaleux procès de Lally ne peut être cité comme exception. De grandes fautes avaient été commises, de graves concussions avaient été reprochées à des commandans, à des administrateurs dans un établissement des Indes, Lally avait mérité leur antipathie par une sévérité légitime et implacable. Lui seul avait battu les Anglais, toutes les fois qu'il avait commandé en personne; et, pour sauver tant de coupables, on le chargea seul de toutes les fautes que les autres avaient commises. Le vieux guerrier vint se constituer volontairement prisonnier; il est jeté dans les cachots de la Bastille; et, après quatre années de procédure, il est condamné et décapité. Mais pourquoi ce bâillon pour étouffer ses derniers accens ? Pourquoi cette gratification de soixante mille francs, cette pension de six mille francs, au rapporteur Pasquier? Si Lally était coupable, le magistrat n'avait fait que son devoir en concluant à sa condamnation : cette double récompense, accordée par le pouvoir, aurait été rejetée par un juge qui aurait conservé le sentiment de ses devoirs et de sa dignité.

Nos colonies, qui pouvaient être si utiles à la métropole, n'ont jamais été pour elle qu'une charge très onéreuse. Leur administration, placée sous un régime exceptionnel, et livrée à l'arbitraire des gouverneurs, est l'unique cause de tant d'abus, et ce n'est que de nos jours que d'insuffisantes modifications ont été apportées à ce désastreux système.

En lisant la volumineuse procédure de la haute administration du Canada, on est plus indigné que surpris de cette effrayante série de brigandages; le scandale de tant de concussions avait été trop éclatant, les plaintes trop multipliées, pour que le gouvernement pût garder le silence; mais c'est encore une commission exceptionnelle, qui est chargée de connaître de ce procès, dont l'instruction appartenait au parlement.

Douze chefs de culpabilité étaient reprochés à François *Bigot*, intendant de la colonie. Concussions, exactions, commerce illicite sous des noms empruntés, abus de pouvoir, dilapidations, etc., etc. Ses complices, *Cadet*, munitionnaire-général; *Bread*, contrôleur de la marine; *Varin*, commissaire-ordonnateur de la marine; *Martel de Saint-Antoine*, *Penisseault*, commis du munitionnaire-général; *Maurin*, caissier du munitionnaire à Montréal; *Corpron*, qui remplissait les mêmes fonctions à Québec; *Payen de*

Noyan, chevalier de Saint-Louis, lieutenant deroi de la ville des Trois Rivières; François *Vassan*, commandant le second bataillon de la marine; Joncairé *Chabut*, lieutenant du second bataillon de marine; *Duverger de Saint-Blin*, même grade; *Labarthe*, garde magasin, le marquis de *Vaudreuil*, gouverneur et lieutenant-général; *Deschamps* de Boishebert, commandant à Miromichi; *Lemercier*, commandant l'artillerie; *Desméloises*, aide-major des troupes du Canada; *Perrault*, major-général des milices; *Fayole*, écrivain de la marine; Hugues *Pean*, aide-major des troupes; *Esteber*, garde-magasin à Quebec; *Devilliers*, contrôleur de la marine; *Bardel*, écrivain de la marine, comparurent devant la commission appelée chambre royale. Quelques-uns furent condamnés au bannissement, le plus grand nombre à des amendes et à des restitutions; d'autres furent absous. Cette procédure fut instruite dans le plus profond mystère; elle coûta des frais énormes. Le gouverneur de la Bastille recevait, pour la nourriture de chaque prisonnier, de six à vingt francs par jour. Le procès dura trois ans. M. de Sartine reçut une gratification de six mille francs; les commissaires, juges, les greffiers, commis, huissiers, le major, l'aide-major de la Bastille, furent aussi *récompensés*. (Voy. les noms des accusés dans la partie biographique.)

Les confiscations et les restitutions prononcées n'indemnisèrent pas le trésor; mais ce qu'il y eut de plus déplorable, c'est que le gouvernement, que ce scandaleux procès aurait dû convaincre de la nécessité urgente d'un nouveau système d'admistration coloniale, pour prévenir le retour des mêmes malversations, ne songea pas même à faire le moindre changement au régime exceptionnel et désastreux qui en était la première cause; d'autres abus s'étaient déjà manifestés, en 1715, à la Martinique, et cet évènement n'avait aussi donné lieu qu'à un procès, sans résultat utile.

Ce procès des chefs militaires et des administrateurs du Canada était à peine terminé, que des faits non moins graves furent reprochés au gouverneur de la Louisiane dans un mémoire publié par des officiers employés dans cette colonie. Dans cette affaire, l'ineptie et la partialité du ministre se sont montrées à nu. L'auteur principal du mémoire s'était adressé franchement au ministre et à l'opinion publique : le ministre le fit mettre à la Bastille, et fit anéantir toutes les pièces qui avaient été déposées au greffe du Châtelet. Un gouverneur des colonies ne pouvait avoir tort. La procédure fut commencée, mais bientôt suspendue pour ne plus être reprise. Le ministère se mit en pleine contradiction avec lui-même: Marigny de Mandeville, lieutenant d'infanterie, et deux autres officiers, Grondel et de Rocheblave furent arrêtés par ordre du gouverneur et enfermés à la Bastille : ils n'y restèrent que vingt-quatre heures.

Ces trois officiers reprochaient, dans leur mémoire, à M. de Kerlerec, gouverneur de la Louisiane, plusieurs actes de tyrannie : Le Bossu, capitaine, avait répété ces accusations dans un ouvrage intitulé : *Nouveaux Voyages aux Indes occidentales*, dont il avait offert la dédicace au duc de Praslin; ce ministre ne l'avait pas acceptée, sous le prétexte que l'auteur aurait dû auparavant lui en rendre un compte détaillé. Le capitaine Le Bossu fut aussi mis à la Bastille; une lettre de cachet répondait à tout.

Un rapport de l'affaire fut fait par M. Dupont, conseiller au Châtelet; nulle conclusion contre les quatre officiers, et on y déclarait que la probité et le zèle de M. de Kerlerec étaient sans reproche, mais « que son gouvernement avait été tyranni-
« que, que les faits qu'il avait articulés contre
« les officiers n'étaient pas justifiés, et qu'il ne
« devait attendre aucune grace du roi. » Le ministre exila M. de Kerlerec à trente lieues de Paris et de la cour. Toutes les pièces de ce procès ont été anéanties, ainsi que les exemplaires des mémoires que l'on put retirer de la circulation.

Le gouvernement ne se montra ni plus conséquent, ni plus habile dans l'affaire de M. Thibaut de Chanvallon, intendant de Cayenne et de la Guyanne. On y remarque la même insistance pour soustraire l'affaire aux juges ordinaires, et pour anéantir toutes les pièces qui auraient pu faire connaître la vérité; encore des conclusions, des décisions arbitraires et qui ne peuvent se concilier entre elles.

Thibaut de Chanvallon, Créole né à la Martinique, était accusé d'avoir, par sa négligence et son impéritie, causé tous les malheurs de la Guyanne, dont il était intendant, d'avoir fait un commerce illicite ou d'avoir retenu les fonds de quelques concessionnaires de la Guyanne. Une commission avait été établie pour le juger, et sur son rapport, des lettres-patentes, du 13 septembre 1767, avaient ordonné qu'aux dépens de Chanvallon, il serait fondé à perpétuité une messe pour le repos de l'ame de Colons, qui avaient péri dans les troubles de cette colonie, et un hôpital. Le séquestre de ses biens et de ceux de Nerman, écrivain de la marine, de Rique, secrétaire de Thibaut de Chanvallon, d'autres lettres-patentes du 18 novembre 1776, révoquèrent ces condamnations. M. de Chanvallon fut depuis nommé commissaire, et inspecteur-général des colonies avec une gratification annuelle de dix mille francs; dont moitié réversible à son épouse, à laquelle il fut restitué 14,000 francs de sa dot. M. de Chanvallon reçut en outre un traitement annuel de 50,000 francs, et une gratification de pareille somme. Nerman reçut un traitement de 1,000 fr.; Rique, une gratification de 800 francs; le sous-secrétaire Veyret 4,000 francs une fois payées; Majorel, valet de chambre, qui avait suivi son maître à la Bastille et au mont Saint-Michel, où il avait été exilé, 2,400 francs.

M. de Chanvallon avait été arrêté sur la dénonciation du chevalier Turgot, gouverneur-général de Cayenne, ils se chargeaient respectivement. Le chevalier fut exilé, le 20 mai 1768, à vingt lieues de Paris et des résidences royales; cet exil cessa au mois de mars de l'année suivante. Il y avait un coupable et personne n'avait été puni; l'exil du chevalier Turgot fut de courte durée, et M. de Chanvallon avait été plus qu'indemnisé de sa détention à la Bastille, depuis le 21 février 1767 jusqu'au 24 septembre suivant, où il fut transféré au mont Saint-Michel; il n'y fit qu'un très court séjour.

Le maître des requêtes Chardon, qui avait été rapporteur de cette affaire, fut accusé de partialité; le parlement l'avait frappé d'interdiction jusqu'à ce qu'il se fut justifié, mais cet arrêt fut cassé et annullé par le roi, le 26 décembre 1767. Attendu qu'il s'agissait d'une affaire dont le rapport avait été fait au roi, et dont on ne devait compte qu'à sa personne, et de par le roi il fut défendu au parlement d'en rendre de pareils à l'avenir, à peine d'*encourir son indignation*. Le parlement devait protester contre cette usurpation de pouvoir, et contre les commissions extraordinaires. Il n'en fit rien. A quoi servaient donc les lois et les tribunaux; l'autorité royale se jouait et des lois, et des institutions; il ne restait aux Colons, et aux magistrats mêmes, aucune garantie contre la dictature absolue et brutale des gouverneurs des colonies.

La Bastille reçut à la même époque, tous les membres des conseils supérieurs du Port-au-Prince, arrachés de leur siège et transférés en France, par ordre du gouverneur de Saint-Domingue, le chevalier de Rohan; c'était une répétition de l'enlèvement du parlement de Paris par Bussy-Leclerc.

Les institutions les plus sages, les plus conformes aux mœurs, au caractère d'une nation belliqueuse, s'étaient converties en actes tyranniques sous le régime des privilèges. Le premier cri de la France en 1789 fut *plus de corvées, plus de milices*, parce que les corvées et les milices ne pesaient que sur le peuple; les riches bourgeois avaient mille moyens de s'en exempter, les nobles, et presque tous les fonctionnaires, en étaient affranchis par privilège. Les exemptions étaient plus restreintes dans les colonies.

Les officiers des milices de la colonie étaient presque tous envoyés par la métropole et vexaient impunément les habitans. Elles avaient été, sinon supprimées, du moins réduites aux besoins de l'ordre public, bien étendu; elles furent rétablies sur l'ancien pied, à Saint-Domingue, par une ordonnance du 1er avril 1768, et enregistrées au conseil supérieur du Port-au-Prince, le 13 octobre de la même année. Mais cette cour, en présence du chevalier Rohan, gouverneur général de l'île, arrêta qu'il serait fait des remontrances au roi, pour en modifier l'exécution. Le gouverneur signa cet arrêté : cet acte ne devait pas être public. L'ordonnance avait mis en émoi toute la colonie; l'arrêté du conseil supérieur n'avait pu rester tout-à-fait ignoré. Des billets signés *sans quartier*, appelant tous les habitans aux armes, pour résister à l'exécution entière de l'ordonnance, circulèrent dans l'île.

Le chevalier de Rohan attribua ces émeutes aux membres du conseil, sans avoir égard aux anciens règlemens du régime colonial, qui ne lui permettaient point l'initiative pour la poursuite des magistrats, en cas de prévarications : l'évènement, a prouvé qu'ils étaient étrangers aux désordres qui agitaient toute la colonie, il fit enlever en masse et conduire en France tous les membres du conseil supérieur.

Le 7 mars 1769, le conseil était réuni en audience; une troupe nombreuse, commandée par le capitaine Lavelanette, se précipite dans la salle par les portes et les fenêtres; le capitaine des grenadiers de la légion s'écrie, en entrant : « Le con-« seil est arrêté. j'arrête le conseil du Port-au-« Prince, à moi grenadiers. »

M. Jousse, substitut du procureur-général, qui attendait dans la chapelle que la cause en délibération fut jugée pour entrer à l'audience, arrive dans la salle pour se réunir aux magistats. Le capitaine Lavelanette ordonne de faire feu sur lui. Il est couché en joue, le chevalier de Rohan paraît, il ordonne au capitaine de faire son devoir, et le capitaine s'écrie : M. Jousse, M. Marcel, descendez. *Tous, tous*, dit le chevalier de Rohan. Ah ! mes b...., je vous apprendrai à être rebelles aux ordres du roi. Tous les magistrats de la cour et du parquet, et le greffier sont empoignés*; ils sont entassés dans une chaloupe et conduits à bord du vaisseau, *le Fidèle-Saint-Jean-Baptiste*, arrivé récemment de France, et qui n'avait pas encore déchargé l'artillerie et les munitions qu'il avait apportées de la métropole. Le gouverneur fait arrêter, dans leurs maisons, Chambrun fils, et deux prisonniers, Lamarque et Violette, qui étaient dans la geôle de la cour, sous la prévention d'attroupemens depuis le 11 décembre précédent. On leva l'ancre pour se rendre dans la grande rade. Là il fut, après bien des difficultés, permis aux détenus à bord, d'écrire à leurs familles pour obtenir des hardes et du linge; et, sans attendre qu'il eut pu recevoir les vivres et les agrêts nécessaires pour la traversée, *le Fidèle-Saint-Jean-Baptiste* fit voile pour Bordeaux. Les prisonniers arrivèrent, exténués de douleurs et de besoins, passèrent du navire dans la prison du château Trompette, et furent immédiatement dirigés sur Paris; tous furent mis à la Bastille, le 14 juillet 1769, six mois après leur embarquement du Port-au-Prince.

Une procédure fut commencée, sans résultats contre les onze magistrats, MM. Gressier, Marcel,

* Cette expression est d'origine royale; elle a été souvent employée par Louis XI.

Taveau de Chambrun, Léger, Jousse de Champremeaux, Letort, Colleux de Longpré, Dufour, Janvier, Maignol, Longpré de Balizière. Les deux prisonniers, déja détenus au Port-au-Prince, et qui allaient y être jugés, avaient aussi été mis à la Bastille, dès le 23 juin 1769. Tous furent envoyés à Rochefort, à bord de la frégate *Lisis*, en destination pour Saint-Domingue.

Le gouverneur qui les avait proscrits, allait disposer de leur sort, un nouveau conseil supérieur avait été nommé, et cependant, après une instruction qui dura plus de deux ans, aucune condamnation ne fut prononcée contre eux. D'autres accusés, pour avoir pris part aux émeutes et les avoir provoquées, furent condamnés à mort; mais les arrêts ne furent exécutés que contre ceux dont le gouverneur voulait se *défaire*. Les autres furent amnistiés, et quelques-uns obtinrent à sa recommandation des grades et des emplois, et la colonie continua d'être régie sous le bon plaisir du chevalier de Rohan, dont la famille *était bien en cour*. Il s'en vantait hautement.

Si les magistrats de ce conseil supérieur eussent été coupables, il auraient été jugés à Paris, comme l'administration du Canada, pourquoi les renvoyer à Saint-Domingue ? Pourquoi leur donner pour juges leurs successeurs au pouvoir ? Esperait-on en avoir meilleur marché ? Il n'en fut rien. Le despotisme absolu du gouverneur s'est maintenu dans nos colonies. Nous avons vu les déportations, les destitutions, les condamnations arbitraires se perpétuer de nos jours, les mêmes crimes, les mêmes désordres s'y renouveller avec le même scandale : il ne manque qu'une Bastille pour que le tableau de tant de calamités présente le même aspect, la même composition. Nous avons traversé toutes les formes du gouvernement et les colonies sont rentrées dans le *statu quo* des siècles précédens; il fallait une entière réforme, on s'est borné à de timides modifications.

CHAPITRE VII.

Suite du règne de Louis XV. — Madame de Pompadour. — Sa mort. — Sort des prisonniers qu'elle avait fait enfermer à la Bastille. — Latude. — Lardenois. — Dallègre. — Avènement de Louis XVI. — Turgot et Malesherbes ministres. — Espérances déçues. — Opposition des parlemens. — Réunion de Trianon. — Les partis. — Révélation. — Le pacte de famine. — Le prévost de Beaumont. — La guerre au pain. — Emprisonnemens. — Encombrement de la Bastille.

La favorite Pompadour avait cessé de vivre et de régner en 1764, et les victimes jetées à la Bastille par ses ordres étaient encore dans les fers en 1789; d'autres y ont péri. L'épigramme de Maurepas *, durera autant que les éloges prodigués à cette

* Le maréchal de Richelieu et Maurepas se promenaient dans le jardin des Petits Châteaux, quand ils aperçurent madame de Pompadour cueillant un bouquet de fleurs blanches dont elle composa un bouquet qu'elle donna à Louis XV. Le même soir, Richelieu plaça sur la cheminée du roi l'épigramme suivante, il persuada au roi et à la favorite que Maurepas en était l'auteur; il fit plus encore, il en répandit des copies dans tous les salons de Versailles et de Paris.

> Vos manières nobles et franches,
> Pompadour, enchaînent les cœurs,
> Tous vos pas sont semés de fleurs,
> Mais ce ne sont que des fleurs blanches.

courtisanne par Voltaire. Maurepas, ministre, n'y perdit que son portefeuille, et ce portefeuille lui fut rendu par le successeur de Louis XV. De malheureux jeunes gens *, à qui l'on ne pouvait reprocher qu'une espiéglerie passablement niaise et tout-à-fait inoffensive, ont usé leur existence dans les cachots de la Bastille et de Vincennes.

Des primes étaient offertes aux dénonciateurs de complots et de pamphlets. Les agens de la police rédigeaient eux-mêmes où faisaient rédiger par des écrivains à eux, des libelles qu'ils dénonçaient ensuite, et fixaient le prix des éditions qu'ils avaient fait imprimer, ainsi faisaient l'inspecteur Goupil et tant d'autres. De malencontreux spéculateurs, moins adroits et moins bien placés, s'aventuraient aussi pour obtenir des places et des gratifications.

Lardenois avait arrangé avec beaucoup d'art son roman, c'était une suite de lettres anonymes, adressées à la favorite elle-même, il l'entretenait des complots contre elle, et excitait sa curiosité sans jamais la satisfaire. Ce n'était rien moins que la vérité, mais tout était vraisemblable. Lardenois mit long-temps en défaut les plus subtils limiers de la police; mais sans entours, sans appui, sans relations utiles il devait succomber : arrêté sur le boulevard, le 18 juillet 1761, il fut conduit, devant le terrible Rochebrune, enfermé à la Bastille et transféré ensuite à Bicêtre.

* Voy. dans la Biographie, les articles *Latude* (Mazers de) *Lardenois* et *Dallègre.*

Dallègre, né dans le contat vénaissin, venait d'établir un pensionnat à Marseille, mais son obscurité lui était insupportable, il voulait, à tout prix, changer sa situation et obtenir la protection de la favorite. Son plan était encore moins adroit, moins vraisemblable que celui de Lardenois et ne fut pas plus heureux. Il avait assez habilement débuté, mais il se perdit pour vouloir arriver trop vite; c'était encore une correspondance anonyme adressée à la favorite, alors en hostilité ouverte avec Maurepas et l'archevêque d'Alby; il signalait le ministre et le prélat sous les plus noires couleurs. L'imposition du vingtième lui sembla une occasion favorable pour jouer le beau zèle et le plus ardent dévouement aux intérêts de la haute et puissante dame *: Toute la France avait jeté un cri d'indignation contre la favorite, et l'accusait d'avoir provoqué l'établissement du nouvel impôt. Dallègre s'empresse de l'informer de ces cris séditieux, répétés dans les provinces méridionales, et il attribue l'irritation populaire aux émissaires de Maurepas et des archevêques d'Aix et d'Alby.

Au moment où il rêvait une brillante récompense, il fut arrêté et conduit à la Bastille, cette prison était encombrée, il fallut mettre les prisonniers deux à deux : il eut pour compagnon de chambrée Mazers Delatude, autre étourdi du même genre.

Mazers de Latude était *garçon chirurgien*, il

* Madame de Pompadour a fait précéder son nom de ces

avait quelques connaissances pharmaceutiques, il avait envoyé à madame de Pompadour une boîte contenant des poudres tout-à-fait inoffensives; il l'avait portée lui-même aux messageries; il avait fait précéder l'envoi, par une lettre, où il racontait une conversation entre deux inconnus qui auraient formé le complot de l'empoisonner. La missive indiquait la forme de la boîte, rien n'était oublié. Il s'était rendu à point nommé à l'hôtel de la favorite; on le fit attendre; mais au lieu d'une jolie femme, il ne vit qu'un inspecteur de police qui lui fit reprendre la route de Paris, il entra à la Bastille.

La jeunesse est confiante et crédule, Latude ne désespérait pas d'obtenir le pardon de son espièglerie; il écrivait les lettres les plus touchantes à la favorite, au lieutenant-général de police, qui ne répondirent jamais. Toutes ses missives sentimentales n'étaient point sorties de la Bastille, il y avait ordre de n'en expédier aucune à leur adresse, c'était la règle. Latude indiquait le pupître dont il était contraint de se servir. Toutes portent en tête de la date: *Sur le cul de la terrine* (Voy. p. just.).

Latude et Dallègre, tous deux du midi, s'entendirent bientôt. Un même vœu les unissait, la liberté; ils ont calculé les distances par le nombre de marches de l'escalier qu'ils descendaient pour

fastueuses, épithètes dans l'inscription funéraire de sa fille Alexandrine.

aller à la chapelle; ils se crurent libres dès qu'ils eurent obtenu la permission d'aller à la messe. Mais des échelles, des cordes, comment s'en procurer, ils ne recevaient point de visites? Ils n'avaient qu'un mauvais couteau, ils font un échelle avec le bois qu'on leur donne pour se chauffer; ils effilent leur linge, et sous des carreaux du plancher, ils ont pratiqué un espace assez grand pour cacher leur précieux matériaux et leur travail. Ce travail les occupa dix-huit mois. Toutes les circonstances qui ont précédé, accompagné et suivi leur évasion, excitent le plus vif intérêt; je les ai rappelés dans les articles biographiques de ces deux prisonniers. Ils se voyaient déjà en liberté après une longue et douloureuse détention. Dallègre était à la Bastille depuis six ans et Latude depuis sept. Ils étaient convenus de se séparer pour leur sûreté commune, de rester cachés à Paris ou aux environs pendant un mois, et de partir ensuite pour Bruxelles où ils se donnèrent rendez-vous. Dallègre arrivé le premier y fut arrêté; Latude, informé de ce triste évènement, partit pour la Hollande. Mais la marquise obtint son extradition, il y fut chargé de fers, ramené en France et renfermé à la Bastille Il y gémissait toujours enchaîné depuis 40 mois; une seule espérance lui restait. Il était parvenu à lancer dans une maison voisine, où demeuraient deux blanchisseuses, un paquet de papiers. Quelques signes lui avaient appris qu'il avait réussi; enfin il put lire dans leur chambre une grande pancarte, sur laquelle était en écrit gros caractère:

Hier XVII, est morte madame la marquise de Pompadour.

C'était au mois d'avril 1764. Latude écrivit à M. de Sartine, pour demander sa mise en liberté; la favorite n'était plus, les malheureux qu'elle avait jetés dans les fers devaient être libres. M. de Sartine avait ordonné le secret le plus absolu sur cet évènement; il ne pouvait concevoir comment Latude l'avait appris. Il exigea du prisonnier le nom de la personne qui l'en avait informé, sa liberté était à ce prix; Latude n'aurait pu indiquer le nom, mais la demeure des blanchisseuses, il n'hésita point à se taire. Il rentra dans son cachot.

Le 15 août de la même année, à minuit, il fut amené devant le gouverneur, on le chargea de fers, on le jeta dans un fiacre, il fut conduit à Vincennes. Il parvint à s'évader vingt mois après. Il ne put voir qu'un instant les demoiselles auxquelles il avait jeté son paquet de papiers.

Elles n'avaient pu les faire parvenir à l'ami qu'il leur avait indiqué; tout avait été brûlé. Latude, désespéré, court partout où il espère appui et consolation. Le chevalier de Méhegan lui conseilla de s'adresser directement au roi: Latude écrivit, en conséquence, au ministre de la guerre; il lui annonça qu'i sera chez lui le 18 décembre 1765, il le suppliait de ne point le faire arrêter qu'il ne l'eût entendu. Il était à l'hôtel du ministre le 17;

mais l'ordre était déja donné, il fut arrêté, garrotté avec des cordes, ramené à Vincennes et plongé dans un cachot noir.

De longues années s'écoulèrent encore, tout espoir semblait évanoui, quand, après la mort de Louis XV, M. de Malesherbes vint apporter quelques consolations aux prisonniers de la Bastille et de Vincennes.

Sans livres, sans autre distraction que ses souvenirs, Latude avait médité sur divers sujets d'utilité publique : il a pu intéresser M. de Malesherbes; la liberté lui est promise; enfin les portes de Vincennes s'ouvrent pour lui; il a obtenu une audience du ministre Amelot; il a confié à un ami quelques mémoires qu'il n'avait pu qu'esquisser en prison.

Il est déja sur la route du Languedoc : bientôt il aura respiré l'air natal, il aura embrassé ses vieux parens; mais M. de Sartine s'est offensé d'une lettre qu'il lui a écrite, et, à peine arrivé au bourg de Saint-Brice, à deux lieues d'Auxerre, il est arrêté par l'inspecteur Marais, ramené à Paris, emprisonné d'abord au Petit-Châtelet, et de là à Bicêtre, dans un cachot à dix pieds sous terre.

Pendant le peu de temps qu'il avait joui de la liberté, il avait écrit un exposé de ses malheurs : ce mémoire, adressé à un président de la Tournelle, avait été perdu par celui à qu'il l'avait remis; mais le hasard l'avait fait tomber entre les mains de madame Legros, mercière, rue Saint-Germain-l'Auxerrois : elle n'avait jamais vu Latude, elle ignorait son existence; mais il est malheureux; elle fera tout pour le sauver : son digne époux partage ses vœux; elle parvient jusqu'à la cour, elle emploie toutes ses relations dans les sous-ordres; enfin, la naissance du dauphin promet une amnistie; mais on exige une caution. C'est encore madame Legros qui l'a souscrite. Latude est libre, après une captivité de 39 années.

Il n'a pas oublié son ancien compagnon d'infortune : il a su qu'à peine ramené à la Bastille après son extradition de la Belgique, sa tête s'est égarée; il a perdu à la fois la raison et la liberté : il est à Charenton. Latude y court; il aperçoit Dalègre : il va s'élancer dans ses bras. L'infortuné le repousse, il ne le reconnaît pas : il devient furieux, et Latude est contraint de s'éloigner, le cœur brisé d'étonnement et de douleur.

Son nom avait été changé suivant l'usage; il ne figure plus sur les registres de la Bastille et de Vincennes, depuis sa rentrée dans la première de ces prisons, que sous le nom de *Danry*. Il ne peut signer un autre nom; ses lettres originales, trouvées à la Bastille, portent cette signature.

L'avènement de Louis XVI au trône promettait à la France un moins funeste avenir. La contre-révolution judiciaire, tentée par Maupeou, avait échoué : les parlemens étaient rétablis; mais le ministère n'avait subi qu'un changement partiel. Le vieux Maurepas avait été rappelé à la tête du nouveau cabinet. Le système de d'Aiguillon et des créatures de la Dubarry était continué; Turgot et Malesherbes s'étaient vus forcés de se démettre de leurs portefeuilles, pour ne pas être complices des actes arbitraires qu'ils ne pouvaient empêcher.

Les proscriptions contre les gens de lettres, les magistrats indépendans recommencèrent avec une effrayante progression. La Vrillère était toujours le grand fournisseur de lettres de cachet. Les intendans, les gouverneurs des provinces, ne sont plus que des recors aux ordres des traitans qui ont obtenu le monopole des grains; le trésor public, tous les revenus de l'État sont livrés à d'insatiables courtisans; les frères du roi y puisent par millions; les nouveaux favoris se partagent les grands emplois et les grandes pensions. La famille Polignac seule compte pour une seule tête, près de cent mille francs de pension et la terre de Finistranges augmente leurs domaines; le trésor public en acquitte le prix 1,200 mille francs. Les sommes immenses, prodiguées au comte d'Artois, ne peuvent lui suffire : son bilan est rendu public par la nécessité de traiter avec des créanciers, et le bilan constate une dette de plus de quinze millions.

Les actes arbitraires des gouverneurs et des intendans contre les parlemens et les Etats de Bretagne et de Bourgogne, provoquent une polémique très animée, et l'examen des plus hautes questions de droit public. La guerre de l'indépendance américaine excite les plus vives sympathies; chaque jour voit paraître de nouveaux pamphlets, de nouveaux mémoires; l'opinion publique se forme, grandit et devient une puissance; des spéculateurs de scandale se glissent dans les rangs de cette opposition naissante, et des satires les plus virulentes, des libelles dégoûtans de cynisme, appellent le ridicule et le mépris sur tous les membres de la coterie galante et politique de Trianon et sur les ministres.

Déja de nouveaux partis se dessinent; le comte de Provence se montre sous la bannière des économistes; le chef de la maison d'Orléans, repoussé par les coryphées de Trianon, semble se renfermer dans une imposante neutralité. L'arbitraire ministériel marche, enseignes déployées; il se croit fort; il croit qu'avec des lettres de cachet, il triomphera des *criailleries* parlementaires; il croit que, pour obtenir des contribuables leur dernier écu, il suffit de le demander, que la censure et la Bastille suffisent pour comprimer l'*audace* de la presse. Le temps a fait justice de tant de vanité et d'ineptie brutale.

Cette lutte avait éclaté dès 1753, et le courage de l'opposition grandissait avec les obstacles. Jamais les prisons d'Etat n'avaient été aussi remplies, la Bastille, Vincennes, Pierre-en-Cise, Pierre, Chastel, Mont-Saint-Michel, le Château-du-Taureau, et tant d'autres, étaient encombrés. Pendant la dernière période du règne de Louis XV, et cette fureur de proscriptions ne fit que changer de nom et d'objets sous le règne de Louis XVI.

Je ne parlerai point ici des emprisonnemens de Diderot, de Dumouriez, du comte de Parades et Brissot, des libraires et des imprimeurs, des publicistes, mes lecteurs liront leurs noms, et les causes de leur détention dans la partie biographique.

CHAPITRE VII.

Révélation importante. — Le pacte de famine. — La guerre au pain. — Le Prévôt de Beaumont. — Nouveaux et nombreux emprisonnemens. — Encombremens de la Bastille et des autres prisons d'Etat.

L'intérêt qu'inspirent le courage et les malheurs des publicistes et des philosophes dont les doctrines ont ouvert l'ère de la civilisation, s'efface devant l'héroïque dévouement de le *Prévôt de Beaumont*, qui, le premier osa révéler à la France indignée et surprise le *pacte de famine*.

Vainement on crut avoir étouffé ses premiers accens : le gouvernement s'était trahi lui-même par la publicité de ses actes en faveur du monopole des grains: seulement le texte de ce marché honteux n'était point connu; nous avons vu, une crise semblable en 1817. Toute la France a pu juger des effets, la cause n'a pu être authentiquement prouvée; mais tout avait été démontré dans les causes de la famine organisée depuis 1729, dont le *bail* fut renouvelé avec un éclat jusqu'alors iouni, en 1774.

L'histoire à flétri ce marché du nom de *pacte de famine*. C'est un de ces actes dont on ne trouve point d'exemple dans les gouvernemens les plus absolus, et dont la raison et l'humanité ne permettent point de supposer l'existence; mais les preuves les plus authentiques abondent, se pressent et projettent, sur ce pacte impie, homicide, la plus éclatante lumière. Les victimes étaient traînées par groupes à la Bastille, à Vincennes et dans les prisons ordinaires de la Beauce et de la *Brie*. (V. Pièces Justificatives.)

La révélation du pacte de famine, en signalant tous les intéressés à cette infâme spéculation, compromettait les plus hauts fonctionnaires de l'État, des magistrats, des intendans, le lieutenant-général de la police de Paris et même le ministère. Ce n'était pas assez de s'emparer de la copie des marchés Laverdy et Malisset et des autres pièces trouvées dans le paquet adressé par le Prévôt de Beaumont au parlement de Rouen, et la plainte qui accompagnait ces pièces, il fallait à tout prix s'assurer du silence des personnes qui pourraient avoir connaissance de ce marché; et l'inspecteur de police Marais, expédié de Paris pour cette grande affaire, ne s'en tint pas à *empoigner* le Prévôt de Beaumont, mais aussi Rinvillé, commis de l'entreprise Malisset, qui lui avait communiqué l'original du marché, et toutes les personnes que l'on soupçonnait avoir eu des relations, directes ou indirectes, avec le révélateur, et beaucoup de citoyens qui ignoraient tout-à-fait, et l'existence de ce marché, et la dénonciation de le Prévôt de Beaumont furent arrêtés en même temps et conduits à la Bastille ; ainsi des hommes paisibles et absolument étrangers à l'affaire furent arrachés de leur domicile conduits à Paris et enfermés à la Bastille ; tout leur crime était de connaître personnellement le Prévôt de Beaumont, secrétaire du clergé de France, et les noms de Turban, Vincent, Peyrard Vincent, Ruinaud, Masois et de beaucoup d'autres furent inscrits sur le registre des écrous de la Bastille et de Vincennes.

Charles-Adrien de Saffray de Boslabbé, conseiller-avocat du roi au baillage de Pontoise ; Jeanne Torquebiaux, déguisée en homme et trouvée endormie sur un banc à Versailles, lors de l'émeute de 1775 ; Dubois, maire de Beaumont ; Jacques de l'Épine, marchand de vin à Villemande, François Pasquier, âgé de soixante-dix neuf ans, curé à Châteaudun ; François Joufroy, curé de Ferelles en Brie, François-Nicolas Chastelain, meunier à Ellet ; Gilles de la Rue, prêtre chapelain ; de la Charité de Garancière, accusé d'avoir parlé de l'émeute de Dreux pour les grains avant qu'elle éclata ; Jean-Nicolas Cantel, boucher, et échevin de Gisors, pour avoir, dans une lettre à son beau-frère, fermier à Nojon, écrit ces mots, « fais une liste de ceux qui ont enlevé du bled de force et fais la quantité de blé et farine moitié plus considérable ; Emmanuel-Édouard Tirel de la Martinnière, curé d'Angers Saint-Vincent, près Senlis ;

Jean-Charles le Cavelier, curé de Pannilleuse, près Vernon; Louis-Philippe Dubois, ancien employé aux fermes, retraité; Madelaine Pochet, femme Lanton, journalière du village d'Yères, soupçonnée d'avoir pris part à l'émeute pour les grains, au marché de Brie-comte-Robert, Étienne Lemoine, sergent du baillage de Beaumont, Françoise Martin, femme de Descartes, vigneron à Beaumont; Pierre Claude Dourdan, Lyonnais, curé de Beaumont; il fut détenu à la Bastille plus long-temps que les autres prisonniers comme lui, pour l'affaire des grains, pour avoir mal parlé de l'abbé Lenoir, frère du lieutenant de police de Paris; je m'arrête, il me serait facile d'ajouter d'autres noms à ceux des victimes de la *guerre au pain*.

Le Prévôt de Beaumont avait dénoncé le pacte de *famine* en 1758, les affameurs privilégiés avaient continué leur homicide entreprise. Le bail *octroyé* par le ministre Laverdi, avait été renouvellé par ses successeurs. Le secret avait été jusqu'alors bien gardé. La compagnie s'était affranchie de toute contrainte et de toute pudeur; mais aussitôt après la mort de Louis XV, le nom *du trésorier général des grains, pour compte du roi* figura dans l'*Almanach Royal*. C'était peu pour la compagnie Malisset d'associer le nom du roi à ses opérations, les résidences royales furent transformées en magasins et on lisait, sur la principale porte des châteaux royaux: *magasin des grains* du roi.

On ne concevait pas comment, dans des années abondantes, la France avait pu éprouver des di-

settes aussi fréquentes et aussi longues sur tous les points du territoire, surtout depuis 1768 jusqu'en 1775. « Les habitans des campagnes se traî-
« naient avec des chaudrons, au bord des riviè-
« res, dévorés par les angoisses de la faim, les
« yeux fixés sur les eaux; ils attendaient les
« bateaux qui leur apportaient du grain, qu'ils
« faisaient cuire sur les lieux même. » La circulation était entravée par les intendans intéressés à l'entreprise et par leurs subdélégués. Ils fixaient eux-mêmes les quantités que les fermiers pouvaient porter aux marchés, le reste était à la disposition des agens de la compagnie; et pour faire croire à la réalité de la disette, le transport de blé, embarqué au nord et au centre de la France, y rentrait par les ports du midi; on les supposait achetés en Amérique, en Sicile et dans le Levant. On faisait au gouvernement l'honneur d'une générosité, et d'une pourvoyance toute paternelle.

Cette comédie financière dura plus de vingt ans. Malheur aux magistrats municipaux, aux pasteurs qui osaient élever la voix en faveur des familles prolétaires, que décimaient la misère et la faim. Les plus justes plaintes, les cris du désespoir, les moindres démonstrations des populations indignées et souffrantes, étaient signalées comme coupables de complots contre l'ordre public et les actes de l'autorité légitime, de pillage de grains chez les fermiers et dans les marchés.

C'est sous le poids de pareils accusations que furent

enfermés à la Bastille, en 1775, Jean Renault, tisserand à Dancy, près Bonneval, diocèse de Chartres, l'abbé Jean-de-Bon, curé du village de la Queue; Pierre Dutertre, dit *Petrus*; Deligny, Laurent, Clément, Croville, le chevalier Peyrau, Meslin et tant d'autres.

Les émeutes pour les grains se renouvelaient dans toute la France : celle de Versailles prenait une effrayante intensité. Le jeune roi Louis XVI fut obligé de paraître au balcon, et de haranguer les *séditieux*. Une circulaire ministérielle fut immédiatement adressée à tous les curés, pour les engager à calmer leurs paroissiens, à leur inspirer la plus grande confiance dans les bontés du roi, dans la bienveillante protection de son gouvernement.

On remarquait, dans cette circulaire, cette phrase : « Lorsque mon peuple connaîtra les au-
« teurs *du trouble*, il les verra avec horreur,
« loin d'avoir en eux aucune confiance, quand il
« saura la suite de cette affaire, il les craindra plus
« que la disette même. »

On avait persuadé au roi que l'émeute de Versailles, qui avait eu du retentissement à Paris, était provoquée par des ennemis du contrôleur-général des finances; on parlait des gens bien mis, distribuant de l'argent dans les groupes du faubourg Saint-Antoine. La véritable cause de tous ces troubles, qui alarmaient toutes les existences et toutes les propriétés, était la faim. Les véritables auteurs de ces déplorables scènes étaient les accapareurs privilégiés; ils étaient près du trône, dans la haute magistrature, à la tête de toutes les administrations.

Du fond de son cachot, l'infatigable le Prévôt de Beaumont adressait au roi des mémoires, des lettres qui n'ont jamais été à leur adresse. L'auteur, rendu à la liberté après une détention de plus de vingt-deux ans, les retrouva dans les archives de la Bastille et dans les cartons du ministère.

Le cabinet noir n'a jamais eu plus d'activité. Les ministres, le lieutenant-général de police, intéressés dans le monopole des blés, faisaient ouvrir toutes les lettres. Une phrase, un mot équivoque suffisait pour lancer une lettre de cachet contre les malencontreux correspondans. Je ne citerai qu'un fait sur mille.

Jean-Baptiste Prot, du village de Thorcy, près Tonnère, domestique de M. de Richeville, ancien huissier de la chambre du roi et demeurant à Paris, faubourg Saint-Jacques, avait reçu de la veuve Boivin une lettre datée du 5 décembre 1775, qui se terminait par cette phrase : « *Je vous prie de m'envoyer ce que vous savez* ». Toute la police est en émoi : on croit avoir découvert la clef d'un secret d'état.

Un magistat se présente à J.-B. Prot la précieuse missive à la main, et l'interpelle de s'expliquer sur ce que la veuve Boivin entendait par ces mots : *ce que vous savez.* J.-B. Prot répondit sans hésiter, qu'il était dans l'usage d'envoyer de temps en temps, à la veuve Boivin, *un petit pot de graisse* provenant de la cuisine de M. de Richeville, son maître, et que c'était ce pot qu'elle demandait. Ce trait rappela celui du fameux billet de la comtesse de Soissons à La Voisin : « Voisin, j'ai beau frotter, « rien ne vient. »

La haute et basse police de Versailles et de Paris avaient été mises en campagne pour découvrir le sens mystérieux du très laconique et très inoffensif billet, et le résultat des plus actives investigations apprit qu'il s'agissait d'une drogue pour donner à la très maigre et très sèche comtesse une double protubérance, dont la nature avait déshérité la poitrine de la grande dame. La Voisin s'était jouée de la crédulité de madame de Soissons; et, si elle se fût bornée à spéculer sur la coquetterie des dames de la cour du grand roi, elle n'eût pas péri sur un bûcher; mais le quiproquo tout-à-fait innocent de la missive d'une pauvre veuve coûta au malheureux Prot un emprisonnement de treize mois à la Bastille.

C'est donc une erreur que de croire que la Bastille n'était destinée qu'aux écrivains dont on redoutait les doctrines, les talens, aux notabilités de la propagande philosophique, aux grands seigneurs et aux grandes dames, victimes de quelque intrigue de cour. Combien de citoyens obscurs, de paysans, d'ouvriers y ont été enfermés, à la requête des agens et des principaux intéressés au pacte de famine, tant que dura cette *guerre au pain* qui affligea la France monarchique pendant les soixante dernières années de son existence.

Le premier bail qui livrait à la compagnie des accapareurs privilégiés le monopole exclusif de toutes les céréales du pays, date de 1729, sa durée fut fixée à douze ans, a été renouvelé successivement pour le même espace de temps. Le dernier renouvellement n'avait eu lieu que peu d'années avant la révolution de 1789.

Le Prévôt de Beaumont n'en a découvert l'existence qu'en 1768. Ce bail durait donc depuis trente neuf ans. Tous les ministres des finances qui s'étaient succédés pendant ce long espace de temps ont été complices de tous les maux dont cette spéculation homicide avait affligé deux générations (Voy. *Biog.* N° le Prévôt de Beaumont.) Le texe du bail; le mémoire de le Prévôt de Beaumont au roi appartiennent à *l'Histoire de l'ancien gouvernement*. Leur étendue n'a point permis de les insérer dans le texte; leur importance ne pouvait être appréciée d'après de simples anaises : elles font partie des dernières livraisons consacrées aux Pièces Justificatives.

CHAPITRE IX.

Pacte de famine. — Suite. — Monopole. — Agens principaux. — Instructions. — Correspondance. — Orry. — Laverdy, Terray. — Pinet. — Catastrophe. — Banqueroute inouie.

Que de réputations usurpées! Que de rois et de ministres, décorés du nom de *grand* par leurs contemporains, ont été déshérités de ce titre par l'impartiale postérité. La vérité s'est assise sur leur tombeau, et tout ce prestige factueux de grandeur et d'hommages s'est évanoui.

J. B. Machault d'Arnonville avait été jugé digne de succéder à Malesherbes, et il avait quitté le portefeuille des finances pour celui de la justice, et passa de la chancellerie à la marine. Une intrigue de cour lui enleva les sceaux, et il fut exilé; il avait encouru la disgrace de la favorite. Louis XV ne lui avait donné que la partie honorable du ministère de la justice, et retenait pour lui-même la partie lucrative de ce ministère, dans l'unique but de s'approprier le produit des droits de la chancellerie. On regarda le ministre disgracié comme une victime de la favorite, et il avait été généralement regretté comme ministre habile et comme honnête homme.

On ignorait alors qu'il avait continué aux finances le système désastreux de son prédécesseur, Philibert Orry, qui, à son entrée au ministère, avait organisé le pacte de famine, en 1730.

Le bail souscrit par Orry, en faveur des affameurs privilégiés, avait été renouvellée par Machault et ses successeurs. Le dernier bail a été souscrit par Laverdy, en 1765, pour douze années; il était au ministère depuis deux ans.

Le duc de Choiseul, long-temps premier ministre, et qui réunissait plusieurs portefeuilles, ne pouvait ignorer l'existence de ce monopole homicide, et il en a légué l'exploitation à ses successeurs. Louis XV avait fourni les premiers fonds de cette *bande noire*, et avancé dix millions, pour l'exportation des grains, sous prétexte de hausser le prix des terres, mais dans le fait, pour augmenter, par cette combinaison, le produit des vingtièmes. C'est ainsi qu'à la même époque, pour élever l'imposition de Paris à dix-huit millions, on tierça le prix de la viande.

Le privilège d'accaparement de tous les grains de France fut donné, par Orry, et le second par Machault, à une compagnie dirigée per Bouffé et Dufourni, le troisième par Laverdy, en 1765, le quarième, en 1777, par Taboureau des Reaux, qui ne fit que paraître au ministère des finances; Necker lui succeda dans la même année, et des faits ultérieurs prouvent que le pacte de famine était resté en pleine activité.

Tous les baux étaient rédigés dans les mêmes termes; il n'y avait de changé que les noms des monopoleurs en chef; plusieurs famines affligèrent la France sous le ministère d'Orry; elles se renouvellèrent à des époques plus rapprochées sous ses successeurs.

Des milliers de malheureux ont péri; l'histoire n'a enregistré que les famines générales qui décimèrent les populations à Paris et dans toutes les provinces, en 1740, 1741, 1752, 1767, 1768, 1769, 1775, 1776, 1778; celles de 1788 et 1789. Elles ont couvert de misère et de deuil les provinces méridionales, elles ont été moins meurtrières dans les autres.

Le dernier bail expirait le 12 juillet 1789. La révolution seule en a empêché le renouvellement. Tous les ministres des finances depuis 1730 jusqu'à cette dernière époque, depuis Orry jusqu'à Calonne et à l'archevêque de Sens, Brienne, ont maintenu cet infâme monopole. Des fonctionnaires publics, des curés et une foule de malheureux paysans ont été emprisonnés, à la Bastille, à Vincennes, à Bicêtre, à Melun, sur la dénonciation des agens des monopoleurs privilégiés. D'autres ont été condamnés au gibet et aux galères.

Une circonstance tout-à-fait fortuite et imprévue avait cependant fait connaître à un patriote courageux et dévoué le marché passé entre le ministère Laverdy, Malisset et ses complices; ce terrible secret allait être révélé au roi, mais le ministre, les intendans intéressés dans ce marché, ont étouffé la voix de le Prévôt de Beaumont. Ses papiers lui sont enlevés, et il est traîné à la Bastille, de là à Vincennes, à Bicêtre et à Charenton, et, après vingt-deux ans de captivité, il n'est rendu à la liberté qu'après le 14 juillet 1789; ses fers n'ont été brisés que par les vainqueurs de la Bastille.

C'est à la Bastille et dans les archives de la haute police qu'on a découvert les preuves authentiques du monopole des blés pour compte du roi. Mais dès l'année 1773 ce ne devait plus être un secret. *L'Almanach Royal* avait enregistré le nom et les qualités du caissier de ce monopole. On y lisait : *Mirlavaux, trésorier-général des grains du roi*, et sur les portes de plusieurs résidences royales, figurait cette enseigne : *Magasins des grains du roi*. Le peuple mourrait de faim, et c'était au roi qu'il adressait ses *humbles* supplications. Les parlemens (ceux de Rouen et de Grénoble exceptés), les assemblées des états provinciaux, toute la magistrature gardaient le silence. Des émeutes éclataient, et les cachots, les gibets, les galères attendaient les pères de famille, les femmes, les vieillards, qui n'avaient pu, sans se plaindre, souffrir les angoisses de la faim.

Je laisse le Prévôt de Beaumont raconter lui-même les circonstances de ses découvertes et de son emprisonnement.

« En juillet 1768, le sieur Rinville, principal commis de Rousseau, receveur-général des domaines en bois du comté d'Orléans, m'invite à dîner, et tandis qu'il va l'ordonner, amusez-vous, me dit-il, à lire le bail que voici sur ma table, pour m'en dire votre sentiment à mon retour; il m'avoua qu'il l'avait apporté de son bureau..... Je lui promis de lui en donner l'interprétation entière, s'il voulait m'en laisser prendre copie, ce qu'il agréa. Au lieu d'une copie à mi-marge, j'en fis cinq, sur chacune desquelles j'écrivis mes commentaires, mes notes et mes réflexions; et pour convaincre Rinville que j'étais sûr de toucher le but de l'entreprise, je l'assurai qu'il avait dû, lui ou d'autres, tenir une correspondance fort étendue avec les ambulans, répandus en diverses provinces, avoir des registres de cette correspondance, envoyer beaucoup de fonds pour les achats et les manœuvres des grains; il en convint, et me montra une autre fois des registres dans son bureau.

« Il me mena chez les autres preneurs du bail, et au bureau des blés, il m'aida à collecter tous les renseignemens et les preuves que je désirais, et quand j'eus dressé ma dénonciation complètement pour l'envoyer, non au parlement de Paris, dont la plupart des membres de la grand'chambre étaient associés à l'entreprise, mais à celui de Rouen, qui venait de donner sur les accaparemens de fortes remontrances; mon paquet étant volumineux, Rinville se chargea de le faire contresigner du cachet et du nom de Laverdy, dans l'un des bureaux du sieur Boutin, intendant des finances, que nous ne savions point être membre de l'entreprise.

« Je ne consentis point d'abord à ce contreseing, mais Rinville m'assura qu'il avait fait contresigner plus de deux cents paquets par cette voie, sans qu'on eut manqué d'en accuser la réception. Je le lui donnai donc, en lui recommandant d'être présent à l'apposition du cachet, et de me rapporter le paquet pour le mettre moi-même à la poste, ce que Rinville me promit, mais il oublia ses promesses.

« Il fut le premier puni de son oubli, car au lieu de me rapporter le paquet contresigné, il le laissa sur le bureau, et aussitôt qu'il fut sorti, le premier commis de Boutin n'eut rien de plus pressé que de l'ouvrir pour l'inspecter...... Il porta sur-le-champ mon paquet au sieur Boutin, qui, non moins surpris que lui, monta sur-le-champ en carrosse, pour en conférer avec Sartines... Celui-ci envoya chercher Marais, inspecteur, dans la nuit même, et lui donna une lettre de cachet en blanc-seing de Philipeaux, pour aller arrêter le sieur Rinville dans son lit, et le conduire à la Bastille...

« Marais persuade Rinville dans sa prison qu'il sera délivré sur-le-champ s'il désigne seulement cinq ou six citoyens qui aient connaissance ou parlent des matières du temps relatives à sa détention, principalement du domicile de celui qui a commenté le bail du ministère, pour le dénoncer.... Rinville, qui ne se doute pas du piège, dénonce six citoyens, indique mon domicile, et dans la même nuit on m'enlève de mon lit à quatre heures du matin, en présence du commissaire Mutel, en vertu des fausses lettres en blanc que Philipeaux (1) délivrait imprimées par bottes de centaines à Sartine, son subdélégué, et me voilà englouti à la Bastille, où Rinville fait encore venir après moi, *Durban, Turban, Vincent Peyrard* et autres qu'il connaissait.. »

Le Prévôt de Beaumont raconte ensuite comment tous ses papiers lui furent enlevés, ses interrogatoires, son séjour à la Bastille, son transfèrement à Vincennes, où il soutint un siège en règle, contre les agens de police, sa détention à Bicêtre et à Charenton.

Les papiers de ce prisonnier et l'original du bail, la correspondance ont été trouvés à la Bastille et dans les cartons de la police, après le 14 juillet 1789. Quelques-unes de ces pièces ont été publiées à cette époque. Un des vingt articles du bail de 1765 dispose qu'il sera renouvelé pour douze autres années en 1777, et il l'a été. Les quatre preneurs du bail y sont nommés et qualifiés.

1° *Roi de Chaumont*, receveur des domaines et bois du comté de Blois.

* Il a été constaté depuis que la signature Philipeaux était fausse et avait été contrefaite par Duval, secrétaire de Sartines.

2° Rousseau, receveur des domaines et bois du comté d'Orléans.

3° Perruchot, régisseur général des hôpitaux militaires.

4° Malisset, au nom duquel le bail était passé, agissait comme *homme du roi*; il devait se porter partout où l'exigeait le service de l'entreprise, pour l'achat, le transport, la manutention, l'entrepôt des grains et farines dans les greniers du domaine, des châteaux-forts et des résidences royales. La portion d'intérêt des quatre gérans supérieurs était réglée par un article spécial.

Quatre intendans des finances, *Trudaine de Montigny*, *Bouïin*, *Langlois* et *Boulongue*, se partageaient les provinces et correspondaient avec les intendans de chacune d'elles. Sartines s'était réservé l'exploitation de la capitale, des bailliages de de l'Ile de France et de la Brie.

Le *bureau général* des *blés du roi* était établi à l'hôtel Dupleix, rue de la Jussienne; il était dirigé par Roi de Chaumont ou Perruchot, et la caisse générale, tenue par Goujet, qui eut pour successeur *Mirlavaux*, inscrit en cette qualité dans l'Almanach royal (1773-1774). Les comités se tenaient chez l'un des intendans des finances ou chez le lieutenant-général de police.

Par le dernier article du bail, le ministre Laverdy imposait aux associés monopoleurs, un don annuel de 600 fr. pour les pauvres. C'était évaluer à bon marché la sanction de la religion pour une entreprise impie et barbare. Une pareille clause était plus qu'un blasphème *.

Les principaux agens dans les provinces étaient *Mahuet l'aîné* à Saint-Disier; l'*Epinette*, à Châlons; *Vernon*, subdélégué à Meaux; *Kengal*, directeur des fermes à Reims. Un extrait fidèle des instructions adressées à l'un d'eux suffira pour faire connaître les *moyens d'administration* de la compagnie.

« Voyez si, sans occasioner de disette trop amère, vous pouvez acheter, depuis Vitry jusque dans les trois évêchés **, une quantité considérable de blé pendant six mois, sans excéder le prix de 20 liv. pour le poids de 240 à 250 liv. et faites en sorte que je puisse compter sur 7 à 8,000 septiers par semaine. Cela fait, pour six mois, 192,000 septiers. Commencez par m'en expédier 6,000 pour Corbeil : les fonds ne vous manqueront pas chaque semaine. Mais surtout gardez-vous de vous faire connaître, et ne signez jamais vos lettres de voiture. Je ne peux vous procurer de nos sacs; ils sont tous timbrés du nom de *Malisset*; il serait indiscret de les faire passer chez vous.

« Vous me mandez que d'autres que vous font de grandes levées de grains; mais c'est un feu follet qui court sans faire de mal. Au reste, d'après les mesures que nous prenons, ils n'auront

---

* Voyez le texte du bail et le mémoire adressé au roi par le Prévôt de Beaumont, aux pièces justificatives.
** Metz, Toul, et Verdun.

pas long-temps la *fureur* de nuire à nos opérations.

« M. de Montigny, intendant des finances, a donné des ordres de verser, aux marchés de Méry-sur-Seine, de Mont-Saint-Père et de Lagny et d'autres ordres, de suspendre les ventes à Corbeil, à Melun et Mennecy, non pas entièrement à cause des besoins journaliers, mais de n'exposer par jour, dans ces marchés, que 50 liv. de farines blanches pour la subsistance des petits enfans ou 200 boisseaux, moitié blé, moitié seigle.

« Si, dans vos achats, l'on tient avec trop de rigueur sur le prix que vous offrez, dites qu'il vient d'arriver à Rouen 18 bâtimens chargés de blé, et qu'on en attend encore 23. On ne se doute pas que ces bâtimens sont les nôtres.

« Faites-vous, au surplus, donner des soumissions de vous fournir telle quantité qui vous paraîtra possible, au prix actuel du quintal, rendu à Vitry.

« Quand la disette sera assez sensible dans votre canton, vendez farines et blés; c'est le moyen de vous y faire acquérir de la considération. Je ne laisserai pas d'ailleurs échapper l'occasion de vous faire mériter encore auprès de M. de Montigny, si la cherté montait au point d'exciter le ministère public à vous demander d'exposer *des blés du roi* dans les marchés de la ville que vous habitez, ne manquez pas d'obéir; mais versez-en avec modération, toujours à un prix avantageux, et faites aussitôt, d'un autre côté, le remplacement de vos ventes.

« Il faut espérer que le calme se rétablira dans le lieu où vous êtes. Le canton y est abondant, le blé y est d'un commerce considérable, conséquemment l'exportation doit y causer moins de sensation et d'inquiétude qu'ailleurs......

« Faites faire vos ventes pour le compte de Mahuet *, et donnez vos ordres pour que les chargemens faits sur la Marne par M. *de Chaumont* **, l'un des régisseurs au compte du roi, ne soient point coupés.

« Quoique le nommé Bourré, marinier, vous paraisse suspect, j'ai lieu de croire qu'il ignore que M. de Montigny et le contrôleur-général*** sont à la tête de notre opération. Il n'est que le secret qui puisse la soutenir; et si elle était connue, non-seulement les intentions de ces ministres se trouveraient alors traversées, mais encore le commerce de votre pays, les fermiers, les laboureurs et tout le public en souffriraient beaucoup.

« L'approvisionnement de Paris se soutient toujours sur le même pied, rien ne bronche, l'ordre y est admirable et la tranquillité la plus parfaite, par les soins ardens et assidus de M. de Sartines

---

* Agent principal de la compagnie à Saint-Didier (Champagne.)

** Receveur des domaines du comté de Blois, l'un des quatre preneurs du bail.

*** On appelait alors ainsi les ministres des finances.

qui nous est d'un grand secours, et par les ordres absolus de M. le contrôleur-général, que M. de Montigny sait distribuer à propos.

« Persuadé de votre attention, je suis maintenant bien tranquille sur le secret de mes lettres. J'ai fait voir votre dernière à M. de Montigny, vous pouvez compter d'en être favorisé au besoin.

« Pressez vos levées, il y faut la plus grande diligence. Nous eussions dû faire dix fois plus d'achats, depuis que vous avez commencé votre tournée.

« Il a été convenu, par M. de Montigny, que, pour éviter la confusion, MM. les commissionnaires aux achats rendraient leurs comptes toutes les semaines. En conséquence, vous voudrez bien vous conformer à cet arrangement, à moins que le bien du service n'exige du changement dans cette disposition, d'ici au temps de la moisson, où les opérations de la régie se rallentissent nécessairement...... » etc., etc.

On ne doit nullement s'étonner du ton d'abandon et de franchise qui se fait remarquer dans cette lettre. Le monopole de la régie générale des blés existait depuis 1750, les baux de douze années avaient été déjà renouvellés quatre fois.

Le ministre des finances, le lieutenant-général de police de Paris, des chefs des grandes corporations judiciaires, les intendans, les gouverneurs étaient dans le secret et dans les intérêts de la régie. La compagnie du monopole des blés, agissait ouvertement au nom du roi, ses registres, sa comptabilité, sa correspondance étaient couvertes d'un voile qu'on croyait devoir être à jamais impénétrable, et qui en effet n'a été déchiré que par un coup de foudre. Combien cependant de pièces secrètes, et plus importantes encore, ont été révélées et mises au grand jour par la révolution de juillet 1789.

Le monopole des blés, si bien qualifié par le Prévôt de Beaumont, était encore en pleine activité à cette époque. La catastrophe qui a terminé les jours du dernier agent principal du pacte de famine, prouve quelle était l'importance de ses opérations; la banqueroute de Pinet s'élevait à une somme plus forte que le déficit du trésor. On l'évaluait à plus de soixante millions.

Le bail de 1777 devait être renouvelé en juillet 1789. La révolution avait dispersé les entrepreneurs et les croupiers. Une grande partie de la récolte de 1787 avait été transportée à Jersey, Guernesey et au banc de Terre-Neuve, et le reste avait été livré à la régie du monopole. Il fallut faire revenir à force d'or les blés exportés. La régie continuait ses opérations; Pinet en était toujours le caissier-général; il avait succédé à Mirlavaux, créature de l'abbé Terray.

La fortune de Pinet s'était augmentée avec une prodigieuse rapidité. Son crédit était immense. Il employait en achat de grains tous les fonds dont il avait la disposition. De grands seigneurs, de riches capitalistes, des princes même, avaient placé dans ses mains des sommes très considérables, et à gros intérêts. Ses achats, en 1789, s'élévaient déja de cinquante à soixante millions.

La retraite ou la mort de plusieurs associés de la régie, la fuite des frères *Leleu*, principaux banquiers de cette entreprise, jetèrent Pinet dans un embarras inextricable; il ne pouvait exposer les causes de cet embarras à la censure des tribunaux. Des hommes encore puissans avaient tout à craindre de ses révélations. Sa mort tout-à-fait imprévue est-elle l'effet d'un suicide ou d'un assassinat? C'est ce qu'on n'a jamais pu savoir d'une manière précise. Les circonstances qui ont précédé, accompagné et suivi cette catastrophe, ne présentent que des incertitudes sur sa véritable cause.

Le 29 juillet 1789, Pinet avait dîné paisiblement avec sa famille; il avait même invité quelques personnes à souper. Nulle altération ne s'était fait remarquer dans ses traits, dans son langage, dans ses manières. Il était le même qu'aux jours de sa plus grande sécurité; il sortit de chez lui et ne reparut plus, et Paris apprit le lendemain qu'il avait été trouvé mort dans la forêt du Vesinet, près Saint-Germain-en-Laye, où il avait une maison de campagne. Son corps y fut immédiatement transporté.

Un pistolet déchargé, trouvé dans la forêt, à peu de distance de Pinet expirant, un autre chargé, trouvé dans sa poche, firent d'abord soupçonner un suicide ; mais d'autres circonstances plus graves, plus décisives, signalaient une autre cause. Pinet avait survécu trois jours à sa blessure, et n'avait cessé de répéter qu'il avait été assassiné ; il témoignait la plus vive impatience d'être transporté dans son hôtel à Paris, et ne cessait de demander un portefeuille rouge, qui, disait-il, renfermait des valeurs considérables et des titres d'une haute importance.

Ce portefeuille ne fut point retrouvé. Ce fait donna lieu à de graves et sinistres soupçons, et une banqueroute plus désastreuse que celle des époux Rohan-Guemenée et du comte d'Artois porta la ruine et l'effroi dans de nombreuses familles et jeta la consternation sur la place : elle excédait celle des deux princes que je viens de citer. Celle des Rohan-Guemenée était de trente-trois millions, celle du comte d'Artois de quinze millions cinq cent mille livres. On évaluait le déficit des caisses du *trésorier-général des blés du roi* à près de soixante millions.

L'interruption de ce monopole fut un des premiers bienfaits du rétablissement du régime municipal. On avait tenté d'autres opérations d'accaparement, mais l'active surveillance des nouvelles autorités populaires et de la garde nationale rendit plus difficiles et moins désastreuses les tentatives des monopoleurs.

On a depuis éprouvé des disettes, mais elles tenaient à d'autres causes; celle de 1817 était encore l'effet d'une spéculation, elle n'eût pas eu lieu si la restauration n'eût pas continué le système de centralisation de l'empire, si les institutions municipales eussent été rétablies. Mais les monopoleurs, à la tête desquels était un prince du sang royal, avaient trouvé dans les préfets la complaisante et aveugle servilité des anciens intendans.

La presse était enchaînée, la censure rendait impossibles d'utiles révélations; et si de courageux patriotes osaient signaler quelques abus, leur ouvrage était saisi, et d'énormes amendes, une longue captivité les attendaient. Leur dévoûment était sans résultat pour le pays qu'ils avaient voulu éclairer et défendre.

Le Prévôt de Beaumont a, dans les mêmes circonstances, trouvé des imitateurs, mais ils n'ont pas été plus heureux que lui: il était depuis long-temps dans les cachots, et sa famille ignorait son sort, quand une parente généreuse quitta sa province et vint à Paris.

Ses efforts n'ont eu pour résultat que d'apporter quelqu'adoucissement à ses maux. Il souffrit moins, ses fers furent moins lourds, mais ils ne furent point brisés. Il était à la *maison de force* de Charenton quand le canon populaire ébranla les murs de la Bastille, et il ne fut rendu à la liberté que quatre mois après la révolution de juillet 1789. Il était en prison depuis plus de vingt-deux années.

CHAPITRE X.

Proscription. — Écrivains. — Libraires. — Monopole des cuirs. — Le tanneur du quartier Saint-Antoine. — L'homme du peuple et les privilégiés. — Rubigny de Betheval et l'inspecteur-général Bertin. — Louis XVI, Turgot, Necker.

Les hommes de lettres, les libraires, n'ont jamais été poursuivis avec plus d'acharnement que sous les règnes de Louis XV et Louis XVI. La librairie était livrée au monopole ; toutes les branches d'industrie étaient exploitées par des régies privilégiées. La plus importante de toute peut-être, la manipulation et le commerce des cuirs, dont la consommation est une nécessité pour toutes les classes de la société, était frappée des mêmes restrictions.

Un gouvernement éclairé sur ses propres intérêts, aurait senti le besoin d'encourager, de protéger, de toute sa puissance, les professions industrielles, de rendre aux usines, aux manufactures, leur ancienne activité, de réparer enfin les pertes immenses causées au commerce par la révocation de l'édit de Nantes.

Les ministres n'ont point compris les nécessités de l'époque, ils ont suivi la funeste routine financière des Laverdy, des Terray; ils ont affermé à des compagnies de traitans tous les revenus de l'État et l'exploitation de toutes les industries manufacturières. Un seul, Turgot, veut rendre au commerce son indépendance, et cette liberté, sans laquelle il ne peut prospérer. Louis XVI promet de le seconder, mais une ligue intérieure se forme contre Turgot. Louis XVI, dominé par ses entours, renvoie le ministre philantrope et ses plans de réformation. Il doit succomber, disait cet indolent monarque, il n'y a que moi qui le soutient.

Notre histoire commerciale présente dans la législation et dans les faits une déviation en sens inverse des progrès de la civilisation.

Tous les actes du gouvernement, depuis le treizième siècle jusqu'à la révocation de l'édit de Nantes, tendaient à multiplier, à perfectionner les établissemens industriels, à encourager les fabricans par des primes, des exemptions de droits, et c'est depuis que la France avait perdu, par l'émigration forcée des protestans, ses principaux banquiers, ses fabriques les plus importantes dans tous les genres, que les actes du gouvernement ne tendent plus qu'à détruire les derniers débris, qu'à paralyser les dernières ressources de l'industrie française, naguère si florissante.

Malheur à l'industriel habile et laborieux, qui veut, par de nouveaux procédés, soutenir la concurrence avec les fabriques étrangères. Les compagnies privilégiées vont s'émouvoir et lancer sur lui tous les limiers de la haute police; l'ordre sera donné *d'en haut* de se défaire à tout prix d'un novateur dangereux.

Je n'emprunterai aux archives de la Bastille qu'un seul fait pour démontrer cette triste et incontestable vérité.

La protection du roi, l'autorité d'un ministre n'ont pu sauver un industriel du quartier Saint-Antoine, des exigences atroces des agens du privilège. C'était en vain que l'expérience d'une longue suite d'années avait démontré que les régies privilégiées portaient un préjudice notoire au trésor public.

La fabrication des cuirs, soumise à un impôt modéré, avait chaque année versé au trésor des sommes immenses; les tanneries françaises avaient perfectionné leurs produits, et l'exportation était considérable.

Cet impôt fut mis en régie, en 1759, les fermiers triplèrent le taux de l'impôt; la fabrication avait diminué dans les mêmes proportions, et cet impôt qui, avant cette époque, avait été une des principales branches des revenus du trésor, n'excéda pas deux millions par an sous le ministère de Bertin, de Laverdy et de Terray, depuis 1759 jusqu'en 1776. La France, qui en 1759 comptait six cent vingt-deux grandes tanneries, n'en avait que cent quatre-vingt-dix-huit en 1775.

Il résulte d'un état comparatif, appuyé de pièces justificatives et d'un mémoire présenté à l'assemblée des notables, que l'établissement de la régie privilégiée pour la marque des cuirs, a déjà causé plus de 160 millions de perte à l'État. » Ce mémoire avait été rédigé par Rubigny de Bertheval, tanneur du quartier Saint-Antoine. Rubigny avait lutté, pendant plus de vingt années, contre le despotisme et la puissance de la haute police et de la régie.

Depuis 1765 les tanneurs français n'avaient cessé de réclamer contre un impôt exhorbitant, et les fraudes toujours repétées et toujours impunies de la marque des cuirs; Rubigny de Bertheval avait consacré toute sa fortune et quinze ans de travaux, d'expérience, de recherches, de voyages, pour rendre à la tannerie française son ancienne supériorité. Tous les tanneurs s'étaient associés à ses réclamations et à ses efforts.

L'abbé Terray leur défendit toute représentation; il menaça Rubigny, il fit arrêter arbitrairement deux commissaires des fabricans du midi, l'un en Provence, il se nommait Barthélemy, l'autre en Guyenne. Le courage et le patriotisme de Rubigny grandissaient avec les obstacles. Il parvint jusqu'au roi : il fut présenté à Louis XVI, qui le renvoya à son ministre Turgot. L'habile industriel vit enfin un homme du pouvoir qui pût le comprendre. Il lui démontra, par la double autorité des faits et des actes, que les exigeances absurdes, arbitraires de la régie avait détruit la *bonne fabrication*, jeté la perturbation et le désordre dans les fabriques, réduit à la misère plus de trente mille familles, provoqué l'émigration d'une foule d'habiles ouvriers, et rendu la France tributaire de ses voisins.

L'étranger se félicitait de l'impéritie brutale du gouvernement français, et tandis que les ministres, instrumens dociles de la régie privilégiée, reduisaient tous les ouvriers à une inaction meurtrière, aux angoisses de la faim, au plus affreux désespoir ; les émissaires des ambassadeurs de Russie, de Portugal, de Prusse, de Suède, de Sardaigne, prodiguaient l'or et les séductions pour les attirer dans les pays qu'ils représentaient.

En 1782, la société patriotique de Pétersbourg proposa publiquement une prime de deux cents roubles au tanneur français qui donnerait le secret de la préparation des cuirs de France. Les offres les plus brillantes étaient faites à Rubigny-Bertheval : ce patriote avait résisté aux séductions de l'étranger, aux menaces stupides du ministre de Louis XVI. Il importe de faire remarquer qu'il était l'unique soutien d'une nombreuse famille, qu'à l'époque où cette prime lucrative lui était offerte, il avait subi l'épreuve d'une rigoureuse captivité, à la Bastille.

Rendu à la liberté depuis quatre années, il était resté fidèle au mandat qu'il devait à la confiance, à l'estime de tous les tanneurs de France, dont il s'était constitué le représentant et le défenseur.

La régie privilégiée lui avait déclaré une guerre à outrance, son directeur avait écrit, en 1776, à l'inspecteur Bertin, attaché spécialement à l'administration : « La compagnie, monsieur, est ins-
« truite que c'est le sieur Bertheval qui a écrit
« contre elle : il faut faire des procès à ce particu-
« lier, l'*écraser*, si faire se peut; vos places en
« dépendent. »

L'inspecteur tenait à son emploi; déterminé à le garder à tout prix, il avait imaginé de faire apposer de fausses marques aux cuirs confectionnés par Bertheval; mais celui-ci, toujours sur ses gardes, rendit inutile cette honteuse tentative.

La régie ne se rebuta point, et, en juillet 1777, elle sollicita l'intervention de M. Lenoir, parent de l'un des régisseurs : le lieutenant-général de police se concerta avec le ministre Amelot. Bertheval fut mandé à l'audience de police; il lui fut enjoint de se désister de son projet d'écrire contre la régie, Bertheval refusa, et se rendit immédiatement chez le seul ministre qui pouvait l'entendre et le protéger, Necker, qui lui répondit : « Vous avez bien fait. »

La régie demandait une victime, elle l'avait indiquée, et le même jour Lenoir et Amelot lancèrent chacun une lettre de cachet contre Bertheval; les deux lettres de cachet furent adressées au commissaire Chénon, chargé de les faire exécuter.

Le 16 décembre 1777, à sept heures du matin,

ce commissaire, renforcé d'une brigade d'agens de police de tout grade, envahit la maison de Bertheval, et l'arrache des bras de son épouse et de ses onze enfans. Les cris, les pleurs de cette nombreuse famille mirent tout le quartier en émoi. Bertheval pouvait retarder l'exécution de l'acte arbitraire dont il était victime, déja l'on s'attroupait sur tous les points du populeux faubourg, une sédition terrible surgissait; Bertheval se hâte de se livrer au commissaire : le trajet de sa maison à la Bastille était court, les portes de cette prison s'ouvrent et se ferment sur lui, et une barrière insurmontable le sépare des flots d'une population qui accourt pour le délivrer.

La voix du peuple était déja une puissance. Toute la population du quartier Saint-Antoine demandait avec une effrayante unanimité la liberté de Bertheval. Necker fut écouté, et la peur arracha aux autres ministres la révocation d'un ordre imprudent et arbitraire. Bertheval, arrêté le 16 décembre, fut mis en liberté le 24 du même mois.

Le commissaire Chenon, chargé par le lieutenant-général de faire ouvrir les portes de la Bastille au prisonnier, avait reçu l'ordre de dire au gouverneur de le lui amener. Cet ordre, de sinistre augure, ne fut point exécuté.

Le lendemain, Lenoir écrivit de sa propre main, à Bertheval une lettre, que Bertheval laissa sans réponse. Le 7 janvier, quatorze jours après, l'intendant de la régie pour la marque des cuirs, Hamelin, invita Bertheval à se rendre chez lui : Bertheval y fut, et s'empressa de rendre compte à Necker de leur entretien. La régie et les ministres qui lui étaient dévoués, et le lieutenant-général de police laissèrent enfin respirer l'honorable et courageux tanneur du faubourg Saint-Antoine. Les états provinciaux de Bretagne, du Dauphiné, de Berri, de Bourgogne, avaient donné le signal de la réforme.

Ce cri, *les états-généraux*, retentissait dans toute la France ; les amis de l'ordre, de l'honneur national et de la liberté, n'eurent plus qu'une pensée, qu'un vœu, le besoin et l'espoir d'un meilleur avenir, et les ministres, absorbés par l'embarras inextricable de leur situation, semblèrent avoir oublié l'*audacieux particulier* qu'ils avaient poursuivi avec tant d'acharnement pendant le cours de vingt années.

CHAPITRE XI.

Guerre au patriotisme courageux et à l'industrie nationale.— Jacques et François Ferrier. — Terasson. — Brevet d'impunité. — Le duc de Nevers. — La marquise et sa femme de chambre. — Déclaration singulière. — Police des mœurs. — Vengeances privées. — Tapin de Cuillé. — Le marquis de Montchenu. — Double assassinat impuni. — Fini-Chamorant. — Cri de réformation politique.

Un gouvernement qui se traîne au jour le jour, est nécessairement exposé aux plus étranges contradictions. Ainsi, Laverdy et Terray reduisaient à la misère et au désespoir la population industrielle. La protection intéressée qu'ils accordaient aux compagnies privilégiées qu'ils avaient fondées et maintenues, frappait le sol français d'une entière stérilité; la terre natale n'était plus pour les ouvriers français qu'une terre inhospitalière, et les mêmes ministres poursuivaient à outrance, faisaient arrêter et renfermer à la Bastille, au donjon de Vincennes, les artisans soupçonnés de vouloir chercher du travail et du pain au-delà des frontières. Affectant un beau zèle pour la prospérité de l'industrie et du commerce national, les mêmes ministres donnaient la plus grande publicité à ces arrestations. (Voyez les articles *François Ferrier*, *Jacques Ferrier* et *Terasson*, etc.)

Je ne mentionne ici que les prisonniers dont la

détention se rattache au système suivi par le gouvernement, et aux grands évènemens de l'époque; les circonstances particulières de la vie politique et privée de ces prisonniers et de tous les autres appartenant à la partie biographique. (*Voir les noms de chacun d'eux.*)

Que les favorites et les ministres aient persécuté les écrivains qui signalaient à l'opinion publique les vices et les abus du gouvernement, on le conçoit; mais que des dames de la cour, que de grands seigneurs aient fait emprisonner des femmes de chambre, des valets, dont ils craignaient l'indiscrétion, des maris, des pères, des parens dont la surveillance les contrariait; qu'au lieu d'invoquer l'intervention légale des tribunaux pour réprimer les écarts et les folles prodigalités d'un jeune fou, plus malheureux que coupable, aient obtenu des lettres de cachet; que des débiteurs de mauvaise foi aient été reçus à la Bastille, pour soustraire leur personne et leurs biens aux poursuites légitimes de leurs créanciers; enfin, que des assassins, des voleurs, des faussaires, des empoisonneurs aient été soustraits à la juridiction des lois, et que le château royal de la Bastille ait été pour eux un lieu d'immunité, un asile inaccessible aux magistrats. Voilà ce que notre âge ne pourra comprendre, et voilà ce que prouvent des faits incontestables. Chaque page des registres de la Bastille, depuis Louis XIV jusqu'à Louis XVI inclusivement, est un acte d'accusation contre les ministres qui ont gouverné la France pendant un siècle et demi.

M. le duc de Nevers avait, comme tous les grands de l'époque, des lettres de cachets en blanc; il y mit le nom de Malbay, et Malbay est renfermé à la Bastille en 1735. On lit à la colonne d'observation du registre, ces mots : *Ce prisonnier a une fort belle femme.*

Madame la marquise de Bef..... veut se débarrasser d'une femme de chambre, dont elle craignait l'indiscrétion, elle s'adresse au lieutenant-général de police, pour la mettre en lieu sûr, à la Bastille ou à la Salpétrière. La pauvre fille est amenée devant le magistrat, qui la trouve jolie; il se contente de lui faire écrire et signer la déclaration suivante :

« Je soussigné promets à monsieur le lieute-
« nant-général de police de ne jamais ouvrir la bou-
« che, à qui que ce soit des intérêts de madame
« la marquise de Bef..... et ce sous peine de pu-
« nition, n'ayant qu'à me louer de Madame...
« A Paris, 17 novembre 1777. Marie-Sophie De-
« lasse. »

Marie-Sophie ne fut sans doute pas détenue; mais la marquise n'a pas reçu sa déclaration, dont l'original est resté dans les cartons du lieutenant-général de police.

Le Jeune Tapin de Cuillé, fils d'un conseiller du roi, avait beaucoup de dettes, son père le fait, par lettre de cachet, enfermer au Mont-Saint-

Michel; le jeune homme demande à entrer au service de la marine, et que sa pension lui soit retenue pour payer ses dettes : le père est inflexible, son fils, auquel il ne reproche que d'être prodigue, fut renfermé à la Bastille. Ses lettres annoncent une grande irritation, une tête ardente, un caractère prononcé : il fallait le lancer dans la carrière aventureuse, mais honorable qu'il indiquait lui-même. Sa demande était juste, raisonnable; il reconnaissait sa faute, son repentir était sincère, sa demande ne sera pas écoutée; il usera dans les cachots cette surabondance de vie, qui faisait bouillonner son sang. Les voyages, le changement de climat eussent calmé cette effervescence de jeune homme. Un long séjour dans les prisons de l'État a changé cette effervescence inoffensive en frénésie.

Une lettre de cachet n'était souvent qu'un brevet d'impunité.

M. de Montchesnu, écuyer du roi, mestre de de camp de cavalerie, a tué son valet, en lui passant son épée au travers du corps. Une lettre de cachet l'envoie à la Bastille, en 1735; il en est sorti libre au bout de quinze jours. En 1750, il a assassiné de la même manière un autre valet; il est revenu à la Bastille le 6 mars, et en est sorti libre le vingt du même mois : quinze jours de captivité pour chaque assassinat.

Fini (Jean-Claude) se qualifiait comte de Chamorant; était passé en Angleterre, avec une mission de la police, pour y découvrir les pamphlets imprimés contre quelques hauts personnages de la cour, il s'était rendu coupable d'un assassinat et d'un vol : il avait été dénoncé dans les journaux anglais, pour ce double crime.

Tous les détails de son forfait avaient été publiés dans *the Gazetter* du 31 octobre 1785 : il avait restitué 5,475 liv.; sa culpabilité était flagrante : il fut arrêté avec sa complice à leur retour en France; mais, au lieu d'être livrés à la justice ordinaire, ils sont envoyés à la Bastille, et le ministre Vergennes, qui, sur la dénonciation de l'ambassadeur d'Angleterre, avait été forcé de les faire arrêter tous deux, écrivait au lieutenant-général de police de Crosne le 24 janvier 1786 : « Les « parens de Jean-Claude Fini demandent que ce « scélérat soit renfermé à perpétuité dans une « maison de force. Je ne puis que m'en rapporter « à vous sur ce que les circonstances peuvent per- « mettre, pour éviter à une famille nombreuse, « et que l'on dit honnête, le déshonneur qu'elle n'a « que trop lieu de redouter, etc. »

Fini-Chamorant fut transféré de la Bastille à Bicêtre; Marie-Barbe, sa complice, à la Salpétrière; elle obtint bientôt protection et liberté, en abjurant le calvinisme aux pieds de l'archevêque de Paris, et Fini-Chamorant sortit aussi bientôt de Bicêtre.

Il se promenait publiquement à Paris : un des premiers actes de la nouvelle municipalité après la révolution du 14 juillet fut d'envoyer à tous les districts de la capitale, et à tous les journaux, le signalement de cet assassin.

J'ai déja fait remarquer, dans l'affaire des poisons que la commission extraordinaire de l'arsenal avait absous tous les coupables titrés, et n'avait puni que leurs obscurs complices.

Aux nobles de la cour, aux protégés des favorites et des ministres, impunité, protection; aux autres, les fers, la longue agonie des cachots et la mort, tel fut le système traditionnel du gouvernement jusqu'à la révolution de 1789. Il laissait circuler en liberté, dans la société, des assassins, des voleurs: les Montchenu, les Chamorant et tant d'autres. Les cabanons de Bicêtre, les cachots de Vincennes et de la Bastille se refermaient sur le comte de Lorges, le Prévôt de Beaumont et Rubigny-Bertheval.

Le comte de Lorges avait, dans un mémoire, signalé au roi de scandaleux abus; le Prévôt de Beaumont avait dénoncé au même prince le pacte de famine; Rubigny Bertheval avait aussi bien mérité du pays par ses travaux industriels et ses révélations : les deux premiers n'ont dû leur liberté qu'à la victoire de la première insurrection parisienne; de Lorges, après tente-deux ans de captivité; le Prévôt, après vingt-deux années; Rubigny-Bertheval a dû sa prompte délivrance à la peur d'une émeute populaire.

Qu'opposeront les prôneurs de l'ancien régime à des faits, à des actes si nombreux, si clairs, si authentiquement démontrés ? Sous Louis XIV et ses successeurs, le gouvernement fut toujours arbitraire, les immunités municipales des villes et des provinces toujours violées ; la magistrature proscrite, bouleversée; les lois remplacées par des rescrits royaux et des décisions ministérielles, décorées du titre d'ordonnances.

La contre-révolution judiciaire, commencée par Maupeou, n'a-t-elle pas été continuée sous Louis XVI ? La cour plénière ne devait-elle pas être substituée aux parlemens ? Cette déplorable anarchie date de l'époque où les assemblées nationales cessèrent d'être convoquées. L'assemblée de 1789, en se déclarant permanente tant que dura le danger, en fixant, comme principe constitutionnel, la périodicité des assemblées ultérieures, n'a fait que suivre les traditions des états-généraux de 1335, de ceux d'Orléans et de Blois.

Eclairée par l'expérience des temps passés, l'assemblée constituante de 1789 ne fit point la faute d'abandonner à l'autorité royale le droit de convoquer, à sa convenance, les assemblées des représentans de la nation.

Avec un gouvernement représentatif et la liberté de la presse, sans laquelle il ne peut exister, le retour à l'arbitraire est impossible. L'égalité devant la loi n'est plus une fiction, les crimes et les erreurs des deux derniers siècles ne sont plus qu'un grand et utile enseignement.

On a dit, répété, on dit et l'on répète encore tous les jours dans les pamphlets, les feuilles de la dynastie déchue, que le règne de Louis XVI fut celui de la justice et des lois; on cite quelques traits privés, dont rien d'ailleurs ne prouve l'authenticité.

Mais des faits publics, patens, dont l'ignorance et la mauvaise foi peuvent seules contester l'évidence, ont démontré qu'une révolution seule pouvait mettre un terme à cette lutte de sang et d'abjection qui tourmentait la France, depuis plus de trois siècles. Une réforme entière, complète, dans toutes les branches de l'administration publique était devenue indispensable.

Les derniers états-généraux n'ont été convoqués qu'en désespoir de cause; le gouvernement avait épuisé tous les moyens de violence et de corruption; il était sans force morale, sans considération, sans crédit; sa dernière heure était marquée.

C'est encore les archives de la Bastille qui nous ont révélé ses derniers actes; et ces actes sont entachés de l'arbitraire le plus révoltant.

Le procès du collier atteste à quel point de corruption était descendue la cour de France.

CHAPITRE XII.

Procès du collier. — Louis-René-Édouard de *Rohan*, cardinal-évêque de Strasbourg dit le prince Louis. — Ses trois valets de chambre. — Claude *Cerval*. — La comtesse *De la Motte*, de la Pénissière. — *De la Porte*. — Le baron de *Planta*. — Du *Clusel*. — *Grenier*. — Le comte et la comtesse *Cagliostro*. — Mademoiselle Briffault - Lainé dite *Rosalie*. — Mademoiselle d'*Oliva*. — *Toussaint-Beausire* et madame de la *Palun*. — Le baron de Castelet. — *Reteaux de Villette*. — *Boëhmer* et *Bozange*, jouailliers. — Situation de la France en 1787 et 1788.

Qu'une reine de France, brillante de jeunesse et de beauté, ait eu la fantaisie d'ajouter à ses parures en diamans le riche collier, chef-d'œuvre des jouailliers Boëhmer et Bozange; que pour ne pas effaroucher la susceptibilité parcimonieuse de son époux, elle ait chargé un tiers de négocier l'acquisition de ce collier, et pris des arrangemens à terme pour en acquitter la valeur; tout cela pouvait se concevoir, et il n'y avait ni danger ni scandale à l'avouer. L'honneur de la reine n'eut pas été compromis, sa réputation n'en eut pas même été effleurée. Elle aurait pu être trompée, volée même par les intermédiaires employés dans cette mystérieuse négociation. L'Europe ni la France ne s'en seraient pas occupé; les coupables eussent été punis, et tout se serait terminé sans grand éclat. Ce procès, comme tant d'autres, n'eut été qu'un évènement ordinaire.

Le mémoire présenté à la reine par les jouailliers dupés et présenté avant toute procédure, n'aurait donné lieu qu'à une discussion de famille sans scandale, et n'aurait eu aucune conséquence dangereuse. Honte et malheur aux seuls intrigans qui auraient abusé du nom de la reine, et de la crédulité des marchands.

Dans ce mémoire, en forme de placet, présenté à la reine le 12 août 1785, les deux jouailliers racontent ainsi les faits : je copie. « Le 24 janvier de la présente année, M. le cardinal de Rohan vint chez les sieurs Boëhmer et Bozange, et leur demanda à voir divers bijoux. Ils profitèrent de cette occasion pour lui faire voir le collier en brillans comme une collection unique et rare en ce genre. Le prince, après l'avoir examiné, leur dit qu'il avait entendu parler de cette parure, et qu'il était chargé de venir pour en savoir le prix au juste. Ils répondirent que le désir qu'ils avaient de se débarrasser de cette pièce, qui était depuis long-temps un fardeau très lourd pour eux, les déterminerait à en fixer le dernier prix à 1,600,000 livres, quoique cette collection leur coûtât beaucoup plus.

« Ils ajoutèrent que ce collier avait été estimé ce prix par MM. Dogny et Gaillard, il y avait plus de six ans, lorsque le roi eut envie d'en faire l'acquisition, que les intérêts accumulés depuis leur causaient une perte considérable ; que cependant ils s'étaient déterminés à conserver cet objet en se flattant qu'ils seraient un jour assez heureux pour le placer chez S. M. la reine ; mais que cette espérance flatteuse paraissant s'éloigner, ils avaient pris le parti d'envoyer le dessin de ce collier à la princesse des Asturies, et qu'ils attendaient d'un moment à l'autre l'ordre d'envoyer cette parure en Espagne.

« Le prince répondit qu'il rendrait compte de la conversation qu'il avait eue avec nous, et qu'il se chargerait de l'acquisition de ce collier, que ce n'était pas pour lui ; mais que, si la négociation avait lieu, il était persuadé que nous accepterions avec plaisir les conditions.

« Il nous prévint en même temps qu'il ignorait s'il lui serait permis de le nommer ; mais que, dans le cas où il ne lui serait pas permis de le faire, il ferait des arrangemens particuliers.

« Il nous dit que ses instructions portaient de ne traiter cette affaire qu'avec Bohmer, lequel ne voulant traiter cette affaire aussi majeure sans la participation de son associé, il était par conséquent nécessaire qu'il prît au préalable d'autres instructions pour savoir s'il pourrait traiter avec les sieurs Bohmer et Bozange conjointement : ce qui termina la première entrevue.

« Deux jours après cette conversation, le prince

nous fit venir chez lui tous les deux; il nous dit que ses instructions, l'autorisaient à traiter avec Bohmer et son associé, sous la recommandation expresse que nous observerions le plus grand secret; ce que lui ayant promis, il nous communiqua les propositions qu'il était chargé de nous faire pour l'acquisition de ce collier, et dont voici la copie.

« Le dernier prix du collier sera fixé d'après
« MM. Dogny et Gaillard, au cas que le prix de
« 1,600,000 liv. qu'on veut le vendre paraisse trop
« fort. Le paiement du prix convenu ne commen-
« cera que dans six mois, et alors pour une somme
« de 400,000 liv., et de six mois en six mois de
« même.

« On pourra faciliter le calme dans les affaires
« du vendeur, en lui donnant des délégations,
« qu'il pourrait proposer à ses créanciers : les sus-
« dites délégations n'annonceraient le paiement
« que dans six mois.

« Si les conditions conviennent, le collier sera
« prêt à partir mardi au plus tard (1er février). »

Le prince, après la lecture de ces propositions, nous ayant demandé si elles nous convenaient, et lui ayant répondu *oui*, il demanda que nous missions notre acceptation, ce que nous fîmes sous la date du 29 janvier; ce qui termina cette seconde entrevue.

« Le 1er février, au matin, le prince nous écrivit un billet de sa main, mais sans signature, conçu en ces termes : « Je voudrais que M. Boh-

« mer et son associé passent chez moi ce matin, le plus tôt possible, avec l'objet en question. »

« Nous nous rendîmes chez le prince aussitôt, et nous lui portâmes le grand collier. Il nous fit connaître dans cette entrevue que S. M. la reine faisait l'acquisition de cette parure, et nous montra, à cet effet, les propositions que nous avions acceptées, approuvées et signées par S. M. la reine *Marie-Antoinette de France*...

« Nous témoignâmes, à ce sujet, toute notre joie et notre satisfaction, et le prince nous assura qu'il livrerait le collier dans la journée. Il nous dit en même temps que S. M. ne pouvait pas donner les délégations dont il était fait mention dans les propositions, mais qu'il espérait qu'on nous tiendrait compte des intérêts que nous réclamions, et qui en ferait la représentation, jugeant notre demande juste : ainsi finit le troisième entretien.

« Le même jour, 1er février, nous reçûmes une lettre du prince, écrite et signée par lui, conçue en ces termes :

« M. Bohmer, S. M. la reine m'a fait connaître
« que ses intentions étaient que les intérêts de ce
« qui sera dû après le premier paiement du mois
« (fin août), soient payés successivement avec les
« capitaux, jusqu'à parfait acquittement. » A Paris, 1er février 1785.

Le prince cardinal de ROHAN.

« Quelques jours après la réception de cette

lettre, ayant eu occasion de voir le prince, il nous dit de profiter de la première occasion que nous aurions d'approcher de S. M. la reine, pour lui faire nos très humbles remercîmens des bontés qu'elle avait daigné nous témoigner, en acquérant notre collier.

« Cette occasion favorable ne s'étant pas présentée, nous restâmes dans l'attente jusqu'au mois de juillet dernier, que le prince nous fit dire de nous rendre chez lui; il nous fit part que la reine trouvait ce collier trop cher, que S. M. était dans l'intention de nous le rendre, à moins que nous ne consentions à un rabais de 200,000 francs, avec la clause cependant, que si M. Dogny l'estimait un prix plus fort, il nous serait payé..... »

Les jouailliers s'étonnent et s'affligent de ces nouvelles propositions; ils avaient depuis, et à plusieurs reprises, reçu l'ordre d'envoyer la parure en Espagne, ils avaient pris des engagemens pour les époques fixées par le marché. Le cardinal leur promit de soumettre leurs réclamations à S. M. et de les informer de la réponse. Elle ne se fit pas attendre.

« Quelques jours après, ajoutent-ils, nous étant rendus chez lui, il nous dit que S. M. avait agréé nos derniers arrangemens, et qu'au lieu de la somme de 400,000 livres, nous recevrions, sous peu de jours, 700,000 livres, ce qui nous mettrait à même de faire honneur aux engagemens que nous avions faits pour divers paiemens. Le prince nous marqua en même temps de faire nos remercîmens à la reine, et dans la crainte que nous ne puissions avoir le bonheur de nous en acquitter verbalement, nous le fîmes par écrit, que Bohmer remit à S. M.

« La fin de juillet dernier étant l'époque du premier paiement, le prince nous fit venir pour nous annoncer que ce premier paiement était différé jusqu'au 1er octobre prochain, qu'en attendant il avait reçu 30,000 livres pour nous remettre pour les intérêts : nous avons donné une quittance, dans laquelle nous avons déclaré avoir reçu cette somme de S. M. la reine, à compte.

« Ce sont là les faits détaillés tels qu'ils se sont passés, et que nous certifions vrais. »

BOHMER, BOZANGE.

Les faits énoncés dans ce mémoire n'ont point été démentis dans l'instruction ; je ferai seulement remarquer que la scène du bosquet, où la demoiselle d'Oliva aurait représenté la reine, n'y est pas mentionnée ; mais il est hors de doute que le cardinal a traité seul avec les jouailliers, qu'il a reçu d'eux le collier de perles, et pour la reine.

Sa double qualité de cardinal et de grand aumônier lui permettaient de voir souvent cette princesse ; il n'avait pas besoin d'intermédiaire, encore moins de madame de Lamotte que de tout autre. Il n'a point remis le collier à la reine, puisqu'il a été prouvé que cette parure avait été démontée, et qu'une partie avait été vendue, par le comte de Lamotte à un jouaillier de Londres.

Dans leur mémoire instructif, MM. Bohmer et Bozange déclarent que monsieur et madame de Lamotte les ont mis en rapport avec le cardinal, et racontent la scène du bosquet. Mais dès que les jouailliers ont traité avec le cardinal, tous les autres acteurs ont disparu, et il est difficile de s'expliquer la conduite du cardinal et de le croire tout-à-fait dupe des époux Lamotte.

Les faits exposés par les jouailliers, dans leur lettre à la reine et dans leur première requête, dont je viens de reproduire textuellement l'extrait, ont été confirmés par les débats.

Il en résulte que le cardinal de Rohan a seul négocié l'acquisition du précieux collier, qu'il a traité au nom et pour compte de la reine, enfin qu'il a engagé les jouailliers à adresser à la reine leurs remercîmens, et l'expression de leur reconnaissance, soit verbalement, soit par écrit.

Le cardinal aurait donc été autorisé à faire ce marché, et le collier lui aurait été livré directement. On sait qu'il croyait au *grand œuvre*, à la transmutation des métaux, à la pierre philosophale, à tous les prodiges de l'alchimie; il s'entourait d'empiriques, de *souffleurs* qui flattaient sa monomanie. Il croyait parvenir à la découverte de la poudre de projection, et faire de l'or autant qu'il voudrait.

Séduit par cette chimère, il espérait augmenter à son gré ses trésors, et la dépense d'un million et demi ne devait nullement l'embarrasser. Dans cette confiance, il aurait acquitté lui-même le prix du collier, il aurait fait à la reine un cadeau digne d'elle.

Dans cette hypothèse, à laquelle ses habitudes, ses antécédens imprimaient un caractère de vraisemblance, il n'échappait pas au ridicule. Ce système de défense aurait pu blesser sa vanité, mais il le sauvait de la honte d'une accusation d'escroquerie.

Une fois possesseur du riche écrin, comment a-t-il pu le confier à un tiers?

Sur ce point, il était difficile de justifier le cardinal: la raison ne peut admettre un tel excès d'étourderie et d'imprévoyance.

M. Bertrand de Molleville, dans une longue note insérée à la fin du premier volume et son *Histoire de la Révolution*, raconte plutieurs entretiens qu'il aurait eu avec son intime ami, le cardinal de Rohan.

Celui-ci lui aurait témoigné le chagrin que lui causait l'accueil peu bienveillant qu'il recevait de la reine, toutes les fois que les devoirs de sa charge de grand aumônier l'appelaient à la cour. L'arrêt du conseil qui l'avait absous de l'accusation portée contre lui, et relative à l'administration des Quinze-Vingts, n'avait pu lui concilier les bonnes graces de cette princesse.

Le cardinal ne s'était pas expliqué sur la cause primitive de la persécution de la reine.

« J'ignorais, écrit Bertrand de Molleville, et il (le cardinal de Rohan) ne m'avait jamais dit en quoi il avait pu déplaire à S. M. la reine, mais l'abbé Georgel, à qui j'en parlai, m'apprit « que
« le cardinal, pendant son ambassade à Vienne,
« avait écrit au duc d'Aiguillon, alors ministre
« des affaires étrangères, une lettre confidentielle,
« dans laquelle il lui était échappé quelques plai-
« santeries sur le compte de l'impératrice (Marie-
« Thérèse); que ce ministre avait eu l'indiscré-
« tion de donner cette lettre à madame Dubarry,
« qui se permit de la lire à haute voix, à son sou-
« per, et d'en rire indécemment avec vingt per-
« sonnes; que comme elle ne dit pas que cette
« lettre était adressée au ministre, personne ne
« douta que ce ne fût à elle qu'elle avait été écrite;
« que c'était ainsi qu'on l'avait rapporté à la reine
« dans le compte qu'on lui avait rendu de ce qui
« s'était passé à ce souper ; que S. M. indignée
« que l'impératrice, sa mère, eût été l'objet des
« risées de madame Dubarry et de ses convives,
« n'avait jamais pardonné cette lettre au *prince*
« *Louis* *. »

Le cardinal, toujours morose et soucieux comme tout courtisan disgracié, parut un jour à Bertrand de Molleville brillant d'espérance et de gaîté, et ne se fit pas presser pour lui faire confidence de la cause de cet heureux changement, il lui révéla,

* C'était ainsi qu'on appelait ordinairement le cardinal de Rohan.

après avoir exigé sa parole d'honneur, cet important secret.

Une dame, intime amie de la reine, et toute dévouée au cardinal, et qui, depuis long-temps travaillait à ménager une réconciliation, lui avait enfin annoncé que la reine était tout-à-fait désabusée, et lui fit espérer une prochaine entrevue avec S. M.

Plus tard, cette audience si impatiemment attendue, avait été fixée, puis ajournée de semaine en semaine. L'officieuse médiatrice alléguait de nouveaux prétextes; ces délais assez maladroitement justifiés, désespéraient le cardinal.

Sa confidente lui suggéra alors la négociation du collier, S. M. désirait vivement cette parure; mais elle n'osait pas en parler au roi, que l'énormité du prix eut effrayé. La reine, en obtenant des termes pour le paiement, pourrait se passer cette fantaisie; mais elle ne pouvait traiter directement. Il lui fallut un intermédiaire qui, par sa haute position sociale, son caractère, sa fortune, pût inspirer aux jouailliers assez de confiance pour les déterminer à le vendre à termes.

Le cardinal pouvait être cet intermédiaire, plus de doute sur le succès de cette délicate négociation, et le succès lui assurait le retour des bonnes graces de la reine. Dès-lors devant lui s'ouvrait le plus brillant avenir; il n'aurait donc pas hésité à se dévouer : le piège était adroit.

Mais comment s'expliquer que la confiance du

cardinal pour l'entremetteuse eut été jusqu'à lui remettre sans nulle difficulté le précieux collier. On a dit pour sa justification qu'il n'avait pas dû balancer. Pouvait-il refuser le dépôt du collier à celle à qui la reine aurait confié son acceptation des conditions du marché?

Mais, ce qui n'est pas moins difficile à concevoir, c'est le long silence de M. Bertrand de Molleville.

Il pouvait, par sa déposition, sauver l'honneur de la reine et du cardinal. Qu'importe que les devoirs de sa place d'intendant l'aient appelé en Bretagne? Ne pouvait-il pas écrire, et un congé pour revenir à Paris, pour un motif aussi grave, ne lui aurait pas été refusé? et il reste à son intendance, et il garde le plus absolu silence pendant tout le cours de ce scandaleux procès dont l'instruction a duré depuis août 1785 jusqu'en juin 1786.

M. Bertrand de Molleville n'a rompu le silence que par la note insérée à la fin du premier volume de son *Histoire de la Révolution Française*, publiée en France en l'an IX (1801) Voy. *Hist. Révol. Fran.*, tom. I, not. 5, p. 383.

Le résultat de ce procès est bien connu.

Le cardinal a été arrêté le 16 août 1785; madame de la Motte, le 20; les époux Cagliostro, le 23; mademoiselle d'Oliva et Toussaint Beausire, son amant, le 27; Reteaux de Villette, le 29 mars 1786. Dix mois après, le jugement des autres accusés. Beaucoup d'autres personnes ont été mises à la Bastille, et traduites au parlement pour la même affaire.

Tout le clergé fut en émoi et prétendait que le cardinal n'était justiciable que de l'autorité suprême ecclésiastique. De nombreux mémoires ont été publiés. Toute la défense du cardinal s'est bornée à établir qu'il avait été trompé par les époux Lamotte, à faire retomber sur eux tout le fardeau de l'accusation. Le nombre des accusés compliqua étrangement cette affaire, dont l'instruction occupa le parlement pendant onze mois.

Enfin, le 30 août 1786, à dix heures du soir, le parlement prononça son arrêt. Le cardinal de Rohan fut déchargé de l'accusation à la majorité de trois voix. Cagliostro même et tous les autres, à l'exception de quatre, furent aussi absous. Madame de Lamotte condamnée à la flétrissure, au fouet, la corde au cou, et à être renfermée à la Salpêtrière le reste de ses jours.

Son époux contumace fut condamné à la flétrissure et aux galères perpétuelles; mademoiselle d'Oliva hors de cause. Voyez pour les circonstances relatives à chaque accusé, l'article qui les concerne dans la partie biographique; *Lamotte, Oliva, Cagliostro, La Porte, Rohan*, etc.

Suivant un usage constamment suivi depuis que la Bastille avait été convertie en prison d'État, les jugemens importans et qui intéressaient les personnes de la cour, étaient transportés des greffes du parlement, du Châtelet et des commissions extraordinaires, à la Bastille. La plus grande partie des pièces relatives à la procédure du collier ont été retirées par ordre du roi, daté de Saint-Cloud, le 5 septembre 1786, et contresigné Breteuil. Des émissaires ont été expédiés à Londres pour arrêter la publication et s'emparer des Mémoires de de madame de la Motte. Mais depuis la révolution, ces Mémoires ont été très répandus en France. Ils ne doivent pas inspirer une entière confiance. Ainsi les détails les plus importans de ce scandaleux procès n'ont été jamais été parfaitement connus.

CHAPITRE XIII.

Situation politique de la France en 1787 et 1788. — Edits bursaux — Opposition parlementaire. — Lit de justice. — Assemblée des notables. — Emprunt de Calonne. — Négociations financières. — Le baron de Castelet. — Les époux La Palun. — Valabregue. — Béchade. Pierre Dunand. — Laroche. — Lacaurège. — Michel Simon. — La Barthe. — Pujade. — Perret. — Potiquet de Champigny, sa sœur, Lhuilier de la Sonchère. — Petit Hennequin. — Motin, etc. — Baudard de S. James, M. de Crosne. — L'archevêque de Sens. — Mademoiselle Sando. — Les commissaires Bretons.

Les ministres avaient épuisé tous les expédiens pour éviter la convocation des états-généraux, une première assemblée des notables, ouverte le 22 février fut close le 25 mai 1787.

Le parlement de Paris avait sursis à l'enregisment de deux edits bursaux; le premier, relatif à un droit de timbre; l'autre, à une subvention territoriale de 80 millions, jusqu'à ce que le roi lui eût fait remettre les tableaux des recettes et dépenses, et l'état des économies promises. Cette communication avait été refusée, des remontrances furent adressées au roi pour le retrait des édits et la convocation des états-généraux. Les édits sont enregistrés dans un lit de justice.

Le parlement proteste contre cet enregistrement forcé, et ordonne qu'il sera informé sur les plaintes portées contre le ministre Calonne. Cet arrêt est cassé par le grand conseil, quelques mutations s'opèrent dans le ministère. Nouveau lit de justice le 19 novembre, et, le même jour, nouvelle protestation du parlement.

Les ministres répondent, en exilant le duc d'Orléans, et les conseillers Fréteau et Sabatier. La lutte s'anime chaque jour davantage, les hostilités entre les ministres et le parlement deviennent plus vives, plus hardies. Les séances royales, les édits, les protestations se renouvellent. Une seconde assemblée de notables est convoquée le 5 octobre 1788; elle ouvre ses séances le 6 novembre, et les termine le 12 décembre. Les états-généraux sont convoqués.

Jamais les mutations ministérielles n'avaient été aussi fréquentes : au milieu de cette lutte orageuse, les ministres passaient comme des ombres. Les prôneurs de l'ancien régime en ont tiré cette conséquence que, dans cette bagarre ministérielle, et parlementaire, les emprisonnemens arbitraires, avaient dû être plus rares, et qu'ils l'avaient été en effet. A les en croire, le cardinal de Rohan et ses complices auraient été les derniers hôtes de la Bastille.

Cette assertion est encore démentie par les faits.

Nos ministres des finances, depuis Colbert, ont été, à de rares exceptions près, agioteurs, et nullement hommes d'état. Laverdy et Terray, ne connaissaient qu'un seul moyen de subvenir aux besoins du trésor, créer de nouveaux emplois pour les vendre, les supprimer et les rétablir, pour les vendre encore.

Leurs successeurs y ont ajouté un expédient tout aussi déloyal et plus désastreux, les emprunts. Calonne était fort embarrassé pour réaliser celui qu'il venait d'ouvrir en 1785, et qui s'élevait à 25 millions; les actions de cet emprunt restaient dans son portefeuille, il fait un appel à tous les spéculateurs, un baron de Castelet lui promet de prompts et utiles placemens; et le ministre lui confia des valeurs; le 13 novembre 1785, le baron et Marquet, receveur général, remirent à madame *la Palun* une assignation de deux millions sur les revenus des postes des années 1787 et 1788.

Cette négociation devait s'opérer, sans nulle publicité, et le plus secrètement possible; mais le ministre avait entendu, sans doute, que l'on n'en parlerait qu'à des banquiers. C'est ce que fit madame de la Palun : elle n'avait pas perdu de temps; car, dès le 16 du même mois, elle avait terminé la négociation avec les banquiers Colin et Jauge; et, dès le lendemain, le commissaire Chesnon, l'inspecteur Quidor, assistés d'une bande nombreuse d'agens de police et de soldats du guet, ont envahi la maison et l'appartement de madame la Palun, et sans vouloir exhiber leurs ordres, ouvrent et forcent tous les meubles, fouillent tout, et jusqu'aux poches de madame la Palun, et la conduisent à la Bastille.

La négociation avait été faite aux conditions et dans la forme prescrite par le ministre, qui, ajoutant la calomnie à la plus insigne déloyauté, prétendit n'avoir point consenti à la négociation, et accusa madame la Palun d'escroquerie.

Il avait fait arrêter en même temps le baron de Castelet, son agent immédiat et son confident intime. Il expédia une lettre de cachet contre M. de la Palun, dont tout le crime était d'être le mari de sa femme; il fut aussi conduit le même jour à la Bastille.

C'est encore le même ministre qui, jusqu'à ce qu'il eut été forcé d'abandonner son portefeuille et de s'expatrier, fit arrêter et mettre à la Bastille, et pour la même affaire, Valabrègue et tant d'autres; je ne citerai que Béchade, Laroche, Lacaurège, Michel Simon, Labarthe, Pujade, Pierre Dunand, Peret, Potiquet de Champigny, sa sœur, Langlier de la Souhère, Petit, Hennequin, Morin, etc. Je n'ai point à examiner si tous ces prisonniers étaient innocens ou coupables; ils avaient été arrêtés par lettres de cachet et sur les ordres du ministre Calonne, en 1786 et 1787. C'est aussi ce même ministre qui, pour soustraire Baudard de Saint-James aux poursuites de ses créanciers, le fit recevoir à le Bastille.

C'était une faveur, mais aussi une infraction arbitraire à la loi commune, une violation ma-

nifeste des droits des créanciers : et c'est ce ministre qui, dès son arrivée à Londres, après sa destitution, osait écrire au roi, le 9 février 1789 :
« Je propose à V. M., comme le premier des
« actes dont elle a donné l'espoir à ses peuples,
« l'abolition des lettres de cachet, c'est à dire de
« tous les ordres particuliers attentatoires à la li-
« berté; *je n'ai jamais eu de reproches à me*
« *faire sur cet objet.* » Cette lettre a été publiée à Londres, et par lui, dans un volumineux factum, qu'il appelait sa *Justification.*

Combien d'autres lettres de cachet ont été expédiées en 1786, 1787, 1788 et 1789. Les ministres ne connaissaient point de *meilleur moyen de gouverner.*

Le dernier lieutenant-général de police, de Crosne, était encore l'homme indispensable. Les interrogatoires, les enregistremens absorbaient toutes les facultés, tous les momens du magistrat de Crosne et du major de la Bastille, et la marmite perpétuelle du geôlier-gouverneur était en permanence.

L'archevêque de Sens, de Brienne, n'était pas moins prodigue de lettres de cachet que son prédécesseur; il avait commandé au lieutenant de police une capture de la plus haute importance, le 12 janvier 1788; le salut de l'État dépendait du succès, et cette opération ne devait recevoir son exécution que la nuit.

Les émissaires se croisaient sur la route de

Versailles à Paris; l'inspecteur *Surbois* est chargé d'observer et de retenir chez lui une marchande de mode qui occupait le rez-de-chaussée de la maison no 5 de la rue des Audriettes.

Il y place sa femme en faction. Elle s'établit dans le magasin, achète un bonnet, le fait arranger à sa convenance, puis un fichu qu'elle fait ourler; elle ne se retire qu'à l'arrivée du commissaire Chesnon. Toute la rue était encombrée de mouchards, depuis quatre heures; d'autres étaient aussi en observation dans les rues voisines. La dame suspecte est priée par l'honnête commissaire de se rendre chez le lieutenant-général de police. Elle était indisposée, et refuse; on l'enlève, on la jette dans un fiacre, on la conduit à la Bastille, où l'attendait le *magistrat* de M. Crosne.

Le gouverneur est absent, un mouchard va le chercher chez le premier président, où il soupait. Le gouverneur est ramené dans le même fiacre: les pauvres chevaux couraient pour cette grande affaire depuis plus de six heures; ils refusent le service en traversant la place de Grève.

Le gouverneur est forcé de faire le reste du chemin à pied. Un autre mouchard avait été expédié à Versailles, au premier ministre Brienne, qui se rend à Paris dans un carrosse à six chevaux, et au grand trot. L'un des chevaux tombe et périt en chemin.

La prisonnière est enfin interrogée, elle a lu la lettre de cachet; cet ordre nomme la *comtesse*

Anselme, elle ne s'appelle pas Anselme, mais Sando ; elle n'est point comtesse, mais marchande de mode; n'importe, cette substitution de nom et de qualité, est une ruse de la police. C'est bien mademoiselle Sando que l'on a voulu arrêter; mais il importait de cacher le nom.

L'interrogatoire fut long, très long; la prisonnière était excédée de fatigue et de faim, et bon gré, malgré, il fallut en finir en signant *comtesse Anselme*.

Tous ses papiers avaient été enlevés, on n'y trouva que des mémoires de fournitures à des dames de la cour, à de galans seigneurs, des lettres toutes affectueuses, toutes polies. « Mon cœur, venez me « voir, je vous enverrai ma voiture. Voulez-vous « aller au spectacle? Je vous donnerai ma loge... »

Toutes les lettres se ressemblaient, ce n'étaient point des missives d'amour; mademoiselle Sando avait trente-huit ans, elle était d'un embonpoint excessif, et ses nobles pratiques la payaient en monnaie de cour; ces lettres si tendres, si jolies, étaient les réponses aux mémoires de fourniture dont mademoiselle Sando demandait le paiement.

Il lui fut facile de connaître le motif de son emprisonnement.

Mademoiselle Sando, marchande modiste *au goût de la cour*, était soupçonnée d'être l'intermédiaire de quelques correspondances avec les membres du parlement exilés à Troyes.

Son enlèvement imprévu, son entrée à la Bastille, avaient ajouté au malaise, à l'indisposition qui l'avait retenue chez elle. Elle avait besoin d'une femme pour la servir, M. le gouverneur lui offrit une de ses affidées qu'il plaçait auprès des prisonnières. Refus de mademoiselle Sando, elle insiste pour avoir une de ses demoiselles de comptoir; il fallut céder.

C'était une jeune fille nommée Mangin, elle arrive. On ne manque pas de la prévenir qu'entrée à la Bastille, il ne lui sera plus permis d'en sortir qu'avec sa maîtresse. L'aspect des tours, des ponts-levis, des tremies, des cachots, tout cet appareil de terreur et de deuil qui l'environne ne l'ont point affrayée. « Accordez-moi seulement, dit-elle, le « plaisir de l'embrasser, je resterai avec mademoi- « selle tant que vous voudrez, vingt ans, s'il le « faut. » Elle n'en a pas encore dix-sept : elles sont restées à la Bastille trois mois et vingt jours.

Un dernier fait prouvera quelle était l'*horreur* des ministres pour les lettres de cachet et les emprisonnemens arbitraires. Ils avaient la conscience de leur avenir, ils ne pouvaient douter que le gouvernement absolu touchait à son dernier terme, et ils n'en suivaient pas moins la fausse route dans laquelle ils s'étaient engagés.

Cependant, des provinces menaçaient de se déclarer indépendantes, si l'administration n'était pas immédiatement réformée dans toutes ses parties. Déjà les états de Dauphiné avaient arrêté le plan d'une nouvelle constitution.

Ce n'était même plus un simple projet, mais une loi librement votée. Là, comme ailleurs, les intendans, les gouverneurs avaient été contraints de se retirer, et c'est en présence de pareils évènemens et au moment où les états généraux allaient s'assembler et fixer les bases du gouvernement constitutionnel, que les ministres de Louis XVI ne craignent pas de frapper des coups-d'état.

Tous les nobles Bretons, réunis en assemblée à Saint-Brieux et à Vannes, au nombre de douze cents, avaient délibéré de députer au roi, douze commissaires chargés de présenter à S. M. un mémoire contre les atteintes portées par les ministres à la constitution française et aux droits de la Bretagne.

Ces députés arrivés à Paris, avaient demandé, avec les formes d'usage, une audience; elle leur avait été promise dans les bureaux, ils attendaient avec une entière confiance que le jour et l'heure où ils seraient reçus fussent indiqués, quand, dans la nuit du 14 au 15 juillet 1788, ils furent tous arrêtés et conduits à la Bastille.

Voici leurs noms : le comte de la *Fruglaie*, le marquis de *Montluc*, le marquis de *Tremergat*, le marquis de *Corné*, le comte de *Châtillon*, le vicomte de *Cicé*, le marquis de *Bédée*, le comte de *Guer*, le marquis de la *Rouerie*, le marquis de la *Féronnière*, le comte de *Nétumières*, le comte de *Becdelièvre-Peinhoet*.

Un autre noble Breton, les avait précédés à la

Bastille, le 5 septembre 1787; il n'y était resté qu'un mois et 8 jours, avec son domestique qui n'avait pas voulu le quitter.

M. de Kersalann, dont le père avait partagé la proscription de la Châlotais, s'était fixé à Paris. Il avait été arrêté au retour d'un voyage qu'il venait de faire à Troyes. L'inspecteur Quidor l'attendait à la barrière de Charenton, et le conduisit à la Bastille.

On le soupçonnait porteur d'une correspondance fort importante et *très criminelle*. On savait ses liaisons avec quelques membres du parlement de Paris, exilés à Troyes.

Sept lettres ou notes avaient été saisies sur lui, et dans aucune, pas un mot qui pût justifier l'ombrageuse susceptibilité des ministres.

La première n'était qu'un billet de M. de Saint-Vincent, l'un des exilés, en voici les termes:

« M. de Saint-Vincent demande son bonnet de
« laine, madame Despresmenil, une de nos dames,
« retourne à Paris demain, et doit revenir incessamment, M. Blonde ou l'*Almanach Royal*
« vous dira sa rue.

« On dit que les six corps des marchands doivent envoyer ici en députation. »

La police ne pouvait voir une conspiration dans la demande d'un bonnet de nuit. Les autres notes ou lettres étaient tout aussi inoffensives.

M. Kersalann, sorti de la Bastille, devint l'objet de la plus active surveillance. On le soupconnait de faire imprimer en secret pour les exilés. Pendant la nuit du 7 avril 1789, la police avait envahi son hôtel; tous les meubles furent bouleversés, fouillés. Une jeune orpheline, mademoiselle Lepereuse, et sa femme de chambre furent contraintes de se lever; les hommes de la police ne purent rien trouver de suspect.

Le 27 du même mois, le comte de Kersalaun porta plainte contre cette brutale violation de domicile; il concluait, suivant le protocole du temps, « qu'il fût ordonné au commissaire Ches-
« non d'être dorénavant plus circonspect dans
« l'exercice de ses fonctions, de ne pas troubler
« le repos des citoyens irréprochables, en venant
« de nuit forcer leurs armoires et secrétaires, et
« bouleverser leurs papiers; que ce commissaire
« fut condamné à des dommages et intérêts et à
« faire réparer toutes les serrures qu'il avait fait
« briser. »

Cette plainte n'eut pas de suite; les magistrats d'alors se trouvaient juges dans leur propre cause. C'est ainsi que la capitale de la France fut administrée depuis l'établissement du lieutenant général de police en 1667.

Avant cette époque, Paris, comme les autres communes, n'était gouverné que par des magistrats électifs; on suivait le règlement proposé par le prévôt des marchands, Etienne Boileau, et adopté, dans une assemblée des plus notables citoyens (Voy. De la Marre, Traité de la Police, tom. 1er, p. 114.)

Cette magistrature populaire avait déja subi de funestes changemens; elle n'exista plus que de nom, dès qu'elle cessa d'être élective, et que les charges furent érigées en titre d'office.

La Bastille, élevée pour la sûreté de la cité, avait été transformée en prison d'État, et toutes les immunités municipales, toutes les garanties de la commune anéanties par l'établissement d'un magistrat unique, nommé par les ministres.

L'homme de la cité avait été remplacé par l'homme du roi, et l'arbitraire substitué au règne de la loi.

Cette longue et déplorable anarchie devait se perpétuer tant que la Bastille serait debout. Le gouvernement absolu ne pouvait être vaincu qu'au milieu de ces tours longues et hideuses, où il avait placé toute sa force, tous les élémens de son existence... La France n'a pu se croire libre qu'après avoir arboré le drapeau de l'indépendance sur les débris de ce château royal.

CHAPITRE XIV.

13, 14, 15 juillet 1789.

Première insurrection parisienne. — Prise de la Bastille. — Siège de Paris.

Les deux révolutions de 1789 et de 1830 offrent, dans les principales circonstances qui les ont précédées, accompagnées et suivies, une identité frappante.

Les évènemens de 1830 sont présens à tous les souvenirs; ceux de 1789 sont moins connus. Les coups d'état ont toujours fini par rendre plus prompt, plus décisif et plus terrible, le mouvement que le pouvoir prétendait comprimer. La cause nationale a triomphé dès le moment que les citoyens ont pu s'entendre, et réunir leurs vœux et leurs efforts.

Des mouvemens partiels et bornés à certaines localités annonçaient, avant et depuis, la convocation des états-généraux, la tendance générale des esprits vers un meilleur ordre de choses; mais cette opposition manquait d'ensemble et de force; il fallait un point d'appui, un centre commun de direction.

Les provinces soumises à des régimes différens, plus ou moins favorables au développement des facultés intellectuelles, à la connaissance, à l'appréciation de leurs droits politiques.

Les pays d'*états* étaient plus avancés en civilisation; ils donnèrent le premier signal d'une résistance combinée. La Bretagne, le Dauphiné, le Béarn se confédérèrent; mais, séparées par de grandes distances, ces provinces ne pouvaient agir ensemble.

La cour leur opposa la force brutale, et partout elle fut vaincue. Tout changea après la fameuse séance du jeu de Paulme (20 juin 1789). Le plan de la cour était habilement combiné : isoler les trois ordres, en leur assignant pour délibérer des villes différentes, les faire voter par ordre et non par tête; et si l'assemblée nationale s'opposait à cette combinaison, la dissoudre et gouverner par ordonnances.

Pour l'exécution de ce plan, une armée nombreuse, et composée de tous les régimens suisses et allemands à la solde de France, avait été réunie autour de Versailles et de Paris. On croyait s'être assuré de la capitale en augmentant la garnison de la Bastille, en triplant l'armement de la place en artillerie, en munitions.

Cet appareil menaçant ne fit qu'irriter; l'assemblée avait derrière elle la nation qu'elle représentait. Les députés du tiers, ne pouvant s'assembler dans la salle de leurs délibérations, se réunirent au jeu de Paulme : déja ils avaient prouvé qu'ils comprenaient toute l'importance de leur mandat, toute l'étendue de leur pouvoir et la dignité de leur mission.

Jusqu'alors les orateurs du tiers n'avaient parlé au roi qu'à genoux : la première députation envoyée au roi, s'affranchit de cette humiliation. Les députés des ordres privilégiés ne s'attendaient pas à tant d'*audace* ; cette députation revenait du château : « Comment le roi vous a-t-il reçu? disent les nobles et le haut clergé. — Nous étions debout, répondit Bailly, et le roi n'était pas assis. »

Cette réponse a retenti dans toute la France : des adresses d'adhésion, votées dans toutes les localités, annoncèrent à l'assemblée que la nation entière se ralliait à ses représentans. Les distinctions d'ordre, de provinces disparurent; il n'y eut plus de députés du tiers-état, mais des représentans des communes de France.

L'assemblée fut forte de toute la puissance de la nation. Le serment du jeu de paulme est le grand évènement du siècle. La délibération de l'assemblée nationale était ainsi conçue, « considérant qu'appelée à fixer la constitution du royaume, après la régénération de l'ordre public, et à maintenir les vrais principes de la monarchie, rien ne peut l'empêcher qu'elle ne continue ses délibérations et ne consomme l'œuvre importante pour laquelle elle est réunie, dans quelque lieu qu'elle soit forcée de s'établir, et qu'enfin partout où ses membres se réunissent, là est l'assemblée nationale a arrêté :

« Que tous les membres de cette assemblée prêteront à l'instant serment de ne jamais se séparer et de se rassembler partout où les circonstances l'exigeront, que la constitution et la régénération publique ne soit établie et affermie, et que ledit serment étant prêté, tous les membres, et chacun d'eux en particulier, confirmeront cette résolution inébranlable par leur serment.

« Fait en assemblée nationale, à Versailles, au jeu de paulme, 20 juin 1789. »

Le serment fut immédiatement prêté à l'unanimité; toute l'assemblée se leva comme un seul homme. L'occasion de prouver qu'elle y serait fidèle au jour du danger ne se fit pas attendre.

La fameuse séance royale, annoncée depuis quelques jours, eut lieu le 23 juin; l'autorité royale s'y montra dans le plus menaçant appareil.

Les derniers mots du roi furent un ordre de se séparer; les membres du haut clergé et de la noblesse s'empressèrent d'obéir, et les députés des communes restèrent sur leurs bans, et l'on connaît l'énergique réponse de Mirabeau au maître des cérémonies Brezé.

« Allez dire à votre maître que nous sommes ici
« par la volonté du peuple, et que nous n'en sor-
« tirons que par la puissance des baïonnettes. »
Tous les députés des communes s'écrièrent d'une voix unanime : « *Tel* est le vœu de l'assemblée. »

Brezé se retira, et sur la proposition de Miraheau, l'assemblée, à la majorité de quatre cent quatre-vingt treize voix contre vingt-quatre, rendit le décret suivant :

« L'assemblée déclare que la personne de cha« cun des députés est inviolable; que tous indivi« dus, toutes corporations, tribunal ou commis« sions qui oseraient, pendant ou après la pré« sente session, poursuivre, rechercher, arrêter « ou faire arrêter, détenir ou faire détenir un dé« puté, pour raison d'aucunes propositions, avis, « opinions ou discours par lui faits aux états-gé« néraux, de même que toutes personnes qui « prêteraient leur ministère à aucun desdits at« tentats, de quelque part qu'ils soient ordonnés, « sont infâmes et traîtres envers la nation, et cou« pables de crime capital.

« L'assemblée nationale arrête que, dans les « cas susdits, elle prendra toutes les mesures né« cessaires pour faire rechercher, poursuivre et « punir ceux qui en seront les auteurs, instiga» teurs ou exécuteurs. »

L'assemblée poursuivit, avec la plus courageuse persévérance, le cours de ses travaux. La cour s'environna de toutes les troupes étrangères à la solde de France : son but était de s'emparer par force de l'assemblée et de la capitale.

Le maréchal de Broglie fut chargé de présenter le plan de campagne, et de l'exécuter; le Suisse Bezenval, commandant de l'Ile-de-France, c'est-à-dire de la capitale et des environs, fit renforcer la garnison de la Bastille et l'artillerie du château. Des régimens furent échelonnés autour de Paris; l'École-Militaire, le Champ-de-Mars, Courbevoie, Neuilly, Vincennes, se remplirent de troupes. La capitale fut bloquée.

Paris n'avait pour magistrats que des créatures de la cour; la faction révolutionnaire comptait sur une victoire infaillible et décisive. Insensés qui voyaient toute la France dans la capitale, et qui n'apercevaient pas toutes les provinces prêtes à marcher à son secours!

La guerre civile était imminente.

La cour n'avait point suspendu ses relations avec l'assemblée nationale; elle ne voulait que gagner du temps, elle n'attendait que la réunion de toutes les troupes qu'elle faisait venir des distances les plus éloignées. Toutes ses mesures étaient prêtes, le signal allait être donné : le moment de l'attaque était fixé.

La cour avait employé plus d'un mois à combiner son plan et ses moyens d'exécution. Quelques heures ont suffi au peuple parisien pour improviser une armée.

Le prince Lambesc, à la tête d'un régiment allemand, avait osé, le 12 juillet, envahir les Tuileries et charger les groupes paisibles des promeneurs, il fut forcé bientôt de se retirer devant une foule indignée.

Des gardes françaises s'étaient réunis aux citoyens : tout devient arme pour ces premiers soldats de la liberté : le sang avait coulé, le besoin de la commune défense, l'imminence du danger ne permettaient pas de délibérer.

La couleur verte fut le premier signe de ralliement, il disparut bientôt, c'était la couleur d'Artois; cette couleur fut immédiatement remplacée par celle de la ville, *rouge et bleue*. Le blanc ne fut ajouté que le 17 juillet, lorsque Louis XVI fut à l'Hôtel-de-Ville.

La charge du prince Lambesc aux Tuileries, le dimanche 12 août, rendait plus vive, plus générale l'irritation causée par le renvoi de Necker et le renouvellement du ministère.

Ce coup d'état était l'ouvrage du conciliabule de Trianon. Le gouverneur de la Bastille, Delaunay, qui avait mis le château en état de défense, depuis l'insurrection du faubourg Saint-Antoine, venait de recevoir de nouveaux renforts.

Il y avait sur les tours quinze pièces de canon, dont onze de huit livres et quatre de quatre livres de balles, trois autres pièces de ce dernier calibre, avaient été placées dans la grande cour, en face de de la porte d'entrée; ces trois pièces avaient été tirées de l'arsenal. Il avait également fait entrer dans la place douze fusils de rempart portant une livre et demie de balles.

Les munitions se composaient de quatre cents biscaïens, quatorze coffrets de boulets sabotés, quinze mille cartouches, des boulets de calibre, deux cent cinquante barils de poudre, du poids de cent vingt-cinq livres chacun. Ces barils ont été transportés de l'arsenal à la Bastille, dans la nuit du 12 au 13 juillet, par les Suisses du régiment Salis-Samade; ils furent en grande partie déposés dans le cachot de la tour *la Liberté*, le reste fut déposé dans la Sainte-Barbe, sur la plate-forme.

Plusieurs jours auparavant, le gouvernement avait fait porter sur les tours six voitures de pavés, de vieux ferremens, des boulets; il avait fait élargir les embrâsures de canon pour faciliter le service des pièces placées en face de l'hôtel du gouvernement.

Le prisonnier Tavernier avait été transféré de la première chambre de la tour *Bastille*, dans la troisième de la tour *Comté*. On avait pratiqué, dans la chambre qu'il avait occupé, des meurtrières d'où l'on puvait tirer sur le pont.

Le logement du gouverneur était défendu par un retranchement de madriers de chêne, assemblés à rainures et languettes, et de nombreuses ouvertures avaient été pratiquées dans l'épaisseur de ces madriers, pour y placer les canons des fusils. Les ponts-levis avaient été réparés et les garde-fous enlevés.

Les provisions de bouche n'étaient pas augmentées dans les mêmes proportions, elles se bornaient à deux sacs de farines et un peu de riz. Le 12, au matin, des soldats avaient été chercher des vivres.

La garnison se composait de trente-deux Suisses, commandés par M. de Flue, quatre-vingt-deux soldats invalides, dont deux canonniers. La journée du 12 avait été très agitée; dès sept heures du soir, des groupes nombreux circulaient dans la ville, la nuit le tocsin avait retentit dans tous les quartiers, les armes avaient été enlevées dans toutes les boutiques d'armuriers, toutes les barrières, et le couvent des Lazaristes étaient en feu.

Les électeurs se réunirent spontanément à l'Hôtel-de-Ville, et les citoyens dans leurs districts respectifs. Des armes avaient été demandées par les nouveaux magistrats au gouverneur des Invalides et refusées, sous prétexte qu'on avait pas écrit en cour pour y être autorisés.

Mais le peuple envahit l'hôtel; de nombreux dépôts d'armes sont découverts. Trente mille fusils et six pièces de canon sont au pouvoir des insurgés.

La milice bourgeoise s'organise par district; l'assemblée des électeurs défère le commandement au duc d'Aumont et au marquis de la Salle. M. de Caussidière fut nommé major général. La milice bourgeoise se composait de seize légions, de trois mille hommes chacune. Une seule marque distinctive fut permise. La cocarde bleu et rouge : il n'était permis qu'aux citoyens de la milice bourgeoise de la porter.

Les Gardes-Françaises s'étaient réunies aux citoyens, dirigeaient les patrouilles et les détachemens. Quatre barils de poudre et quatre-vingts autres, saisis à bord d'un bateau sur le port Saint-Nicolas avaient été portés à l'Hôtel-de-Ville, et furent distribués immédiatement aux citoyens armés.

Le même jour, 13 juillet, à deux heures du matin, M. Delaunay avait fait prendre les armes à toute sa garnison, et fermer les portes des casernes; deux soldats furent seuls détachés et postés en-dehors pour surveiller l'ouverture et la fermeture des portes, donnant sur l'Arsenal et la rue Saint-Antoine. Ils furent enlevés par le peuple, et conduits à l'Hôtel-de-Ville, interrogés et mis immédiatement en liberté.

La garnison resta consignée dans l'intérieur du château, et sous les armes pendant toute la journée.

Des factionnaires furent placés sur tous les points qui pouvaient être menacés, et douze soldats sur les tours pour observer les approches du château.

Entre onze heures et minuit, plusieurs coups de fusil furent tirés sur ces soldats. Ils crièrent aux armes. Le gouverneur, accompagné de plusieurs sous-officiers, se hâta de monter sur les tours, et y resta une demi-heure, sans rien entendre, et se retira.

Le 14, à dix heures du matin, trois citoyens, Belon, officier de l'arquebuse, et deux sergens aux Gardes-Françaises, se présentèrent en députation.

Leur démarche n'eut aucun résultat ; ils se retiraient, quand une députation plus nombreuse, ayant à la tête M. de la Rosière, avocat au parlement, obtint l'entrée. Il pénétra avec quelques-uns des citoyens qui l'accompagnaient.

« Je viens, dit-il au gouverneur, au nom de la
« nation et de la patrie vous représenter que les
« canons que l'on voit braqués sur les tours de la
« Bastille, causent beaucoup d'inquiétude et ré-
« pandent l'alarme dans tout Paris. Je vous supplie
« de les faire descendre ; et j'espère que vous vou-
« drez bien acquiescer à la demande que je suis
« chargé de vous en faire. »

« Je ne puis les faire descendre qu'en vertu
« d'un ordre du roi, a répondu M. de Launay.
« Cependant il permit à M. de la Rosière d'entrer
« dans la cour intérieure. M. de la Rosière somma
« les soldats, au nom de la nation et de l'hon-
« neur, de changer la direction des canons et de
« se rendre. » Les officiers et les soldats déclarèrent qu'ils ne se serviraient de leurs armes que dans le cas qu'ils seraient attaqués.

M. de la Rosière monta sur les tours, et, avant d'en descendre, il déclara au gouverneur que le peuple se retirerait, si l'on consentait à recevoir dans la place une garde de la milice parisienne, qui partagerait le service avec les soldats de la garnison.

Cependant la foule qui se pressait autour du château, demandait, à grands cris, les députés.

M. de la Rosière et ses collègues se hâtèrent de sortir.

Ils avaient à peine franchi la porte extérieure, que la foule se rapprocha dès murs, en criant : *Nous voulons la Bastille, en bas la troupe!*

Louis Tournay, ancien soldat au régiment Dauphin, infanterie, et un autre citoyen, montèrent sur la boutique de Riquet, parfumeur, adossée au mur extérieur. Tournay passa de ce mur sur le corps de garde, et de là dans la cour du gouvernement.

A sa demande on lui jetta une hache, avec laquelle il brisa les verroux et les serrures; un autre brave fixant une baïonnette entre les pierres des murs d'appui, s'efforçait de briser les chaînes du grand pont-levis.

D'autres se joignent à eux, s'élancent sur le grand pont et le petit pont de l'avancée; une foule se précipite sur leurs pas, et fait une décharge sur la garnison, qui riposte par un feu bien nourri, pour empêcher l'attaque du second pont.

Plusieurs citoyens tombent sous cette première décharge; les autres se replient et vont se poster sous les voûtes de la porte de Bois, dans la cour de l'Orme, et sous la voûte de la grille. Ils s'arrêtent et recommencent le feu contre la troupe qui défendait le second pont.

Le bruit de la mousqueterie est bientôt couvert par les roulemens des tambours et les cris d'une foule immense et armée, que précède une députation de l'assemblée des électeurs, et le drapeau de la ville. Cette colonne s'avance du côté de l'Arsenal. Les hostilités sont suspendues.

Cette députation, de la nouvelle magistrature municipale, se composait de M. de *Corny*, procureur du roi; de MM. la *Fleurie* et de *Milly*, électeurs du district des Filles-Saint-Thomas; *Boucheron*, du district Saint-Louis; *Courans*, commissaire de police; *Six*, architecte de la ville; M. Johannon portait le drapeau.

« Arrivés par la rue de la Cérisaye, dans la cour
« de l'Orme, ils s'arrêtèrent en face de la plate-
« forme de la Bastille, le porte-drapeau et le
« tambour se dirigèrent vers le pont-levis, mal-
« gré les cris de la foule : Gardez-vous d'avan-
« cer, on tirera sur vous comme on vient de le
« faire sur les autres parlementaires.

« Mais M. de Corny avait vu arborer un pavil-
« lon blanc sur la plate-forme; les soldats por-
« taient leurs armes renversées, et élevaient leurs
« chapeaux en l'air. C'était un signe évident de ré-
« ception amicale. M. de Corny et ses collègues
« engagèrent la foule à se retirer. Cette retraite
« commençait à s'exécuter lorsqu'une pièce de
« canon fut pointée sur la cour de l'Orme : au
« même instant une décharge de mousqueterie,
« couvrit d'une grêle de balles la députation et
« ceux qui l'environnaient. Trois citoyens tom-
« bèrent mort aux pieds des commissaires. »

Ils se retirèrent pour faire leur rapport à l'Hôtel-de-Ville.

La foule reprit sa position, et couvrit bientôt les trois cours de l'Orme, du Passage et du Gouvernement.

Une nouvelle députation, composée de MM. Delavigne, l'abbé Fauchet, Chinard, électeur; Bottidout, député suppléant de la Bretagne, se présenta; et, pour qu'on ne puisse révoquer en doute la légalité de sa mission, elle devait remettre au gouverneur l'arrêté du comité permanent, ainsi conçu :

« Le comité permanent de la milice parisienne,
« considérant qu'il ne doit y avoir aucune force
« militaire, qui ne soit sous la main de la ville,
« charge les députés qu'il adresse à M. le marquis
« de Launay, commandant de la Bastille, de lui
« demander s'il est disposé à recevoir dans cette
« place les troupes de la milice parisienne, qui la
« garderont, de concert avec les troupes qui s'y
« trouvent actuellement, et qui seront aux ordres
« de la ville.

« Fait à l'Hôtel-de-Ville, ce 14 juillet 1789.
« *Defleselles*, prévôt des marchands et président
« du comité; *Delavigne*, président des électeurs. »

Les commissaires virent tomber autour d'eux plusieurs citoyens sous les balles des assiégés, et ne purent parvenir jusqu'au gouverneur. Une autre députation du district de Saint-Paul, qui s'était avancée jusque sous le feu de la place, fut contrainte de se retirer.

L'assemblée des électeurs avait cru devoir épuiser tous les moyens de conciliation pour prévenir l'effusion de sang; mais les Bourbons, parvenus au trône sous la protection des baïonnettes étrangères, n'ont jamais reculé devant le plus grand des crimes politiques, la guerre civile.

Henri IV avait pour auxiliaires les troupes anglaises et les Suisses; Louis XVI n'obéissait qu'aux furibondes inspirations du comité de Trianon, l'assemblée des électeurs de Paris ne voyait partout que des Français, et ne soupçonnait pas même que le gouverneur de la Bastille avait pu recevoir des ordres secrets. Mais ces ordres devaient lui être révélés le jour même.

Tandis qu'on délibérait à l'Hôtel-de-Ville, le peuple agissait, il enfonçait, à coups de hache, les portes des casernes intérieures, et s'en rendit bientôt maître.

Trois voitures de paille sont traînées dans les cours, et bientôt un vaste incendie dévore le corps de garde avancé, les cuisines, et l'hôtel du Gouvernement, sous une grêle de mitraille.

Le combat durait depuis cinq heures, quand une nouvelle colonne, composée de gardes françaises et de citoyens armés, s'avança dans la cour de l'Orme, et mit en position deux pièces de quatre, un canon plaqué en argent, enlevé au garde-meuble, et un mortier.

A quatres heure du soir, le gouverneur, désespérant de soutenir plus long-temps le siège de la place, prit la résolution désespérée de s'ensevelir sous ses ruines, il se saisit d'une mèche pour mettre le feu aux poudres déposées dans la tour de la *Liberté*.

Deux sous-officiers, Bequard et Ferraud, lui présentèrent la baïonnette et le forcèrent de se retirer ; il proposa de monter sur les tours, et de continuer à se battre et à se faire sauter plutôt que de se rendre.

La garnison insista pour arborer le drapeau de détresse et demander à capituler. Un tambour, accompagné d'un soldat, portant un drapeau blanc, firent trois fois le tour de la plate-forme.

Mais le peuple ne faisait attention ni au drapeau, ni au rappel du tambour, et continuait de tirer sur le château. Le tambour était descendu depuis un quart-d'heure, quand on s'aperçut que le feu de la place avait cessé.

Les assiégeans s'avancèrent jusqu'au pont intérieur, en criant : *Abaissez le Pont*. L'officier Suisse demanda au nom de la garnison qu'il leur fut permis de sortir avec les honneurs de la guerre. Mille voix répondirent : *Non, abaissez votre pont*, il ne vous arrivera rien.

Le même officier écrivit un projet de capitulation ainsi conçu : « Nous avons vingt milliers de « poudre, nous ferons sauter le fort et tout le « quartier, si vous n'acceptez. »

Il fallait aller chercher cet écrit qu'on voyait poindre à travers un créneau auprès du pont-levis ; une grande planche fut placée sur le fossé ;

un combattant, Réole, s'avança sur ce frêle appui, et reçut cette capitulation : il la remit à Elie, qui, après l'avoir lue, cria à haute voix au commandant suisse : *Foi d'officier, nous l'acceptons, baissez vos ponts.*

Au même instant, un autre citoyen s'avança sur la planche, et tâcha d'agrandir, à l'aide d'une pique, le trou par lequel on avait glissé la capitulation : il perdit l'équilibre, tomba dans les fossés et se blessa grièvement dans sa chute.

Le petit pont fut enfin baissé, les assiégeans s'y précipitèrent en foule. Bientôt après la porte fut ouverte, et le grand pont n'était plus levé.

Les Invalides furent désarmés, et les Suisses, qui jusqu'alors n'avaient cessé de faire feu à travers les créneaux et les meurtrières, avaient quitté leurs armes; ils portaient des capotes de toile grise. On les prit pour des détenus : un seul fut tué, dans la cour du passage, en fuyant, dès qu'il s'était aperçu que le pont-levis était baissé : c'était lui qui, avec un fusil de rempart, avait fait le plus de mal aux assiégeans.

Les autres furent conduits à l'Hôtel-de-Ville, où les Gardes-Françaises sollicitèrent et obtinrent leur grace. Deux invalides furent pendus.

Tous les autres furent sauvés, et durent la vie aux mêmes Gardes-Françaises, qui les accompagnèrent jusqu'à la caserne de la Nouvelle-France, où ils leur prodiguèrent tous les soins de la plus généreuse hospitalité.

Le *Passage* fut le dernier point vivement disputé; enfin, les assiégeans l'ont emporté. Un grenadier, Garde-Française, *Arné*, s'est élancé le premier sur les tours; il élève son bonnet au bout de son fusil. A ce signal de victoire, le feu a cessé partout; le drapeau parisien est salué par les acclamations d'un peuple immense.

Le gouverneur est arrêté; deux Gardes-Françaises le saisissent: un jeune littérateur, *La Reynie*, dresse les articles de la capitulation. Éperdu, tremblant au milieu de la foule des vainqueurs, Delaunay s'est jeté dans les bras d'un jeune citoyen, *Templement*, qui brave tous les dangers pour sauver le prisonnier qui s'est remis à sa foi; mais, parvenu à la Grève, Delaunay est arraché à son libérateur, séparé de sa faible escorte, tombe percé de coups : sa tête est placée au bout d'une pique.

Un paquet adressé à M. du Puget, major de la Bastille, avait été saisi et porté au comité permanent par M. Boucheron, du district Saint-Gervais : il contenait les deux billets suivans; l'un, adressé au major du Puget; l'autre, au gouverneur :

« Je vous envoie, mon cher du Puget, l'ordre
« que vous croyez nécessaire; vous le remettrez.
« Paris, ce 14 juillet.   BEZENVAL. »

« M. Delaunay tiendra jusqu'à la dernière ex-
« trémité. Je lui ai envoyé des forces suffisantes.
« Paris, ce 14 juillet 1789.
            « *Le baron de* BEZENVAL. »

Ce paquet était parvenu au comité avant l'attaque de la Bastille, et décida le mouvement.

La conduite du prévôt des marchands, de Flesselles, avait paru plus qu'équivoque; il affectait le plus grand zèle, le plus grand dévouement pour la cause nationale, et agissait réellement en sens contraire.

Toute la population demandait des armes; et M. de Flesselles avait envoyé les citoyens qui les demandaient, non aux Invalides, mais aux Chartreux et à Saint-Lazare; ses ordres étaient de véritables mystifications.

Des mémoires du temps affirment qu'on avait trouvé à la Bastille, parmi les papiers du gouverneur, un billet de M. de Flesselles, ainsi conçu: *J'amuse les Parisiens avec des cocardes et des promesses; tenez jusqu'au soir, vous aurez du renfort.*

M. de Flesselles était sans doute dans le secret de la cour; il savait que, dans la nuit du 14 au 15, l'armée, commandée par le maréchal de Broglie devait attaquer Paris. Déja on criait à la trahison, on signalait le prévôt des marchands, et même tous les membres du comité permanent. Les innocens et les coupables allaient périr; un incident imprévu changea la scène.

Elie, officier du régiment de la reine, Arné, Hullin et d'autres Gardes-Françaises et citoyens, sont portés en triomphe dans la salle des électeurs, et salués du nom de vainqueurs de la Bastille.

Des groupes se succèdent; MM. de la *Reynie* et *Guinaut* déposent sur le bureau l'argenterie de l'hôtel du gouverneur, et de la chapelle de la Bastille, le drapeau de ce château-fort, et M. de la Salle, à qui Elie avait remis les clefs, les dépose aussi sur le bureau. Un jeune citoyen porte au bout de son fusil le grand registre traversé par la baïonnette.

Bientôt on apprend la mort du gouverneur, tué au bas du perron de l'Hôtel-de-Ville; du major de *Losme-Salbray*, tué sur la place de Grève, vis-à-vis l'arcade Saint-Jean; *Miray*, aide-major; de *Person*, lieutenant des invalides; le premier avait péri rue des Tournelles, le second sur le port au blé.

Un murmure accusateur se renouvelle contre le prévôt des marchands, les cris augmentent, et M. de Flesselles effrayé se lève et dit : « Je suis « suspect à mes concitoyens, il *est indispensable* « *que je me retire.* »

Il fait un mouvement pour descendre de l'estrade et s'arrête : « Vous serez, leur dit M. Delapoise, électeur, responsable des malheurs qui « vont arriver; vous n'avez pas encore remis les « clefs du magasin de la ville, où sont ses armes « et surtout ses canons. »

M. de Flesselles, sans proférer un seul mot, a tiré des clefs de sa poche, et les a présentées à M. Delapoise, qui les a remises à un autre électeur.

Les interpellations au prévôt des marchands se

succédèrent plus vives et plus menaçantes. Là, on parle de le garder comme otage; ici, de le conduire à la prison du Châtelet; un autre, au Palais-Royal.

Mille voix appuient cette dernière proposition. M. de Flesselles répond : Eh bien! messieurs, allons au Palais-Royal. Il descend de l'estrade, traverse la salle. Les flots de la multitude se pressent autour de lui. Il pénètre avec peine à l'extrémité de la place de Grève, et tombe au coin du quai Pelletier, mortellement blessé d'un coup de pistolet, tiré par une main inconnue.

Tandis que ces scènes sanglantes se passaient à l'Hôtel-de-Ville et sur la place de la Grève, le peuple enfonçait les cachots de la Bastille, et délivrait les prisonniers. Il n'en restait qu'un très petit nombre : les autres avaient été, quelques jours auparavant, transférés dans une autre prison d'état.

Il fut impossible de trouver les clefs des cachots; il fallut en briser les serrures et les verroux à coups de hache et de marteaux, et huit malheureux destinés à périr dans les fers, sont rendus à la vie, à la liberté et au bonheur.

Le vieux comte de l'Orge voit tomber à ses pieds les chaînes qu'il portait depuis vingt-deux ans; Tavernier n'est plus qu'un squelette animé; il n'a plus aucun souvenir du monde; il avait été dix ans enfermé aux îles Sainte-Marguerite, et transféré à la Bastille, où il a végété dans les cachots depuis le 4 août 1759.

Il était fils naturel du fameux financier Paris-Duverny. La cause ou plutôt le prétexte de cette captivité de plus de quarante années était le soupçon d'un attentat contre le roi. Six autres prisonniers furent délivrés : *Pujade*, *Laroche*, le comte de *Solages*, de *Wyte*, le *Caurège*, *Bechade*. (V. leurs noms dans la partie biographique.)

Le public ne s'enquérait que des deux vieillards; d'autres noms occupaient l'attention publique, ceux des vainqueurs de la Bastille, qui s'étaient le plus distingués dans cette grande journée.

Partout on répétait, avec l'accent de la reconnaissance, les noms d'*Elie*, *Hullin*, *Humbert*, *Templement*, *Laiser*, *Maillard*, *Canivet*, *Turpin*, *de Laurière*, *Guinaut*, *Cholat*, *Rosière*, *Marqué*, et tant d'autres. On a vu une jeune Parisiennne, sous des habits d'homme, combattre à côté de son amant, dont elle ne voulut jamais se séparer; d'autres femmes, des enfans, se sont associés aux dangers, à la gloire de tant de braves.

L'assemblée des électeurs avait envoyé des commissaires à l'assemblée nationale, à Versailles, rendre compte des évènemens de la capitale. Une adresse énergique au roi, fut à l'instant votée et rédigée.

L'assemblée réclamait l'éloignement des troupes qui cernaient Paris et Versailles. La députation, chargée de porter au roi cette adresse, allait sortir de le salle quand Mirabeau suspendit un instant sa marche par cette éloquente improvisation sur ce qu'elle devait dire au roi.

« Dites lui que des hordes étrangères*, dont
« nous sommes investis, ont reçu hier la visite
« des princes, des princesses, des favoris, des fa-
« vorites, et leurs caresses, et leurs exhortations,
« et leurs présens; dites lui que ces satellites étran-
« gers, gorgés d'or et de vin, ont prédit dans
« leurs chants impies, l'asservissement de la
« France, et que leurs vœux brutaux invoquaient
« la destruction de l'assemblée nationale; dites-
« lui que dans son palais même, les courtisans
« ont mêlé leurs danses au son de cette musique
« barbare, et que telle fut l'avant-scène de la
« Saint-Barthélemy...; dites-lui que ses conseillers
« féroces font rebrousser les farines, que le com-
« merce apporte dans Paris, fidèle et affamé. »

Ces mots résument toute la position de la cour et de la capitale.

* Toutes les troupes qui menaçaient Paris se composaient de régimens étrangers à la solde de la France; tous les soldats étaient Allemands, Suisses, Piémontais, etc.

CHAPITRE XV.

Suite du tableau des trois grandes journées du 17 juillet 1789.

La Bastille était au pouvoir de l'insurrection parisienne depuis quatre heures de l'après-midi, une armée de citoyens soldats et de soldats citoyens, était organisée, et une grande victoire avait signalé le second jour de son existence, elle s'était formée, 13 juillet, une magistrature populaire dirigeait toutes les parties de l'administration de la capitale, et Louis XVI ignorait tout, sa cour rêvait encore la suprême puissance ; et cependant le conciliabule de Trianon, composé de Monsieur, du comte d'Artois, de la reine, de Polignac, de Broglie, de Bézenval, etc., était instruit à chaque instant, par les émissaires, de ce qui se passait ; Broglie et Bézenval donnaient des ordres pour la *réduction* de la capitale.

A neuf heures du soir, l'intendant de Paris, Berthier, entrait dans l'appartement de Louis XVI. Quelle nouvelle? que fait-on à Paris? Où en sont les troubles, lui demande le roi. Mais, Sire, tout va bien, répond Berthier ; il s'est manifesté quelques légers mouvemens, qu'on est bien vite parvenu à réprimer ; ils n'ont pas eu de suite.

Les spectacles étaient fermés depuis plusieurs jours, la Bourse était déserte, et des journaux imprimés exprès pour la cour, annonçaient des représentations théâtrales de chaque soir, et un cours des effets publics dont on haussait progressivement la cotte, depuis le départ de Necker; et le soir de cette journée du 14 juillet, si féconde en évènemens, le roi s'était endormi avec la même sécurité que la veille.

Le duc de Larochefoucault-Liancourt, membre de l'assemblée nationale, a résolu de mettre un terme à tant de déceptions. Sa charge de grand maître de la garde-robe, lui donnait le privilège d'entrer à toute heure dans l'appartement du roi; il s'y rend au milieu de la nuit, et prend sur lui de le faire éveiller; il lui révèle la vérité entière. Paris n'a plus d'intendant, ni de prévôt des marchands; le lieutenant général de police a donné sa démission, toute l'autorité a passé entre les mains des électeurs. Cent mille citoyens sont armés, la Bastille est prise et l'élite des troupes royales a été vaincue. Le roi, étonné, garde le silence; il le rompt enfin en s'écriant : C'est une révolte! Sire, c'est une révolution, répond Larochefoucault-Liancourt.

Cependant, les deux billets saisis sur le gouverneur de la Bastille, les dépêches ministérielles interceptées confirmaient le bruit d'une prochaine attaque contre la capitale. Les troupes campées autour de Paris avaient fait un mouvement en avant dans toute leur ligne; à l'entrée de la nuit, de nouveaux avis que ces troupes, sous les ordres du maréchal de Broglie, approchent des barrières... Bientôt on affirme qu'une colonne de cavalerie est signalée à peu de distance des faubourgs Saint-Jacques et Saint-Germain; quinze cents bourgeois, et des gardes françaises, courent prendre position à la barrière d'Enfer. L'ennemi occupait déjà les environs; quelques coups de fusils échangés avec leur avant-garde, apprennent aux chefs de l'armée royale que leurs projets sont découverts, et que tout est prêt pour leur opposer une vigoureuse résistance.

La ville est spontanément illuminée, tout veille dans l'intérieur des maisons; les nouveaux magistrats, les chefs de la milice citoyenne n'ont pu combiner un système de résistance, et la résistance est partout organisée. Les citoyens armés se réunissent dans les corps-de-gardes, sur les places publiques, les quais, et aux barrières: aucun point ne reste sans défenseurs.

A minuit, toutes les rues retentissent de ces cris: *Aux armes, l'ennemi est dans les faubourgs.* En un instant tous les postes ont reçu des renforts et des munitions; de nombreux détachemens vont à la découverte; le tocsin sonne dans toutes les paroisses, et au bruit des cloches et des tambours se mêlent ces cris répétés d'espace en espace: *Ne vous couchez pas, soignez vos lampions, nous avons besoin de voir clair cette nuit.*

Les rues sont barricadées, de larges excavations en-deçà et au-delà des barrières multiplient les obstacles à la marche de la cavalerie; toutes les fenêtres sont ouvertes, des pierres, des vases d'eau bouillante, des paniers de cendre, des bouteilles sont disposés à tous les étages. Tout le bois des bûchers a passé dans les appartemens; tout devient arme dans cette crise terrible, et aucun cri de douleur et d'effroi ne se fait entendre. Tel était le spectacle qu'offrait la capitale dans cette nuit mémorable.

Tandis que Paris était sous les armes, que tous les serruriers, les armuriers, étaient occupés à forger des piques, à réparer des fusils, que chaque famille veillait sur les projectiles qu'elle avait préparé, que l'on dépavait les rues et les places pour amortir l'effet des boulets et des bombes, la consternation était au château de Versailles. La *camarilla* de Trianon tremblait. Broglie, et les généraux sous ses ordres, conservaient encore quelque espérance de succès, de nouveaux régimens étaient venus grossir leur armée; mais les moyens de défense augmentaient aussi à chaque instant; cent pièces de canons étaient au pouvoir des Parisiens : les légions de la milice citoyenne s'étaient organisées comme par enchantement. Une nouvelle autorité municipale remplaçait l'ancien bureau de la ville. Bailly avait été élu maire de Paris, Lafayette, commandant en chef de la milice bourgeoise qui prit le nom de garde nationale.

LA BASTILLE.

Toute la ville était en mouvement, mais sans nul désordre; la plus active surveillance s'exerçait sur tous les points. Broglie avait tenté un coup de main pour reprendre la Bastille. Les uniformes des magasins des Gardes-Françaises avaient été enlevés, et deux compagnies se présentèrent à la Bastille avec de faux ordres pour en renforcer la garnison. C'étaient des soldats de l'armée de siège déguisés. Mais l'officier de la garde nationale, qui commandait ce poste important, ne se laissa point prendre au piège, et les prétendues Gardes-Françaises se retirèrent. Ce coup de main était adroitement combiné. L'uniforme des Gardes-Françaises inspirait alors les mêmes sympathies que l'uniforme de l'école polytechnique en 1830.

Cependant Broglie avait donné l'ordre d'attaque; toutes ses dispositions étaient faites. Mais le colonel du régiment de Besançon, artillerie, se vit abandonné de ses soldats; tous refusèrent de marcher. Quelques autres chefs de corps purent mettre en mouvement de forts détachemens. Les colonnes de la garde nationale, envoyées en reconnaissance, aperçurent dans les environs, des hussards, des dragons. Broglie comptait surtout sur les régimens de Nassau et Royal-Allemand, et quelques autres; mais toutes leurs manœuvres avaient pour but de découvrir un point favorable, pour se glisser dans l'intérieur des barrières, mais partout ils trouvaient des forces imposantes. Toute la nuit du 14 au 15 se passa en marches et contremarches, sans qu'il fût tiré un seul coup de fusil.

Le 15 au matin, les premières reconnaissances, dirigées vers le camp du Champ-de-Mars, le trouvèrent désert. La retraite des régimens avait été si précipitée qu'ils y avaient laissé une partie des bagages, des armes; de nombreuses voitures transportèrent immédiatement dans la ville les tentes, des manteaux, des harnais, des pistolets et des sabres. La garde nationale prit possession de l'École-Militaire; elle occupait depuis la veille la trésorerie et tous les postes importans.

On ignorait à Paris ce qui s'était passé dans le conseil secret de Versailles. Il avait été décidé que le roi se mettrait à la tête de l'armée de siège. C'était l'avis du comte d'Artois et de la reine, de Broglie et de tous les conjurés de Trianon; mais ce conseil donné au roi exigeait du dévouement et de l'énergie, les courtisans ne savent qu'intriguer; au moment du danger, ils disparaissent. Louis XVI refusa de se mettre à la tête de l'armée; on ouvrit un autre avis, le monarque devait se rendre à Compiègne, et de là faire marcher sur Paris l'armée, grossie de tout ce qu'on aurait pu réunir de nouvelles troupes. Cet avis avait reçu l'assentiment du roi, et le maréchal de Broglie avait ordonné en conséquence la concentration de toutes les troupes dans cette direction. Ainsi s'expliquent le prompt départ des troupes campées au Champ-de-Mars, leur direction sur Saint-Denis, la marche de plusieurs autres régimens sur la route de Compiègne, et la tentative faite pour reprendre la

LA BASTILLE.

Bastille par surprise dans la journée du 15 juillet.

L'entrevue de Larochefoucault-Liancourt avait prévenu une nouvelle attaque de vive force sur Paris. La prise même de la capitale n'aurait pu empêcher la révolution. La nouvelle de la prise de la Bastille s'était répandue dans les provinces avec une incroyable rapidité, les villes, les plus rapprochées de Paris, allaient marcher à son secours. Dès le 16 juillet, la population de Rennes se disposait à voler au secours de la capitale, menacée par l'armée commandée par le maréchal de Broglie. Cette résolution énergique avait été prise à la première nouvelle du renvoi de Necker.

Une lettre de Rennes du 16 juillet, à 3 heures après midi, s'exprime ainsi :

« La nouvelle que nous avons reçue de la capitale
« a mis la rage dans nos cœurs; la plus grande fer-
« mentation règne ici; la ville et toutes les corpora-
« tions, s'assemblent et ont arrêté de suspendre tous
« impôts pour le roi et pour les seigneurs en par-
« ticulier. Toutes les caisses sont fermées. Il s'en-
« rôle une si grande quantité d'hommes pour voler
« à votre secours, qu'on ne sait s'ils partiront tous.
« Des députés de cette ville sont en marche pour
« communiquer les arrêtés, que vient de prendre
« cette ville, à toutes celles de la province; on ne
« doute pas de leur intention à notre égard, con-
« formément au pacte de famille qui fut fait dans
« ces derniers troubles *.

* Toutes les communes de Bretagne s'étaient confédérées avant la convocation des Etats-généraux.

« Les arsenaux viennent d'être enfoncés, tout
« le monde emporte des armes; des canons nous
« viennent de Saint-Malo, avec d'autres muni-
« tions : bientôt nous pourrons partir. On va s'oc-
« cuper de l'ordre de la route et des provisions
« de bouche; l'étendard de la liberté est uni à
« plusieurs autres. Les régimens d'Orléans, dra-
« gons, l'Ile-de-France et Artois, infanterie, ont
« arrêté de nous seconder, et se disent nos frères...
« *A neuf heures du soir*, les canons viennent
« d'être chargés à mitraille par les officiers; ils ont
« été enlevés par la troupe et mis en sûreté... »

Du 17.—Une autre lettre annonce que Langeron, commandant de Rennes, avait fait marcher les régimens contre la bourgeoisie; il avait ordonné de faire feu. Les régimens mirent armes bas et se réunirent aux citoyens, aux cris de vive *la liberté! vive le tiers...!* »

Les mêmes scènes de patriotisme avaient lieu dans toutes les villes de garnison. La cour allait se trouver sans armée. Toutes ces démonstrations ne pouvaient être connues à Paris; mais Paris était dans un état formidable de défense. Le roi renonça au voyage de Compiègne, et, seul avec le duc de Liancourt, il se décida à se rendre à l'assemblée, à rappeler Necker et à changer son ministère.

Dès que cette résolution fut connue, tous les courtisans quittèrent Versailles et Trianon. Le roi se trouva sans ministres, et le duc de Larochefoucault-Liancourt fut obligé de lui servir de secrétaire. La famille Polignac était partie, le comte d'Artois ne tarda pas à la suivre, et courut se réfugier auprès du roi de Sardaigne, son beau-père. Les courtisans qui, dans le conciliabule de Trianon, avaient proposé ou appuyé les projets les plus violens, ceux qui avaient été comblés des faveurs du roi, furent les premiers à l'abandonner.

Nul doute que si le maréchal de Broglie eût pu exécuter son plan d'attaque contre la capitale, si Louis XVI avait appuyé de sa présence ce *coup d'état*, la lutte n'eût pas été longue, les soldats, comme en Bretagne, et dans toutes les garnisons n'auraient pas oublié qu'ils étaient Français, et lors même qu'un premier succès eut été obtenu par le maréchal Broglie, ce succès aurait été suivi d'une rapide et irréparable défaite; la branche aînée des Bourbons, eût cessé de régner.

Déja la Bastille était démantelée, la démolition de ce château fort, ordonnée par la nouvelle autorité municipale, s'exécute avec une prodigieuse rapidité. Une partie des tours était déja démolie quand Louis XVI vint à Paris, le 17 juillet. La Bastille fut détruite pour ne se relever jamais. Les Parisiennes se parèrent de nouveaux bijoux; un morceau de pierre de la Bastille avait été substitué aux brillans, les hommes suivirent cet exemple. Le duc de Chartres, ses deux frères, vinrent les premiers visiter les *débris de la Bastille*. Chacun d'eux portait au cou le bijou patriotique suspendu à un ruban tricolore. Des modèles de la Bastille, exécutés avec les grosses pierres des tours furent envoyées dans tous les départemens, et sur l'emplacement de ce château royal, les citoyens du faubourg Saint-Antoine donnèrent une fête brillante aux fédérés des departemens, en 1790. Des bosquets figuraient les anciennes tours; l'érection d'un monument triomphal avait été décrétée par l'assemblée nationale; il a fallu une seconde révolution pour que ce projet devînt une réalité.

Des dons patriotiques pourvurent abondamment aux besoins des blessés, des veuves et des enfans morts au siège de la Bastille. Une loi, du 19 juin 1790, a alloué des gratifications aux blessés, des pensions aux extropiés et aux veuves; une médaille a été décernée aux vainqueurs de la Bastille; elle était d'or, sa forme en losange, d'un côté le millésime, de l'autre deux épées croisées et une inscription en mauvais latin d'académie : *Ignorentne datus ne quisquam serviat erset*. La même loi assignait aux vainqueurs de la Bastille une place distinguée à la fête de la fédération (14 juillet 1790). On en comptait huit cents.

Cette distinction, si juste, si bien méritée, blessa quelques susceptibilités rivales : on la signalait comme une infraction au principe constitutionnel, l'*égalité*. C'était une récompense nationale, un moyen d'émulation patriotique; il convenait de présenter aux fédérés de tous les départemens de la France les premiers soldats de la patrie et de la liberté. Les noms de Hullin, d'Elie, Humbert, Arné, etc., etc., étaient historiques; mais ces vainqueurs de la Bastille, et leurs braves compagnons d'armes et de gloire n'étaient, et ne pouvaient être, personnellement connus des fédérés des départemens, ni même de la majorité de la population parisienne. Une place distinguée dans cette grande solennité nationale était pour eux une nécessité; mais la faction contrerévolutionnaire avait imaginé cette controverse : c'était un moyen comme un autre pour diviser les patriotes.

Les vainqueurs de la Bastille se réunirent au Quinze-Vingts, sous la présidence du maire, et renoncèrent à la place de distinction qui leur était accordée.

« Le décret de l'assemblée nationale, dirent-
« ils, par lequel nos services sont récompensés,
« sert d'instrument à *l'aristocratie expirante* pour
« chercher a souffler le feu de la guerre civile.
« Nous renonçons en conséquence, *si le bien de*
« *de la constitution l'exige*, à tous les honneurs à
« nous décernés, par le décret du 19 juin, nous
« sommes bien sûrs qu'on ne nous accusera pas
« de faire cette démarche par la crainte des
« *menaces.* »

Une autre loi, du 20 août 1793, abolit la décoration décernée le 19 juillet 1790, et y substitua la médaille du 10 août. Un dernier hommage a été rendu en 1832 aux vainqueurs de Bastille ; une pension de cinq cents francs a été allouée par une loi aux combattans de juillet 1789; on croit que le nombre de ceux qui vivent encore n'excède pas quarante. Les noms de *Hullin*, dernier commandant de Paris sous l'empire; de *Hoche*, qui sut vaincre et pacifier la Vendée, étaient inscrits sur les registres d'honneurs des *vainqueurs de la Bastille*.

CHAPITRE XVI.

Gouverneurs de la Bastille depuis 1404, jusqu'au 14 juillet 1789.

L'accroissement progressif de la capitale a été si rapide dans le quartier Saint-Antoine, que ce château fort, qui dans l'origine se trouvait placé tout-à-fait en-dehors de la Cité, n'a plus été isolé que dans la partie qui borde la Seine.

Environnée sur tous les autres points par des masses immenses de maisons, par une population nombreuse, la Bastille devint dès lors inutile pour la défense extérieure de la capitale. Elle n'a plus été dans les mains du pouvoir qu'un puissant moyen de terreur et de destruction.

Cependant, dans nos longues dissentions civiles, ce château fort a été pris par la population insurgée, toutes les fois qu'il a été attaqué. C'est surtout comme prison d'état que la Bastille appartient à l'histoire moderne.

Dans l'origine, les officiers supérieurs, à qui le commandement en était confié, n'avaient pas même le titre de gouverneur, et les mutations du personnel, dans ces premiers temps, ont été si fréquentes, qu'il est difficile d'en présenter le tableau.

La nomenclature historique, publiée en 1789, après la prise de la Bastille, est entachée de plusieurs erreurs très graves et d'omissions nombreuses.

Il importe surtout de bien connaître ces gouverneurs depuis le dix-septième siècle. C'est depuis cette époque que leur biographie se rattache à celle des prisonniers d'état, et que s'est développé, agrandi ce registre infernal de torture morale, de férocité systématique, de proscription arbitraire, de prostitution ministérielle, qui caractérisait le gouvernement qui a pesé sur la France pendant plus de deux siècles.

Le gouvernement des Valois fut atroce et superstitieux; celui des Bourbons eut aussi ses persécutions politiques et religieuses. Le favorisme avait perdu les Valois : les Bourbons ont succombé sous le même fléau.

Je ne citerai que pour mémoire, les commandans ou gouverneurs de la Bastille jusqu'à Sully.

L'établissement des armées permanentes a fait perdre aux communes l'un des plus importans droits de cité; celui de se garder elles-mêmes. Tout ce qui concernait la sûreté des villes était auparavant dans les attributions municipales.

L'autorité judiciaire des parlemens n'était autre chose qu'une fraction de ce pouvoir municipal; et des usages qui se sont maintenus jusqu'à la révolution de 1789, sinon en fait, du moins en droit, ne permettent pas de douter que la construction, l'entretien, la garde des points fortifiés n'appartinsent à l'autorité civile.

C'est ainsi que les premiers présidens des parlemens de Provence et de Dauphiné étaient habiles à commander les troupes de ces provinces. Les maires de Poitiers et de beaucoup d'autres villes étaient dépositaires des clefs de la cité. Périnet Leclerc, pour livrer aux factieux la capitale, dont son père était échevin, avait enlevé les clefs placées sous le chevet du lit de ce magistrat.

Il en est sans doute de même pour les points fortifiés de la capitale, et la Bastille était dans les attributions de l'autorité municipale; il est incontestable que l'arsénal lui appartenait. La Bastille avait été achevée en 1383, et le premier commandant, établi par le roi, ne fut nommé qu'en 1404 : ce fut le sire de *Saint-Georges*.

Sous Charles VI, pendant la maladie de ce prince, le dauphin, son fils, en donna le commandement au *duc de Bar*, en 1413; il paraît qu'il eut pour successeur Tanneguy du Châtel, il est du moins certain qu'en 1418, *Tanneguy du Châtel*, qui fut aussi prevôt des marchands, c'est-à-dire chef de l'autorité municipale, avait le commandement de la Bastille, puisqu'il y déposa le dauphin, qu'il eut le bonheur d'enlever au milieu des partisans du duc de Bourgogne.

« *Tanneguy* courut à la chambre du dauphin,
« et, l'ayant trouvé endormi, il l'enveloppa dans

« l'un de ses draps et le fit porter à la Bastille;
« le dauphin n'y coucha qu'une nuit, et dès le
« le lendemain il alla à Melun et de là à Mon-
« targis; mais Tanneguy étant rentré dans Paris
« par la Porte Saint-Antoine, dont il était le
« maître, à cause de la Bastille. » (*Hist. de
Ch. VI*, par l'abbé de Choisy, p. 364.)

Pour entrer, sortir, et rentrer ainsi à la Bastille, pour en être le maître, Tanneguy devait en avoir le commandement.

Thomas de Beaumont était commandant, ou, comme on disait alors, capitaine de la Bastille, en 1436. Il était sorti de Paris avec les troupes qu'il put réunir, pour aller au secours du connétable de Richemont et fut tué dans la bataille qui eut lieu immédiatement près de Saint-Denis.

Bussy Leclerc, procureur au parlement, fut fait capitaine de la Bastille par le duc de Guise, en 1588. Sous Henri III, le duc de Mayenne avait, pendant les derniers troubles de la ligue, confié le commandement de la Bastille à Dubourg, qui s'y maintint jusqu'au 22 mars 1794 : il ne se rendit à Henri IV que par capitulation, trois jours après que la ville lui eut été livrée par Brissac.

Dubourg avait épuisé ses vivres et ses munitions de guerre; il sortit du fort, *bagne et vie sauves*. Le même jour Henri IV confia le commandement de cette place à Devic.

Sully, grand maître de l'artillerie, fut nommé, par Henri IV, *gouverneur* de la Bastille, en 1601.

Ce fut là qu'il déposait les trésors de l'époque; il s'y trouva 33,000,000 à la mort d'Henri IV.

Sully remit ce gouvernement à Louis XIII. en 1611, et reçut une indemnité de 60,000 liv.

Marie de Médicis régente, se fit *gouvernante* de la Bastille et en confia la garde à Château-Vieux, son chevalier d'honneur qui en prit possession en qualité de lieutenant de S. M. la reine-mère et régente.

Le prince de Condé, enfermé à la Bastille y fut successivement gardé par le comte de Lausiere, fils du maréchal de Thémines, du Thiers, protégé du maréchal d'Ancre, par Persan, beau-frère du maréchal de Vitry.

Le maréchal de Bassompière reçut la capitainerie de la Bastille de Louis XIII; il entra en fonctions en 1617, il avait sous ses ordres soixante Suisses, il n'y resta que huit à dix jours et remit la place au connétable de Luynes; qui dans le cours de la même année la remit à Vitry.

La Bastille, sous le règne de ce prince, fut successivement commandée par ses favoris ou leurs parens. Vitry y commandait lorsque la maréchale d'Ancre y fut conduite, ainsi elle avait eu pour geôlier l'assassin de son mari.

A Vitry succéda Bréauté, frère du connétable de Luynes, et qui fut depuis duc de Luxembourg. Ce fut ensuite le tour d'un frère de Vitry, 1626, Duhallier, capitaine des gardes du corps, connu depuis sous le titre et le nom de maréchal de l'Hôpital.

Son entrée en fonction fut un évènement; il prit le commandement du château, le 7 mai, à la tête d'un détachement qui escortait deux nouveaux prisonniers, *Modène* et *Dangent* (Voy. ces noms dans la partie biographique.) Il fit sortir immédiatement la compagnie qu'y avait établi son prédécesseur, et la remplaça par trente gardes suisses, commandés par le porte enseigne des gardes du corps.

Leclerc du Tremblay, son successeur, eut les honneurs d'un simulacre de siège, sous la régence d'Anne d'Autriche. La Bastille se rendit après avoir échangé quelques coups de canon. Le château tomba au pouvoir des frondeurs qui en conférèrent le commandement à Louvière, fils de Broussel.

Lors de la paix entre le parlement et le roi, en 1649, il fut stipulé, par l'article 11, que la Bastille serait remise à S. M., le 11 mars; mais ce traité ne fut confirmé que le 1er avril suivant. Les conférences se tenaient à Ruel.

Les principaux chefs de la fronde ne s'oublièrent pas, argent, emplois, dignités, la cour paya toutes les ambitions, chaque défection eut sa prime; restait le parlement qui se contenta d'insignifiantes concessions; mais il fut convenu que le roi ne presserait par la remise de la Bastille, et que Louvière, fils de Broussel, en conserverait le commandement.

Dans cette guerre, toute d'intrigues, les traités

n'étaient que de courtes trêves, et la Bastille devait encore se trouver successivement au pouvoir des partis opposés.

Louvière ne remit la Bastille à la Bachelerie, envoyé par le roi, que le 21 octobre 1652. Lorsque le duc d'Orléans eut reçu et exécuté l'ordre de sortir de Paris, *La Bachelerie* n'avait point le titre de commandant de la Bastille, ce fut par ordre du chancelier qu'il se rendit avec une escorte à l'assemblée du clergé, siégeant aux Grands-Augustins, y arrêta et conduisit à la Bastille l'abbé de Saint-Jean.

Boisemaux de Montlesun, capitaine des gardes du cardinal de Mazarin, n'obtint son brevet de commandant, ou gouverneur de ce château, qu'en 1658.

Sur la double démission de Dutremblay et de Louvière, ce dernier reçut une indemnité de 90,000 fr.

M. de Boisemaux a conservé ce haut emploi, plus lucratif qu'honorable, pendant plus de quarante ans, il a pu largement s'indemniser du pot de vin de 90,000 fr., prix de la démission de son prédécesseur. Il mourut à son poste, le 18 décembre 1697, âgé de 88 ans.

Le gouvernement de la Bastille était le bâton de maréchal, des commandans des châteaux forts, prisons d'État. Nul n'y avait plus de droit que Benigue d'Auvergne, de Saint-Marc, qui depuis vingt-sept ans était relégué dans le château le plus éloigné, et chargé de la garde du *prisonnier masqué*.

Il l'avait gardé, à Pignerol, depuis 1771. Cette forteresse ayant été rendue au roi de Sardaigne, en 1696, il s'était transporté, avec son mystérieux prisonnier, aux îles Marguerites, où il avait, par ordre, fait construire une prison tout exprès.

Nommé *au gouvernement* de la Bastille en 1698, il y arriva avec l'*homme au masque de fer*, et son lieutenant Durosarge; cet officier et le gouverneur Saint-Marc avaient, depuis 1671, la garde de ce prisonnier, et ce fut ce même Durosarge qui signa l'acte d'inhumation en 1703.

Saint-Marc mourut aussi à la Bastille, en 1708; cinq ans après le prisonnier qu'il avait gardé pendant plus de trente-trois années.

Depuis cette époque, et sans doute comme garantie d'expérience et de dévouement, les places de gouverneurs de la Bastille et de Vincennes ont été dévolues à ceux qui avaient exercé les fonctions de lieutenant de roi dans ces deux châteaux-prisons.

Ces places avaient toujours été données à des nobles d'extraction; il y eut exception pour le *Fournier*, successeur de d'Auvergne de Saint-Marc.

Le Fournier avait été successivement valet de chambre, secrétaire du maréchal de Bellefond, gouverneur du donjon de Vincennes; ses services lui valurent les épaulettes de lieutenant de roi, et le titre de chevalier de Bernaville. C'est sous ce nom qu'il s'est rendu fameux par sa cupidité, et par sa férocité sans exemple (Voy. les articles *Delphino*, *Riccia*, etc.)

Il passa de la lieutenance de roi de Vincennes à celle de la Bastille, dont il fut gouverneur après la mort de *Saint-Marc*. Il y mourut aussi dans un âge très avancé.

Jourdan Delauney, son successeur, gouvernait la Bastille depuis près de trente années quand il mourut subitement, près de Saint-Benoît, chez madame Beuclerc, à laquelle il avait été rendre visite.

Pierre Baisle, Bordelais, exempt des gardes du corps, capitaine au régiment de Champagne, était lieutenant de roi du château de Vincennes, quand il fut nommé gouverneur de la Bastille, après le d.. de Jourdan Delauney en 1749. Il mourut à son poste le 5 décembre 1758.

Le lieutenant-général de police était déjà la providence des gouverneurs des châteaux-prisons; il leur adressait directement des *prisonniers* et recevait leurs rapports.

Le gouverneur de Pierre-en-Cise écrivait, le 4 février 1756, à M. Berryer, lieutenant-général de police de Paris.

« Le sieur *Caillat*, inquiet de n'avoir point de
« nouvelles de sa femme, m'a demandé la permission
« de lui écrire, et j'ai l'honneur de vous envoyer sa
« lettre; c'est le prisonnier du château le plus tran-

« quille et le moins sombre, malgré sa solitude ;
« il s'amuse avec des livres que je lui prête, et
« des os de mouton, dont il a l'adresse de faire des
« sifflets.

« Sa tête est saine et ingénieuse ; c'est bien dom-
« mage qu'il ait, par son infidélité, perdu la con-
« fiance et la fortune que lui auraient procuré ses
« talens.

« Le sieur *Duval* se conduit assez bien. Le sieur
« *Despinoy* écrirait à toute la terre, j'ai *reçu ordre*
« de lui ôter cette facilité dont il abusait, et de ne
« le laisser écrire qu'à sa femme, cela est suffi-
« sant pour un aussi mauvais sujet.

« Je crois que de tous les prisonniers que vous
« m'avez envoyés, il ne me reste que les trois
« dont je viens de vous rendre compte. Mon nom-
« bre total est réduit à quatorze, par la sortie des
« quatre employés aux fermes.

« *Ainsi, j'ai beaucoup de places vacantes, si*
« *vous jugez à propos d'en remplir quelques-*
« *unes, vous connaissez mon zèle et l'envie ex-*
« *trême que j'ai de mériter vos bontés.* »

Je suis, etc., etc.

BORY.

François Jérôme Dabadie, né à Grénade, près Toulouse, ancien capitaine au régiment de Piémont, ayant rang de colonel, et lieutenant du roi à la Bastille depuis 1750, fut nommé gouverneur en 1758, et succéda à Pierre Baisle.

Il mourut en 1761 : il eut pour successeur un

autre preux du midi, messire Antoine-Joseph-Marie Macosi, Chapelles Jumilhac de Cubsac, premier gentilhomme de Stanislas, ex-roi de Pologne, duc de Lorraine et de Bar.

Un gouverneur de la Bastille n'était que le très humble valet du lieutenant-général de police, il ne pouvait rien faire sans l'ordre exprès du *magistrat*, et *M. François-Jérôme Dabadie*, se croit obligé de prendre les ordres de monseigneur le chef de la police avant de permettre à un prisonnier de se faire la barbe : c'était une affaire d'état.

Un prisonnier, incommodé de sa longue barbe, avait demandé à M. le gouverneur Dabadie de lui permettre de se faire raser, M. le gouverneur avait ordonné au major Chevalier d'en écrire à *monseigneur* : voici l'humble supplique du major :

« Le sieur Pizzoni demande à vous écrire; nous
« attendons vos ordres en conséquence. Ce prisonnier n'a rien pour changer, nous lui prêtons
« du magasin, chemises, mouchoirs, bonnets,
« effets de nuit et chaussons. Le sieur Pizzoni est
« ici depuis le 17 courant; il n'a pas encore été
« rasé, il demande en grace à l'être. »

J'ai l'honneur d'être, etc.

CHEVALIER.

La lettre de M. le major Chevalier est datée du 31 mai 1756. M. le lieutenant-général de police répondit en marge : *Je veux bien qu'il m'écrive et qu'on le rase.* 3 juin 1756.

Un gouverneur qui, fidèle à ce règlement, eût osé s'en tenir à ses dispositions et ne reconnaître d'autres ordres que ceux du roi, ne serait pas resté un seul jour en place. S'il voulait s'y maintenir, il n'avait d'autre règlement à suivre que les ordres de M. le lieutenant-général de police et même ceux d'un simple commissaire de police.

L'article 1er du règlement du 20 septembre 1764, signé Louis, et plus bas Philipeaux, était ainsi conçu :

« Le gouverneur, qui commandera, ou tout
« autre officier, ne reconnaîtra que les ordres de
« Sa Majesté et ceux qui lui seront donnés par le
« secrétaire-d'état. »

Eh bien! ce ministre secrétaire d'état, qui avait rédigé et proposé et fait approuver par le roi ce règlement, en autorisait l'infraction dans sa lettre à M. de Jumilhac, gouverneur de la Bastille. Cette lettre du 23 septembre 1764, trouvée dans les archives du gouvernement de la Bastille était ainsi conçue :

« Je joins ici, monsieur, le règlement que le
« roi a jugé à propos de rendre pour le service in-
« térieur de la Bastille; le roi trouve bon que lors
« que M. le lieutenant-général de police vous en-
« verra des prisonniers, vous les receviez sur une
« lettre de lui jusqu'à ce qu'on puisse vous adres-
« ser une lettre en forme, ainsi qu'on en a souvent
« usé et que les circonstances peuvent l'exiger.

« Vous voudrez bien en user de même, pour
« les visites que M. le lieutenant-général de police

« croira pouvoir permettre aux prisonniers de re-
« cevoir et qui n'exigent point d'ordre en forme,
« mais seulement une simple lettre de lui.

« On ne peut être plus parfaitement... etc. »
SAINT FLORENTIN.

Le règlement ordonnait aussi l'enregistrement exact des noms et prénoms des prisonniers pour l'entrée, la sortie et les décès, et l'instruction ministérielle autorisait les substitutions de noms et de prénoms.

C'est ainsi que Latude a été enregistré d'abord sous son véritable nom, ensuite sous celui de Danry, Mainville, sous celui de Villemain, l'homme au masque de fer, inhumé sous celui de Marchiali, et avec une fausse indication d'âge.

Ce faux et beaucoup d'autres sont reconnus dans le journal secret de la Bastille rédigé par Dujonca, et dont l'original est conservé aux archives de la ville.

Si le *gouvernement* de la Bastille eut été donné comme retraite à d'anciens officiers-supérieurs, peu fortunés, ces nobles vétérans habitués à l'observation sévère des ordonnances et à tenir leur serment, ne se seraient pas sans doute prêté avec la plus servile soumission aux injonctions particulières du chef de la police; aussi ces places si lucratives, si recherchées, n'étaient données qu'à des solliciteurs qui avaient pris leur grade dans les antichambres, et fait leurs premières armes parmi les sous-ordres de Vincennes et de la Bastille.

Il fallait des esclaves décorés, qui eussent fait abnégation d'eux-mêmes, et de tout sentiment humain, des êtres sans honneur et sans pitié, des bourreaux, auxquels un ministre pût répondre, au sujet d'un prisonnier en proie au plus violent désespoir : *à pendre* (Voy. *Rivière (de la)*.

Le major Chevalier écrivait au lieutenant-général de police, le 13 septembre 1771.... « La tête du « sieur de la Rivière est toujours fort échauffée et « je commence à désespérer que sa pauvre tête « puisse guérir sans qu'on lui fasse le remède.... « Je suis, avec un profond respect, etc. Cheva- « lier. »

C'est en regard de ces lignes que le magistrat a répondu *à pendre*.

Jourdan, marquis *Delauney*, dernier gouverneur de la Bastille, y était né en 1740. Son père en était gouverneur depuis douze ans; il y était mort neuf ans après.

Le jeune marquis fut successivement mousquetaire noir, officier au régiment des gardes, puis capitaine à la suite d'un régiment de cavalerie.

Il traita avec M. de Jumilhac de la place de gouverneur de la Bastille; ces sortes de marchés ne scandalisaient personne; tous les grades, tous les emplois militaires, les gouvernemens de provinces se négociaient comme des effets de commerce. Il ne s'agissait plus que d'obtenir l'agrément du roi. C'était encore un marché comme un autre.

Mais l'acquéreur du gouvernement de la Bastille

était toujours certain de faire une bonne affaire si Dieu lui conservait vie et santé. Une année ou deux d'exercice, et il était amplement remboursé de ses avances.

Le marquis Delauney entra en fonction au mois d'octobre 1776; et sous le rapport des produits de la place, il eut plus de fortune financière qu'aucun de ses prédécesseurs.

Il eut successivement pour pensionnnaires tous les membres du conseil souverain du cap Lachalotais et d'autres membres du parlement de Bretagne, le cardinal de Rohan et ses nombreux complices, les douze commissaires de la noblesse de Bretagne.

Il lui est alloué chaque jour, pour la table du cardinal, 120 francs. Aucune de ses fonctions les plus humiliantes ne lui répugnait; elles n'étaient pas toujours sans danger, quand il avait affaire avec un de ces prisonniers que l'irritation pouvait porter aux plus effrayans excès.

Un ancien page du roi, le comte de Chavanne, mit sa docilité et son courage à une rude épreuve.

M. Delauney, *suivant l'usage*, avait accompagné le lieutenant-général de police Lenoir dans une visite de celui-ci au comte; il se tenait en dehors de la porte de la chambre où le *magistrat* conférait avec le prisonnier.

Celui-ci venait d'être enfermé à la Bastille à la suite d'une querelle qu'il avait eue avec le duc d'Aiguillon, neveu du premier ministre Maurepas.

M. Lenoir lui offrait de la part de M. de Maurepas sa liberté, mais à condition qu'il consentirait à être exilé à 20 lieues de Paris, et qu'il s'engagerait par serment à ne point rompre son ban.

A cette proposition le prisonnier se lève furieux, et s'écrie avec le geste et l'accent de l'indignation : « Malheureux, vous êtes assez téméraire pour me « proposer une bassesse. Non, monsieur, en sor- « tant d'ici, où je ne devrais pas être, où le despo- « tisme de M. de Maurepas m'enchaîne, je pré- « tends être libre et aller où je voudrai. »

M. Lenoir, effrayé, tire le cordon de la sonnette; à ce signal, M. Delauney, tapi derrière la porte, entre, et le comte de Chavanne s'enfuit dans sa tour en criant à son porte-clef : « Mon ami, ramène- « moi aux carrières et sachons y mourir. »

Cet infortuné expia son irrévérence envers le chef de la police par une captivité de onze années. Il ne dut sa liberté qu'à la courageuse insistance du président de Gourgues, son parent, qui, après la révocation de M. Lenoir, menaça le ministre Breteuil de porter l'affaire au parlement.

M. Delauney eut une autre allerte plus sérieuse quand le tanneur du quartier Saint-Antoine, Rubigny de Bertheval, fut mis à la Bastille.

Tout le quartier était en émoi, et le gouverneur craignait à chaque instant d'être assiégé par toute la population. La peur des ministres le débarrassa de ce prisonnier, qu'ils furent obligés de rendre à la liberté quinze jours après son entrée à la Bastille.

LA BASTILLE.

Il n'a pas dépendu de M. Delauney que le siège de la Bastille en 1789 n'eût fini par une épouvantable catastrophe. Privé des renforts qui lui étaient annoncés, trop faible pour opposer une plus longue résistance, il avait résolu de s'ensevelir sous les ruines du château, en faisant sauter le magasin des poudres.

Deux fois il avait tenté de mettre le feu. La mèche lui fut arrachée des mains par un artilleur de la garnison. Conduit prisonnier à l'Hôtel-de-Ville, il fut tué avant d'y arriver. (Voy. le chapitre précédent.)

Gouvernement du château royal de la Bastille, état du personnel, le 14 juillet 1789.

1776. M. le marquis Delauney, capitaine et gouverneur.
1768. M. le chevalier de Saint-Sauveur, lieutenant pour le roi.
1749. M. Chevalier, major.
1775. M. Bailly de Gallardon, adjoint en survivance.
1762. M. Delorme, officier adjoint à l'état-major.
1765. M. Larcher d'Aubancourt, ingénieur en chef,
1768. M. Delon de Lassaigne, médecin du roi.
1750. M. Lecoq, chirurgien et apothicaire-major.
1779. M. Bottin des Essarts, chapelain du château.
M. Macmahon, honoraire.

1779. M. l'abbé Faverry, honoraire.
M. l'abbé Trauf, confesseur.
M. l'abbé Duquesne, en survivance.
M. Martin, commis des archives.
1774. M. Chenon père, commissaire.
1775. M. Lefèvre, entrepreneur des bâtimens du roi et de la Bastille.

Le concierge et les portes-clef ne sont point indiqués.

Il résulte des documens authentiques du procès du maréchal de Biron, que le concierge de la Bastille à cette époque se nommait de Rumigny, dont l'épouse se mit en prière lorsque l'on conduisait le maréchal au supplice.

CHAPITRE XVII.

Règlemens, usages, budjet, documens, et anecdotes sur le régime intérieur de la Bastille.

Les règlemens n'existent que sur le papier; la volonté du lieutenant-général de police est l'unique loi; et cette loi varie suivant les circonstances et selon le bon ou le mauvais vouloir du *magistrat*. C'est une dictature absolue, sans limites et sans responsabilité, il a droit de vie et de mort sur tous les prisonniers.

J'ai déjà fait remarquer qu'aux termes de l'article 1er du règlement royal de 1764, le gouverneur ne doit recevoir d'ordre que du ministre-d'état ayant le département de Paris; et de fait, le gouverneur n'a pas même, à l'égard des prisonniers, l'autorité d'un geôlier ordinaire.

Si un prisonnier a besoin de linge, de livres, de tabac, des secours d'un médecin, du ministère de l'aumônier ou de l'apothicaire, de livres, de papier, de bois, le gouverneur, quelle que soit l'urgence, n'a pas même l'initiative.

Le livre de la blanchisseuse est soumis à la censure préalable et obligée de M. le lieutenant-général de police. Un prisonnier est-il malade, il faut que le major écrive au lieutenant-général de police; ce n'est qu'après sa réponse affirmative que le médecin peut être appelé; le mal empire, le malade peut mourir, qu'importe.

Un seul objet est à l'entière disposition du gouverneur; son autorité sur ce point est absolue et indépendante, et cet objet, c'est la nourriture des prisonniers. Il y a bien un tarif ministériel; mais ce tarif n'oblige point le gouverneur; il traite ses pensionnaires comme il l'entend et toujours au mieux de ses intérêts; et cependant il est assez largement indemnisé par le tarif pour ne fournir que des alimens sains et même recherchés.

D'après ce tarif, il lui est alloué :

Pour les princes, cardinaux, prélats, et pour leur nourriture seulement, 50 liv. par jour.

Pour un maréchal de France, 36 liv.

Un lieutenant-général des armées, 16 liv.

Un conseiller au parlement, 15 liv.

Un juge ordinaire, un financier, un prêtre, 10 liv.

Un avocat ou procureur, 5 liv.

Un bourgeois, 4 liv.

Les valets, colporteurs et gens *de bas étage*, 3 liv. Le tarif n'énonce point les gens de lettre, les artistes; ils étaient traités comme le commun des martyrs.

Ce tarif, n'indique que le minimum des allocations quotidiennes. Le gouverneur touchait pour le général Lally, 50 liv. et 120 pour le cardinal de

LA BASTILLE.

Rohan. Il obtenait, sans nulle difficulté, des gratifications; il lui suffisait d'alléguer la cherté des vivres ou tout autre prétexte.

Chaque mois il présentait son mémoire de dépenses ordinaires et extraordinaires; l'ordonnance ne se faisait jamais attendre, et le trésor acquittait, avant tout, les allocations des gouverneurs des prisons d'état.

Ces allocations étaient plus que suffisantes pour que chaque prisonnier fût nourri d'une manière saine et convenable, et à ce prix, on eût trouvé des fournisseurs au rabais. Le gouverneur en faisait son affaire personnelle.

Il pouvait d'ailleurs permettre aux prisonniers de se faire nourrir à leur dépens, ce qui ne manquait jamais d'arriver pour les personnes riches, qui avaient avec eux un ou plusieurs domestiques.

L'allocation du tarif n'en était pas moins payée au gouverneur par le trésor. Il recevait en outre, au-dessus du nombre effectif des prisonniers, quinze parts à dix francs chacune; ce qui assurait au gouvernement 150 f. par jour, sans y comprendre les gratifications.

Ce n'était pas tout encore; il avait le privilège de faire entrer, sans payer d'octroi, cent muids de vin; il concédait son privilège à un marchand de vin en gros, et comme on ne tenait pas un compte rigoureux de ces entrées privilégiées, M. le gouverneur recevait de son cessionnaire une forte prime et une certaine quantité de vin de mauvaise qualité.

Voilà pour le budget des recettes; voici celui des dépenses aux termes du règlement.

Les grandes tables, c'est-à-dire celles des prisonniers de première classe, était ou devait être, les jours gras.

Dîner : un potage, le bouilli, une entrée; le soir, une tranche de rôti, un rognon, une salade.

En maigre; dîner : soupe, un plat de poisson, deux entrées.

Le soir : un plat d'œufs, un de légumes.

Dessert : un biscuit ou une pomme, et pour chaque jour, une bouteille de vin : rarement un demi-poulet, un pigeon, ou un peu de lapin.

Tables ordinaires. Le menu variait chaque jour de la semaine.

Le dimanche au dîner : soupe, tranche de vache bouillie, deux petits pâtés demi-cuits.

Le soir : tranche de rôti, un haricot de navets, une salade.

Le lundi : au lieu de petits pâtés deux côtelettes, ou haricots.

Le mardi : une saucisse ou un pied de cochon, ou une grillade de porc.

Le mercredi : une petite tourte demi-cuite.

Le jeudi : ragoût de tripes, ou quelques restes de volailles.

Le vendredi : poisson ordinaire, ou un plat d'œufs.

Le samedi : *idem*. Ces variations n'avaient lieu que pour le second plat.

Trois jours de régal extraordinaire par an; aux fêtes de St. Louis, de St. Martin et des rois: un demi-poulet rôti ou l'équivalent.

Chaque prisonnier avait ou devait avoir par jour une livre de pain et une bouteille de vin. Le service était en étain, qu'on ne récurait jamais. Les porte-clefs seuls faisaient les provisions et changeaient à leur gré de bouchers et de fruitiers; il leur était défendu de se fournir aux mêmes boutiques, pour empêcher qu'on ne connût le nombre des prisonniers.

Le chauffage était fixé à six petits morceaux de bois par jour.

Les prisonniers avaient eu long-temps le jardin pour promenade. Une lettre, signée Amelot, leur a interdit ce jardin, que le gouverneur a affermé à un jardinier. La promenade des tours n'est permise qu'à certains prisonniers. C'est une faveur dont ils ne peuvent jouir qu'accompagnés d'un officier de l'état major ou d'un porte-clef.

Cette corvée fatiguait les subalternes, une autre lettre, signée Amelot, défendit les promenades sur les tours.

Restait la cour du château, mais cette cour est le passage de la cuisine, des ouvriers, des pourvoyeurs, et les prisonniers, qui n'y sont admis qu'à tour de rôle, doivent, au signal du factionnaire, aller se tapir dans un cabinet dès qu'un marmiton, un étranger ou un domestique se présente: c'est aussi le chemin qui conduit à la salle de bain de madame la gouvernante.

« De mon temps, dit Linguet, la sentinelle, dans
« un de ces passages, ayant oublié de hurler le
« signal de la fuite, la moderne Diane fut vue
« dans son déshabillé ; j'étais l'*Actéon* du jour. Je
« n'essayai point de métamorphose, mais ce mal-
« heureux soldat fut mis en prison pour huit
« jours ; je ne pus l'ignorer, puisque j'en entendis
« donner l'ordre. »

« Ailleurs : Les bains donnent de la santé, ou
« préparent des plaisirs. Une gouvernante de la
« Bastille n'a point de crise de propreté qui n'en
« entraîne plusieurs de désespoir »

Le gouverneur, outre ses appointemens, et 150 fr. francs par jour pour quinze places à 10 francs en sus de l'effectif des prisonniers, avait encore des profits immenses sur les autres allocations.

Le lieutenant de roi, dont la finance est de 60,000 liv., a 5,000 liv. d'appointemens, le major 4,000 liv., l'aide-major 1,500 liv., le chirurgien 1,200 liv. Celui-ci a le monopole des remèdes, qui lui sont payés sur ses mémoires par le trésor public. Le médecin loge aux Tuileries, ne paraît à la Bastille que sur l'ordre spécial du lieutenant-général de police.

M. Delaunay, dernier gouverneur, n'avait obtenu la survivance de M. de Jumillac qu'aux conditions d'un pot de vin de 300,000 liv., qu'il a payées, et du mariage de son fils avec mademoiselle Delaunay.

LA BASTILLE.

Le traitement fixe des porte-clefs était de 300 liv. Le ministre ayant le département de Paris à la nomination de tous les grades et emplois. La Bastille avait une garnison permanente de cent hommes, les soldats une paie de 10 sous par jour; ils sont fournis de sel, de lumières, de chauffage et de chaussure : ils ne peuvent découcher. Les officiers ne peuvent s'absenter ni dîner en ville sans une permission expresse du ministre.

Le major est chargé de la tenue des livres d'entrée et de sortie, et du dépôt des effets des prisonniers. Depuis 1774, le major Chevalier avait été chargé de la rédaction d'un livre secret contenant toutes les particularités relatives à chaque prisonnier. Ce livre ne pouvait être communiqué qu'aux ministres.

Je ne répéterai pas tous les détails intéressans, mais très connus, et publiés par Linguet, Mirabeau et Constantin de Renneville.

Les Mémoires sur la Bastille, du premier, les *Lettres de Cachet* du second, l'*Inquisition Française* du troisième, sont entre les mains de tout le monde. Je terminerai cette esquisse du régime intérieur de la Bastille par un document qui mérite d'autant plus de croyance qu'il n'était pas destiné à la publicité.

C'est une lettre toute confidentielle, écrite par un prisonnier à M. Delorme, major de la Bastille, en 1784. L'original a été trouvé dans les archives de la Bastille; il contient 16 pages in-folio. Je n'en ai extrait que ce qui est relatif à l'administration et aux traitement des prisonniers.

Un autre manuscrit trouvé à la Bastille : intitulé : *Observations concernant les règles de la Bastille*, est trop étendu pour être inséré tout entier. Je me bornerai à une analyse fidèle et succincte.

Le gouverneur recevait des ordres de tous les ministres, mais il ne devait rendre compte qu'à celui qui avait le département de Paris. Il était obligé d'informer ce ministre de tous les ordres qu'il recevait de ses collègues.

Les nobles prisonniers avaient quelquefois le privilège de se constituer eux-mêmes. Ainsi, dans l'affaire des prisons, le duc de Luxembourg, la comtesse de Rourre, la duchesse de Bouillon et tous leurs complices nobles se rendaient seuls à la Bastille; ils savaient d'avance que l'arrêt de la chambre royale de l'Arsenal les absoudrait; leurs complices, roturiers, y étaient conduits par la force-armée, et aucun d'eux n'a échappé à l'échafaud.

D'après les dispositions du règlement général, pour les cas de maladies, le chirurgien devait avertir le gouverneur; mais tout traitement était suspendu jusqu'à ce que le médecin, qui logeait aux Tuileries, eût été prévenu par le gouverneur.

Le service sanitaire de la Bastille était toujours

attribué à un médecin du roi; mais avant qu'il vint, le malade pouvait périr.

L'ame du malade n'était pas mieux traitée, et l'aumônier ne pouvait être appelé, les derniers sacremens ne pouvaient être administrés qu'après l'observation d'une foule de formalités. L'extrême-onction ne pouvait, dans tous les cas, être administrée que la nuit, un porte-clefs accompagnait le prêtre depuis la paroisse jusqu'au lit du malade.

Toute la garnison était sur pied, on baissait le grand pont, la garde se rangeait des deux côtés. Les porte-flambeaux restaient au corps-de-garde, le dais et ses porteurs au pied de la tour. Le prêtre seul montait à la chambre du prisonnier, et la cérémonie faite, le porte-clef suit le cortège à la paroisse.

Si le malade mourait, le ministre et le lieutenant de police en étaient officiellement informés par le gouverneur. L'enterrement se faisait la nuit, deux porte-clefs accompagnaient le corps à la paroisse et au cimetière, et signaient le registre mortuaire. On faisait *enterrer, la personne, sans le nom de famille, à moins qu'il n'y eût des ordres contraires émanés des ministres qui le défendent.*

Un commissaire de police spécial était attaché au service de la Bastille.

Avant le règlement ministériel, que j'analyse, le décès était constaté par le médecin et le chirurgien. Le rapport transmis au magistrat qui ordonnait l'inhumation et le nom sous lequel elle devait avoir lieu.

Le chauffage était au compte du trésor public, et acquitté sur les mémoires du gouverneur. Si le magistrat jugeait à propos d'accorder aux prisonniers, du linge, des hardes et quelques ustensiles à leur usage, ces dépenses étaient également à la charge du trésor et remboursés au gouverneur sur ses mémoires.

Dans les causes portées aux chambres royales et aux autres commissions extraordinaires, le rapporteur ne pouvait être admis dans l'intérieur de la Bastille et auprès du prisonnier accusé que sur un ordre spécial du gouverneur. L'accusé ne pouvait être conduit à l'audience que sur un ordre du lieutenant-général de police : si le procès s'instruisait au parlement, les mêmes formalités étaient de rigueur.

Pour tout catholique, la messe et la confession sont un devoir, à la Bastille c'était une faveur, et elles ne sont accordées que sur une permission spéciale du magistrat.

A son entrée à la Bastille, le prisonnier était conduit à la chambre du conseil; il déposait sur une table tout ce qu'il avait dans ses poches et dans ses goussets, qu'on lui faisait retourner; il subissait ensuite une fouille nouvelle de la part des porte-clefs. On en dressait un inventaire, qu'il signait; mais, s'il n'y faisait pas attention, il arrivait, comme à M. Labourdonnais, que des valeurs de prix y étaient oubliées.

Les autres dispositions sont relatives aux mesures de sûreté et aux cérémonies militaires, lors du passage de la procession de la Fête-Dieu et au feu de la Saint-Jean, aux visites des princes du sang, des maréchaux, eux seuls pouvaient garder leur épée. Ce privilège a été étendu aux capitaines des gardes du corps, aux ducs et pairs, par une décision du duc d'Orléans, régent.

Les détails dans lesquels je suis entré, la correspondance relative à certains prisonniers, et qui sont mentinonés dans les articles qui les concernent ne laisseront, je l'espère, rien à désirer sur tous les autres points du régime intérieur de la Bastille.

Le même règlement prescrivait aussi l'interrogatoire des prisonniers *peu de jours* après leur entrée à la Bastille. Mais suivant les convenances du magistrat, ces interrogatoires se renouvelaient outre mesure ou n'avaient jamais lieu.

Beaucoup de prisonniers sont restés à la Bastille des années entières ou en sont sortis sans avoir jamais été interrogés.

Ces interrogatoires et toutes les pièces relatives aux prisonniers étaient déposés aux archives, ainsi que beaucoup de pièces, de lettres, de rapports relatifs à ce qu'on appelait *la police des mœurs*, les convulsionnaires; la police attachait la plus grande importance à savoir les moindres détails de ce qui se passait au cimetière St.-Médard. C'était une affaire d'État. Voici un de ces rapports adressés au lieutenant-général de police.

Du vendredi 9 février 1742.

« Jacques Guignard, sergent des gardes de la
« barrière de St.-Médard, fait rapport qu'il n'y a
« pas eu beaucoup de monde aujourd'hui à St.-
« Médard.

« Il n'y a pas eu beaucoup d'abbés;

« Nous avons remarqué M. Robert, conseiller
« au parlement, avec madame son épouse; un
« carrosse bourgeois dans lequel il y avait deux
« vieilles dames, un abbé et un Bernardin, plu-
« sieurs bourgeois à pied, quelques malades et
« gens de la campagne.

« Nous avons appris qu'il y avait un nouveau
« curé arrivé, et qu'il était à Sainte-Geneviève en
« attendant les ordres pour prendre possession de
« sa cure; hier il a rendu visite à M. de Bis, tréso-
« rier de la fabrique.

« M. Gerbaux, curé actuel, a fait enlever une
« charrette pleine de cierges et de flambeaux; ce
« que ses prédécesseurs n'avaient jamais fait.
« Quand M. Pomard, à qui il a succédé, a quitté
« la cure; il a tout laissé. L'on a fermé la porte de
« l'église à midi, ce que nous certifions véritable.
« *Signé*, Guignard. »

Il fallait avoir des fonds de reste et ne savoir à
quoi employer les sergens des gardes françaises
pour perdre chaque jour tant d'argent et de temps
à d'aussi niaises investigations, et cette dilapida-

tion de fonds, cet espionage puéril étaient alors un crime.

Paris était dévoré par le plus cruel fléau, la famine et le premier magistrat de la capitale était associé à la compagnie privilégiée des affameurs. Le blé ne manquait pas en France; mais il était accaparé par cette bande d'accapareurs, et le nom du roi protégeait ce monopole homicide. (Voy. l'article de *Le Prévôt de Beaumont*, etc. et les P. J.)

Le peuple mourait de faim, et la police ne songeait qu'à procurer à son chef des anecdotes scandaleuses pour égayer les matinées de sa majesté. Un des fournisseurs quotidiens de M. le lieutenant-général lui écrivait :

« On arrêta mardi dernier un ecclésiastique
« d'une des plus grosses paroisses de Paris, avec
« un jeune élève qu'il avait chez lui, et qui, par
« accident, se trouvait n'être pas du genre mas-
« culin.

« L'éducation que l'ecclésiastique avait donnée
« à son élève, le lui rendait utile jusque dans les
« saintes fonctions de son ministère, l'ayant ins-
« truit à servir la messe, office qu'il remplissait
« régulièrement et avec beaucoup de grace, au-
« tant de fois que l'ecclésiastique profanait cet
« auguste et redoutable sacrifice, que l'on dit qu'il
« est accusé d'avoir réitéré chaque jour, bien au-
« delà de ce qu'il est permis. La jeune enfant ar-
« rêtée avec cet ecclésiastique était avec lui dès
« l'âge de trois ans et peut en avoir présentement
« quinze ou seize. »

Le désordre des archives de la Bastille n'a pas permis de connaître à quel dossier appartenait ce rapport. Ces archives contenaient les plus importans et les plus nombreux documens sur les mœurs du clergé.

Pas une visite dans les lieux de débauche où l'on ne rencontrât un prêtre et surtout des supérieurs de couvent. Le célibat imposé aux ecclésiastiques est plus qu'un scandale : c'est un crime politique. Et ce crime ne souillerait pas les pays catholiques, si contre les demandes formelles des cours d'Allemagne et de France, le célibat des prêtres n'avait pas été ordonné par le concile de Trente.

Les instructions des ambassadeurs de Henri II et de Charles IX sont des modèles de sagesse et d'énergie; et l'on n'accusera pas ces deux rois d'irreligion.

Si ces prêtres saisis chaque jour *en flagrant délit* n'étaient pas conduits à la Bastille, mais ramenés sans éclat, dans un appareil à leur couvent ou à leur paroisse, c'était pour éviter le scandale, pour ne pas déflorer la haute considération *due au premier ordre de l'Etat*. Le clergé avait la haute main sur tous les dépositaires du pouvoir; et c'était là l'unique moteur de tous les ressorts du gouvernement. La police livrait aussi à la merci des vengeances particulières, des intrigues, des exigences, de toutes les coteries les prisons d'Etat, le *ministre de Paris* avait toujours un assortiment complet de lettres de cachet.

Les valets de grands seigneurs ne s'en faisaient faute; pour la somme de vingt-cinq louis madame Sabatin, devenue marquise de Langles, et son chevalier Duréq, vendaient à tout venant une lettre de cachet. Ils en tenaient bureau ouvert pour le compte du duc de la Vrillère, qui se maintint au ministère pendant près d'un demi-siècle.

Fallait-il écarter un mari, un père dont on voulait séduire l'épouse ou la fille, s'assurer du silence d'un confident dont on soupçonnait la discrétion, se débarrasser des importunités d'un créancier, sacrifier une jeune fille innocente aux soupçons d'une femme jalouse, un mot au bon M. de la Vrillère ou au lieutenant-général de police, et un peu d'or donné à un secrétaire ou à un valet, la lettre de cachet arrivait, on la remplissait du nom proscrit, et tout était terminé.

Je ne citerai qu'un fait sur mille, dont les preuves sont évidentes.

Mademoiselle de Bèze appartenait à une des meilleures familles de Bourgogne; tout son avenir dépendait du résultat d'un procès au conseil. Elle est obligée de se rendre à Paris : elle est orpheline, jeune et jolie; elle ne peut se faire accompagner que par sa femme de chambre, jeune comme elle.

Elle s'exagère les inconvéniens des hôtels garnis; son avocat occupait un vaste logement; elle accepte une chambre et sa table. Mais l'épouse de l'avocat est déja sur le retour, et dévote. Mademoiselle de Bèze est pieuse, mais sans afféterie : ses intérêts exigent de fréquentes conférences avec son avocat qui la recevait, comme toute sa clientelle, sans intimité marquée.

Les dévots, fort indulgens pour eux-mêmes, ne jugent des autres qu'avec une ombrageuse prévention. Ils ne voient la religion que dans les actes extérieurs et, dans leur opinion, quiconque ne s'en acquitte pas avec une minutieuse exactitude, est un impie.

Ce mot dit tout, et c'est au nom du ciel, des mœurs, de la religion, que la malheureuse orpheline est enlevée et jetée dans une maison de force. Des dames de paroisse et des prêtres avaient dirigé cette bonne œuvre : tout avait été prévu, la lettre de cachet obtenue, l'exécution confiée à des agens adroits et dévoués.

Mademoiselle de Bèze est tenue au secret le plus rigoureux, tout moyen de communication lui est interdit. Un seul être veille pour elle, et, après quatre mois de recherches, d'investigations, son avocat a découvert sa retraite.

Il oppose protection à protection, et M. de Beaufremont, parent de mademoislle de Bèze, s'est asocié à ses généreux efforts : la victime a été rendue à la liberté, à sa famille.

La noblesse de cour pouvait tout oser ; elle s'était habituée aux actes les plus arbitraires : l'usage des lettres de cachet a survécu à l'abolition des privilèges, à la destruction de la Bastille.

Rien n'avait été changé dans le personnel des bureaux ministériels, et l'on y avait conservé les mêmes traditions, les mêmes déférences.

On trouvait encore des lettres de cachet dans les bureaux du ministre Saint-Priest au mois d'octobre 1789. Le roi avait quitté Versailles; il habitait les Tuileries : il avait accordé un appartement à madame de la Roche-Aymond, qui trouva très mauvais que madame Élisabetht *ait eu la fantaisie de l'occuper.*

Le domaine de la couronne possédait plusieurs maisons dans les rues voisines des Tuileries. La plus remarquable était un vaste hôtel, loué 8,000 fr. à M. Benguet, intendant des finances du comte d'Artois.

Les agens du domaine avaient traité M. Benguet en *amis*; le prix du loyer était à peine le quart du produit réel. L'hôtel avait de grandes dépendances sous-louées par M. Benguet.

Cet hôtel fut convoité par madame de la Roche-Aymond : il y avait des baux, et l'usage de Paris, même en l'absence de bail, ne permettait d'évincer un locataire qu'après l'en avoir prévenu trois mois d'avance, et madame de la Roche-Aymond veut entrer immédiatement en jouissance.

Elle s'adresse à la reine, les ordres sont donnés immédiatement pour que l'hôtel soit mis à la disposition de madame de la Roche-Aymond. L'employé supérieur des domaines a pris toutes ses mesures, et ne s'est pas oublié; il s'est réservé le second étage du principal corps des bâtimens; tout le reste est à la disposition de madame de la Roche-Aymond.

Le trésor perd 8,000 fr. de revenus; les locataires par bail ont droit à des indemnités; la plupart ont fait de grandes dépenses : bagatelle que tout cela; ils n'ont pour eux que la loi qui protège les contrats.

L'ordre est parti des bureaux du ministre Saint-Priest, les locataires devront déguerpir sans délai. Quelques-uns obéissent par crainte, mais d'autres résistent, et la presse périodique révèle leur plainte. Une lettre de cachet avait ordonné cette révoltante spoliation : on sut bientôt quel bureau l'avait expédiée, et M. de Saint-Priest en fut quitte pour dire que c'était l'effet d'une surprise.

Cette lettre de cachet a sans doute été la dernière.

L'on a beaucoup écrit sur les lettres de cachet, sur leur origine, leur application. Qu'importe le mot, qu'importe la forme d'un abus d'autorité? Les lettres de cachet embrassaient tout, s'appliquaient à tout.

Elles privaient un citoyen de sa propriété, de son emploi, de sa liberté; ces ordres arbitraires se sont multipliés avec une incroyable progression. Sous le règne de Louis XIV, Louis XV et Louis XVI, tous les ministres en avaient à souhait; toutes étaient signées en blanc, et livrées dans cet état aux lieutenans-généraux de police, aux intendans, aux gouverneurs, aux commissaires de police attachés spécialement au service de la Bastille.

Leur nom en indique assez la forme, non telle qu'elle était, mais telle qu'elle devait être; ce n'était point des *lettres closes*, dans la véritable acception du mot. Elles devaient être remises fermées et scellées du sceau royal; cachetées avec le sceau royal et dans le cabinet du roi.

Mais toutes ces formalités étaient tombées en désuétude, les lettres de cachet étaient ouvertes, signées et contresignées en blanc par le roi et le ministre.

Leur exécution par des agens sans responsabilité, et le plus souvent sans caractère légal, brisait la puissance des lois, bouleversait tout le système de l'administration et perpétuait les désastres d'une anarchie sans frein et sans limites.

La formule de ces lettres était toujours la même, les noms et les motifs en blanc; il est inutile de les reproduire ici, j'en ai cité le texte aux articles biographiques.

Proscrit par la raison, l'humanité, la religion, par nos lois de toutes les époques, par nos mœurs, nos institutions, le pouvoir arbitraire n'en a pas moins existé *de fait*. Les ordonnances des rois de toutes les dynasties, celles rendues d'après les délibérations des états généraux, ont aboli les ordres arbitraires donnés par *lettres closes*, ont consacré, non-seulement comme un droit, mais comme un devoir, l'opposition à tout ordre émané du prince lui-même, et contraire aux dispositions formelles des lois.

Ce principe a été respecté même par les ordonnances de Louis XIV, et cependant toutes les pages de notre histoire déposent de la violation de ce principe, et ces criminelles infractions se sont multipliées avec une audacieuse intencité par la résistance que leur opposaient les développemens de la civilisation.

La cour se jouait des remontrances des parlemens, des plaintes des victimes; les parlemens n'étaient point les organes de la nation, les plaintes des victimes n'avaient point de retentissement au-delà des voûtes des cachots.

Cependant, l'opinion publique se formait, grandissait et devenait une puissance que la cour ne pouvait plus braver sans danger, et la lutte pouvait se prolonger indéfiniment, si les désordres de la cour, ses folles prodigalités, si l'épuisement absolu du trésor ne lui avaient inspiré la nécessité de convoquer une assemblée d'états-généraux.

La lutte n'eût été même que suspendue, si cette assemblée n'eût compris toute l'importance, toute l'étendue de son mandat, si elle se fût bornée à satisfaire aux besoins financiers du moment, sans prévoir l'avenir.

Ce que l'assemblée constituante a fait, elle avait le droit et le devoir de le faire ; et en mettant ses actes en présence de ses mandats, on est convaincu qu'elle a fait moins que ce qu'elle avait le droit et le devoir de faire.

Elle n'a pu établir le principe de l'égalité devant la loi qu'en abolissant tous les privilèges; elle a fait de ce principe la base de toute la législation.

Son œuvre est restée imparfaite, elle n'a pu échapper aux intrigues, aux efforts toujours actifs, toujours criminels, d'une ligue protégée par les partisans du pouvoir déchu, qui, fidèles à leur antique tradition, ont appelé sur leur patrie le double fléau de la guerre civile et de la guerre étrangère.

Leur plan a toujours été le même, la lutte dure encore, et c'est encore par l'emploi des mêmes moyens.

La France seule jouit de l'immense bienfait d'une loi unique, uniforme, qui régit toutes les localités, toutes les familles, tous les citoyens; il reste à la nation pour éviter le retour du régime arbitraire, et s'assurer l'égalité devant la loi, de mettre un terme à la centralisation des pouvoirs, à rétablir le pouvoir municipal, à déterminer les attributions de chaque magistrature.

Les législateurs n'ont rien à créer, tous les élémens d'une bonne administration sont connus, consacrés par des lois, dont le régime impérial et la double restauration, ont pu suspendre l'application et non détruire.

Alors, et seulement alors, les mots barbares de prison d'état, d'ordre arbitraire, d'anarchie, n'appartiendront plus qu'à l'histoire des temps passés et l'égalité devant la loi, sera une vérité.

LE PILON.

Guerre aux Livres.

La *guerre aux livres* date de la plus haute antiquité; les moyens d'attaque et de destruction ont varié suivant les temps et les circonstances, depuis ce Nabonassar, roi de Babylone, qui, suivant les historiens Alexandre Polyhistor et Beroze, fit détruire toutes les histoires des règnes de ses prédécesseurs, afin qu'à l'avenir la chronologie des rois babyloniens data de son avènement au trône, jusqu'à Jean-Charles-Pierre Lenoir, conseiller-d'état du roi de France et lieutenant-général de police de Paris, qui faisait acheter à tout prix à l'étranger et en France les ouvrages contre le gouvernement, les princes, les favoris et les ministres, et déposait les exemplaires à la Bastille, et les anéantissait par le pilon.

Mais ni le roi Nabonassar, ni l'empereur de la Chine Hoam-Ti qui, deux cents ans avant l'ère chrétienne, entreprit de détruire tous les livres qui ne traitaient ni d'astrologie, ni de médecine, ni Caligula, qui fit son cheval consul et qui voulut anéantir les œuvres d'Homère, de Virgile et de Tite-Live, n'eurent l'imprudence de réserver un certain nombre de copies des livres proscrits, pour eux et leurs amis. Le parlement et le chef de la haute police de Paris ont été moins conséquens dans leur antypathie contre certains livres. Ils s'étaient arrogé le singulier privilège d'en garder un assez grand nombre d'exemplaires pour eux et leurs confrères.

Ce serait une vaste et curieuse histoire que celle de la guerre aux livres; les Romains ont brûlé les livres des Juifs, des chrétiens et des philosophes; les Juifs ont brûlé les livres des chrétiens et des païens; les chrétiens ont brûlé les livres des païens et des Juifs; la plupart des livres d'Origène et des anciens hérésiarques ont été brûlé par les catholiques.

Le cardinal Ximénès, après la prise de Grenade, fit jeter au feu cinq mille exemplaires de l'Alcoran.

En Angleterre, les puritains brûlèrent une grande quantité de bibliothèques des monastères; un évêque anglais mit le feu aux archives de son église, et Cromwell incendia la bibliothèque d'Oxfort.

Nos aïeux ont vu les mêmes scènes de fanatisme et de destruction se renouveler pendant les longues guerres de la Ligue. Le parlement de Paris et la Sorbonne ont condamné les meilleurs ouvrages des derniers siècles; n'avons-nous pas été témoins des auto-da-fé de livres, ordonnés, exécutés par les missionnaires pendant les quinze années de la restauration? Les œuvres de Voltaire et de Rousseau ont eu les honneurs du bûcher, partout où les missionnaires se sont montrés, et quelle contrée de la France n'ont-ils pas explorée?

Ces proscriptions solennelles, ces exécutions publiques agrandissaient les succès de la propagande philosophique que l'on prétendait flétrir et comprimer.

Les conséquences inévitables d'une destruction publique n'avaient pas échappé au chef de la police de la capitale. L'appareil qui accompagnait le *supplice* d'un livre condamné appelait sur le livre même l'attention et la curiosité publique, et en multipliait les éditions.

Le parlement de Paris tenait singulièrement à ses privilèges, et il considérait comme une de ses plus importantes prérogatives, celle qui allouait à chacun de ses membres un et même deux exemplaires du livre condamné au feu; et, par une conséquence de ce privilège, le libraire *en titre* du parlement avait *seul* le droit de vendre les exemplaires *réservés à messieurs*.

Le parlement avait adopté deux modes de destruction, le feu et le pilon. Dans le premier cas, le livre condamné était garrotté avec de petites chaînes, et, après la lecture de l'arrêt par le greffier *coram populo*, il était livré au bourreau, qui le jetait dans un bûcher élevé *à cet effet* au bas du grand escalier du Palais.

Dans le second cas, les exemplaires saisis étaient, avec les précautions d'usage, transportés dans une papeterie indiquée par l'arrêt, et là déchirés et réduits en *pâte*. De tout quoi était dressé procès-verbal en due forme.

Le lieutenant-général de police procédait avec moins de formalité; il était à la fois l'accusateur, le juge et l'exécuteur. Tout se faisait à huis clos, et dans l'intérieur de la Bastille. Le gouverneur était prévenu par un ordre du *magistrat*, qui réglait les préliminaires de cette importante opération. Dans ces circonstances, comme dans toutes les autres, le lieutenant-général de police traitait le gouverneur du château royal comme un concierge ordinaire. L'ordre que je transcris date de 1783.

« Ouvrir toutes les balles, ballots et paquets d'imprimés et gravures, mettre ensemble tous les exemplaires de chaque ouvrage, sans distinction de ballots ou paquets où ils se trouveront.

« Inscrire les titres de chaque ouvrage sur l'état général par ordre alphabétique.

« Après que l'état général sera fait, on tirera vingt exemplaires de chaque ouvrage pour être conservés au dépôt de la Bastille, et douze ou quinze pour les distributions d'usage qui seront ordonnées.

« Ensuite il sera pris jour pour commencer le déchirage qui sera fait le plus promptement possible, tant par de bas-officiers qu'on y emploiera que par les garçons du cartonnier, qui achètera le papier déchiré.

« Comme il y a au dépôt certains ouvrages en malles, caisses, ballots ou paquets, qui *exigent une attention particulière*, on n'en fera l'ouverture qu'en présence de M. le lieutenant-général de police, et ainsi qu'il l'ordonnera.

« Tout le travail préparatoire du pilon sera fait en présence du garde des archives, ou, en son absence, de l'un de MM. les officiers de l'état-major, qui seront priés de veiller qu'il ne puisse être distrait aucun exemplaire des différens ouvrages réservés au dépôt, ni même de ceux destinés au pilon.

« Tous les frais relatifs au pilon seront payés sur le produit de la vente qui sera faite du papier déchiré. » Approuvé LENOIR.

Ballots conservés au dépôt de la Bastille sous le cachet de M. Lenoir.

Nombre des exemplaires.	Titres des ouvrages.	Notes indicatives.
385	Ministère de M. le comte de Maurepas.	Libelle contre ce ministre.
400	Lettre de Danguis.	Contre le duc de Chartres.
73	Réponse de M. Bourboulon au compte Rendu de M. Necker.	
200	Réflexions sur les pirateries du sieur Gombault.	
300	Administration provinciale.	

Nombre des exemplaires.	Titres des ouvrages	Notes indicatives.
79	Conversation de madame Necker.	
534	Essais sur la vie d'Antoinette.	Libelle abominable contre la reine.
34	Les joueurs de Dussault.	Libelle contre M. Amel et autre.
500	Erreurs et désavantage de l'État par Pellisery.	Libelle contre M. Necker.
300	De l'administration provinciale, in-4°.	Ouvrage saisi et retenu par ordre de M. le garde des sceaux et de M. Necker.
400	Par M. Letrône.	
Toute l'édition.	Amours de Charlot et Antoinette.	Pièce de vers et gravures très injurieuses à la R.
Toute l'édition ou à peu près.	Porte-feuille d'un talon rouge.	Libelle contre toute la Cour.
Toute l'édition d'un ouvrage acheté à Londres.	Malle cachetée du Lord North.	On pense que c'est un libelle contre la R.
Toute l'édition.	L'aiguillonnade par Linguet, deux caisses.	Pièce contre M. le duc d'Aiguillon et autres personnes en place.
Toute l'édition.	Préface de l'Histoire de Louis XVI, en trois gros ballots.	Diatribe sur le règne dernier et contre le commencement de celui-ci.

Jugement rendu le 13 mai 1783.

« Jean-Charles-Pierre Lenoir, chevalier, conseiller d'état, lieutenant-général de la ville, prévôté et vicomté de Paris;

« Vu l'état-général de tous les livres imprimés, planches et estampes prohibés, depuis le mois de juillet, tant à Paris et ses environs que dans les provinces du royaume et pays étrangers, et envoyés au château de la Bastille, soit en exécution des ordres du roi et de monseigneur le garde des sceaux, soit en vertu de nos ordonnances ou des jugemens par nous rendus à la chambre syndicale de la librairie ; ordonnons que lesdits ouvrages d'impression seront supprimés et lacérés en la manière accoutumée, et les planches grattées et brisées en présence du sieur Martin, garde des archives dudit château, et de ceux de MM. les officiers de l'état-major auxquels leur service permettra de s'y trouver, et ils nous certifieront de l'exécution du présent ordre par écrit, qui vaudra procès-verbal, et sera déposé aux archives dudit château de la Bastille, pour servir et valoir ce que de raison. » *Signé* LENOIR.

Ce certificat que M. le lieutenant-général de police exigeait de ses subordonnés chargés de l'exécution de ses ordres pour la destruction des livres, anéantis par le pilon était ainsi conçu. La formule était toujours la même ; il n'y avait de changement que pour les dates et les noms des certificateurs.

« Nous, avocat du parlement, garde des ar-
« chives de la Bastille, et officiers de l'état-
« major dudit château, soussignés, certifions
« qu'en exécution de l'ordre de M. LENOIR, con-

« seiller d'état, lieutenant-général de police, com-
« missaire du roi, en date du 18 du présent
« mois, il a été procédé, en notre présence, le
« lendemain 19 et jours suivans, jusques et
« compris cejourd'hui, à la suppression, lacé-
« ration et destruction de tous les ouvrages im-
« primés, estampes et planches gravées, énoncés
« en l'état général annoncé audit ordre, et pa-
« raphé par premier et dernier feuillet.

« Fait à Paris, etc.

« Et ont tous signé, etc. »

Les ouvrages condamnés au pilon par M. Lenoir appartenaient presque tous à la polémique de haute administration et surtout aux finances. Celui qui avait pour objet le régime des états provinciaux n'était que le résumé des mémoires présentés et discutés dans ces assemblées, dont l'établissement très récent avait déjà obtenu d'utiles et incontestables résultats. Ils ont été réimprimés, après la révolution de 1789.

Il en a été de même des mémoires de Pelissery sur les finances.

Les deux libelles intitulés : *Essai sur la Vie d'Antoinette*, et *Amours de Charlot et d'Antoinette*, étaient dégoûtans de cynisme et d'obscénités. Ces sales productions n'eussent pas même été connues, si le lieutenant-général de police ne les avait pas confondues dans la même condamnation que les ouvrages d'une haute portée politique, qui viennent d'être cités, et qui déjà avaient fixé l'attention des publicistes et des hommes les plus distingués par leurs talens et leur patriotisme.

M. Lenoir, en poursuivant à outrance toutes les publications utiles et généreuses, tous les ouvrages qui avaient pour objet la réformation des abus, et les progrès de la civilisation, ne faisait que suivre les traditions de ses prédécesseurs.

M. de Sartine, auquel il avait succédé ne se bornait pas à livrer au pilon des ouvrages nouveaux et peu ou point connus, et dont il aurait pu étouffer la publication. Il s'attachait à des ouvrages qui déja avaient fixé l'attention de l'Europe littéraire et politique. C'était chez lui une véritable monomanie. Il ajoutait par l'éclat et le scandale de ses folles persécutions, à la vogue de l'ouvrage, qu'il croyait anéantir.

Il me suffira de citer quelques-uns des livres qu'il avait condamnés au pilon : *le Contrat social*, *les Lettres de la Montagne*, *le Traité de la Tolérance*, *les Avantages du Mariage des Prêtres*, *le Moyen de rendre les Religieuses utiles*, *les Mémoires de Maintenon*, *les Œuvres d'Helvétius*, *de Mably*, etc., etc. Il n'épargnait pas même les caractères et les presses qui avaient servi à l'impression des ouvrages qu'il proscrivait. Tout était transporté à la Bastille, brisé et brûlé.

A qui profitait le produit de tant de papier *mis en pâte* par le pilon ? à la caisse des fonds secrets de la police.

Le lieutenant-général se faisait rendre compte du chiffre des dépenses et des produits de chaque *pilonage*.

Une seule opération avait produit trois milliers et quinze livres de feuilles morcelées, déchirées et livrées au cartonnier Tisset, à raison de 7 liv. 10s. le quintal. Ainsi la recette avait produit. 216 l. 2 s. 6 d.

Dépenses pour sept journées de trois déchireurs, à 3 liv............	63 »	»
Pour une journée de deux hommes.	6 »	»
Aux compagnons, pour boire....	3 »	»
Pour les fiacres de Guérin	15	11 »
Restait de profit	138	10 s. 6 d.

Il en était sans doute du pilon de la Bastille, comme du bûcher de la place du Palais, et les hommes de police, qui présidaient par ordre de monseigneur le lieutenant-général aux opérations du pilon, n'étaient ni plus scrupuleux, ni plus désintéressés que les subalternes en robe, chargés de présider à la destruction des livres condamnés au feu par le parlement. Le chétif pourboire alloué aux ouvriers déchireurs, n'était qu'une insuffisante compensation du prix qu'ils étaient certains d'obtenir par la vente de livres condamnés, auxquels ils substituaient d'inutiles et inoffensives paperasses.

Cette substitution frauduleuse était d'autant plus facile sous la dictature de M. de Sartine, que ce magistrat n'assistait jamais en personne au pilonage ; il se contentait de donner ses ordres à cet égard, et s'en rapportait à la loyauté et au désintéressement de ses subordonnés.

Ses successeurs Lenoir et de Crosne surveillaient eux-mêmes cette importante *exécution*. Mais, graces à l'heureux privilège de leur charge, les exemplaires réservés multipliaient à l'infini et sous la rubrique de Londres, de Bruxelles, d'Amsterdam ou d'Avignon, de nouvelles éditions circulaient dans toute la France.

De toutes les contrebandes, celle de la librairie était la plus facile, la plus lucrative et la moins dangereuse, et les douaniers de la chambre syndicale en étaient pour leurs frais d'investigation et d'estampillage; mais la haute police se vengeait cruellement sur les auteurs de l'impuissance de ses efforts pour enchaîner la publication de leurs ouvrages.

PIÈCES JUSTIFICATIVES.

NOTES ET DOCUMENS.

Lettre de Pellisery (Roch-Antoine) adressée à M. de Losme, major en 1784. (Indiquée p. 297.

Pellisery (Roch-Antoine), négociant à Marseille, sa patrie, auteur de la lettre suivante, a été détenu à la Bastille depuis le 3 juin 1777 jusqu'au 25 juillet 1788. Il ne sortit de son cachot que pour être transféré à Charenton. Son crime était la publication des brochures intitulées : *L'Eloge politique de Colbert en 1774. Le café politique d'Amsterdam* en 1776. *Erreurs et désavantages pour l'Etat de ses emprunts des 7 janvier et 7 février* de la même année. Il attaquait dans le dernier ouvrage le système financier de M. Necker : ce n'était pas une satire passionnée, mais une dissertation calme et mesurée. Le long séjour qu'il a fait à la Bastille l'avait mis à même d'en connaître parfaitement le régime intérieur; et sa lettre doit inspirer d'autant plus de confiance qu'elle est adressée au major de ce château royal. L'auteur n'a dû énoncer que des faits vrais et précis. Il n'a dû sa liberté qu'à la victoire de l'insurrection parisienne : il a depuis publié ses mémoires en un volume in-8°.

« Vous auriez tort de douter un instant, monsieur, que je ne sois très reconnaissant des petites douceurs dans ma nourriture dont vous me faites jouir depuis votre arrivée dans ce château. Vous cherchez, autant qu'il est en votre pouvoir, d'alléger la dose des désagrémens que l'injustice et la tyrannie *du roi* me fait éprouver depuis près de sept ans.

« Vous auriez tort de croire aussi que je n'aperçoive pas dans toutes vos complaisances à mon égard, que vous êtes le metteur en œuvre, tant de la part du roi que de ses ministres, et de M. le lieutenant-général de la police, pour me porter à quelque démarche de suppliant, qui leur facilite les moyens de réparer leur injustice à mon égard, en me tirant de prison *cum bel modo* sous le plausible prétexte d'un amandement de ma part envers le roi, ou le gouvernement qui me présenterait aux yeux de la nation, et de mes concitoyens, comme m'étant reconnu susceptible de quelque reproche envers le roi et son administration,

« Comme je n'ai certainement aucun reproche à me faire à ce sujet ayant toujours observé et pratiqué le respect et l'obéissance que m'imposent les lois envers la personne et l'autorité de S. M. j'ai toujours fait l'oreille sourde aux insinuations tacites que vous m'en avez données, dans le choix des livres que vous avez la complaisance de m'envoyer, pour délasser les ennuis de ma triste captivité, où il était écrit avec affectation dans la première page du titre *au roi*.....

« Toutes ces répétitions m'ont assez fait connaître que vous voudriez que je me soumisse aveuglément à tout ce que le roi jugerait à propos d'exiger de moi ; et que, par un excès de cette même complaisance, je m'abandonnasse une autre fois au même zèle pour la nation, qui m'avait plongé avant mon aventure de la Bastille, dans l'horrible travail, et dans les sombres et abstraites méditations économiques et politiques du cabinet, sur les intérêts de la France; et qui m'avaient engagé de faire au gouvernement les propositions et les offres de service que je lui ai faites du temps de Louis XV, et plus particulièrement sous le règne d'aujourd'hui....

« Vous n'ignorez pas, monsieur, que depuis sept ans, je suis enfermé dans le triste appartement que j'occupe dans ce château, large au plus de 10 pieds en tout sens dans son octogone; élevé de près de 20, situé sous la terrasse des batteries, d'où je ne suis pas sorti la valeur de cinq heures en diverses reprises. Il y règne un froid horrible en hiver, malgré le feu médiocre que l'on y fait dans cette saison, toujours avec du bois sortant de l'eau; sans doute par un raffinement d'humanité, pour rendre inutile le faible mérite ou l'assistance d'avoir un peu de feu pour tempérer la rigueur de l'appartement.

« Dans la belle saison je n'ai respiré l'air qu'à travers une fenêtre percée dans une muraille épaisse de plus de 5 pieds, et grillées de doubles grilles de fer à fleur de mur, tant en dedans qu'en dehors de l'appartement. Vous n'ignorez pas encore que je n'ai jamais eu, depuis le 3 juin 1777 jusqu'au 14 janvier 1784, qu'un méchant lit ; je n'ai jamais pu faire usage du garniment tant il était déchiré, percé de vers, chargé de vilenie et de poussière ; et une méchante chaise de paille des plus communes, dont le dossier rentrait bien en dedans du siège, et brisait les épaules, les reins et la poitrine.

« Pour couronner les désagrémens d'une situation aussi triste, aussi injurieuse, aussi injuste et aussi peu méritée de ma part, on a eu la cruauté de ne monter tous les hivers que de l'eau puante et corrompue, telle que celle que la rivière verse dans ses inondations dans les fossés de ce château, où elle grossit ses ordures et la malpropreté de toutes les immondices, latrines, etc. que versent dans ces fossés les divers ménages logés dans l'Arsenal, de même que ceux logés dans ce même château. Pour mettre le comble à toutes ces atrocités, pendant plus de trente mois, avant votre arrivée, l'on ne m'a jamais servi que du pain le plus horrible du monde, dont j'ai été cruellement incommodé ; accompagné les trois quarts du temps (encore plus à mon souper qu'à mon dîner) de tous des rebuts et dessertes de la table des maîtres et des domestiques ; et le plus souvent de ces restes puans et dégoûtans qui vieillisent et se corrompent dans les armoires d'une cuisine.

« Votre arrivée, monsieur, dans ce château a mis un ordre plus honnête dans cette partie ; et même, sans compliment, je vous dirai que le plus souvent il y a régné une sorte d'attention, dont je vous réitère les remercîmens que j'ai déjà eu plusieurs fois l'honneur de vous en faire ; mais vous n'avez pas été aussi heureux à l'égard du pain et de l'eau.

« A l'égard du pain, tout le printemps, tout l'été, tout l'automne de l'année dernière jusqu'au 15 décembre, l'on ne m'a monté que du pain le plus horrible du monde, pétri de toutes les balayures de farines du magasin du boulanger, dans lequel j'ai constamment trouvé, tantôt mille *graillons* gros comme des pois et des fèves, d'un levain sec et dur, jaune et moisi, qui désignait assez que ce pain était commandé exprès, et qu'il était tout composé des échappées ou restans du levain qui s'attachent contre le bois de la machine où l'on pétrit le pain, et que l'on râclait soigneusement, après qu'elles s'étaient aigries, pour en composer le pain qu'on me montait.

« D'autres fois, c'étaient des *escarabais* de boulanger, que le peuple appelle *mitrons*. J'en ai trouvé une fois jusqu'à cinq. Pour que ce pain ne fût pas confondu avec celui de la maison, on avait l'affectaion de le laisser toujours bien sale, en dessous chargé de cendres et de charbons. Plusieurs fois j'ai pensé que, si la maison donne aux domestiques leur pain en argent, qu'il pourrait bien être que mon garde-clefs fît faire ce mauvais pain comme pour quelque chien, et qu'il le substituât à celui que me donnait la maison, n'étant pas possible qu'aucune créature humaine ou raisonnable pût s'en nourrir; moi-même qui ne suis pas difficile à contenter, nombre de fois ayant eu de la peine d'en manger la seule moitié de la croûte du dessus bien sèche et bien émiettée.

« J'ai eu plusieurs fois la démangeaison de vous en parler; mais n'ayant jamais rien pu gagner à l'égard de l'eau, même depuis votre arrivée, et mes plaintes à ce sujet m'ayant occasioné une scène des plus désagréables avec M. le gouverneur, le 4 mai prochain, il y aura deux ans, j'ai gardé le silence pour éviter toute nouvelle altercation............... J'attribue la violente secousse de douleurs et de convulsions que j'ai ressentie dans tous mes membres pendant quatre heures, le 19 octobre, dans la nuit, et qui me tiennent en crainte d'une paralysie dans le bras droit et dans les jambes, à ce mauvais pain; je lui attribue cette crise, de même que les ressentimens que j'en ai encore quelquefois, et l'horrible dépôt qui s'était formé dans mes jambes, mes pieds et mes mains, pendant tout cet hiver, ayant eu constamment six doigts de mes deux mains empaquetés, et mes deux jambes depuis deux doigts au-dessus de la cheville jusque dans tout le dessus et le dessous, et les cinq doigts des pieds percés chacun de 15 à 20 trous.

M. le chirurgien, à qui je les ai montrés plusieurs fois, pourra vous confirmer cette vérité. Il pourra encore vous dire que je l'ai prié plusieurs fois d'en parler à M. le médecin. Comme les raisons qu'il m'a alléguées à ce sujet, pour ne l'avoir pas fait, sont misérables, et que je le crois véritablement honnête homme, je me suis confirmé que son silence là dessus lui a été dicté par l'inique tribunal de M. le lieutenant-général de police, alliés et consorts.

Le lit neuf, et le fauteuil dont on m'a gratifié le 14 janvier dernier, est un second *ultimatum* de ce même tribunal, dont l'amphigouri ne saurait émouvoir, par ambition ou par crainte, un homme aussi désintéressé et aussi philosophe que moi. Ce ne sera jamais l'intérêt, ni les honneurs, ni les dignités de la cour, qui me feront oublier l'injustice atroce commise à mon égard. Ce ne sera jamais la crainte d'une prison perpétuelle (quand je ne l'aurai pas méritée), qui me fera dévouer au pénible travail des affaires publiques. Ce sera le plaisir de faire le bien, et d'être l'heureux agent, l'heureux metteur en œuvre du bonheur de la nation.

« Le soir du 24 février 1783, dans la visite que vous me fîtes l'honneur de me faire, où vous me demandâtes ce que je ferais si l'on me proposait de me rendre chez moi, etc., vous vous fîtes devancer par un petit pot de crême d'extraordinaire à mon souper, et vous vous en rappelez bien....

« Votre petit pot de crême me fit bien connaître que vous aviez quelque chose à me dire, et que vous me souhaitiez doux comme du lait, et docile comme un mouton.....

« Mon indulgence se manifeste dans la conduite que j'ai tenue avec M. le lieutenant-général de police, après les outrages qu'il m'a faits dans mon domicile, malgré la protection des lois, m'étant abstenu de le dénoncer à ses juges.

« Aujourd'hui, après une captivité des plus injurieuses, des plus tristes et des plus rigoureuses, depuis sept ans; après une multitude d'actes d'atrocité et de tyrannie, dont il n'y a encore aucun exemple; après m'avoir réduit, à force de mauvais traitemens, à cracher le sang pendant plus de quinze mois; après m'avoir fait contracter un rhumatisme universel dans tout mon corps, suivi d'une humeur scorbutique, telle que celle qui, tous les hivers, m'hypothèque les pieds et les mains à ne pouvoir presque pas m'en servir; l'on voudrait me forcer d'abandonner aveuglément mon sort à la merci de mon tyran, et, par un surcroît de générosité, que je lui sacrifiasse le peu de jours qui me restent encore à vivre, en m'abandonnant, tête baissée, dans une carrière de travail dont le service est le plus importun, le plus sédentaire, le plus susceptible de désagrément et de dégoût qui ait encore existé.

« Si vous étiez à ma place, Monsieur, le feriez-vous? Je vous crois trop sage pour l'accepter, et moi, j'ai trop de connaissance pour ne pas imiter votre prudence. Tout ce que je puis faire dans la dure nécessité où je me vois réduit, pour me tirer de l'horrible esclavage où la tyrannie me tient en captivité depuis sept ans; c'est après être sorti d'ici d'une façon honnête, sans ignominie et sans flétrissure, et après avoir passé quarante ou cinquante jours dans Paris pour y faire quelques remèdes pour mon scorbut; c'est, dis-je, de me rendre chez moi où mes affaires de famille, depuis la mort de ma mère, y demandent absolument ma présence.

« Là, en arrangeant mesdites affaires, par la vente de quelques capitaux, j'y travaillerai tranquillement, sans précipitation et sans promptitude, un mémoire raisonné sur l'état malheureux de la France, tant dans son système économique et politique, où j'y exposerai bien démonstrativement, branche par branche, tous les désordres, tous les défauts de principes, toutes les erreurs et tous les désavantages pour la nation qui existent dans chaque branche.

Signé PELLISSERY.

Traité pour le monopole des grains dans toute la France, appelé Pacte de famine (cité chap. 9, pag. 175 et suivantes.)

Nous soussignés Simon-Pierre Malisset, chargé de l'entretien et de la manutention des blés du roi ; Jacques-Donatien le Roi de Chaumont, chevalier, grand-maître honoraire des eaux et forêts de France ; Pierre-Rousseau, conseiller du roi, receveur-général des domaines et bois du comté de Blois ;

Et Bernard Perruchot, régisseur-général des hôpitaux des armées du roi, tous cautions dudit Malisset, demeurant à Paris.

Après avoir examiné le *traité* ou *soumission*, dont copie est ci-après, passée au nom du roi, par monseigneur le contrôleur-général, le 28 août 1765, audit Malisset, pour la garde, entretien, la manutention et le recouvrement des magasins des blés du roi pendant douze années, dont la première a commencé le 1ᵉʳ septembre de ladite année 1765, avons jugé convenable de pourvoir par ces présentes au traitement à faire audit sieur Malisset, et subséquemment aux arrangemens relatifs au commerce et aux renouvellemens successifs des blés qui ont été confiés audit sieur Malisset ; en conséquence et pour remplir le premier objet, c'est-à-dire celui du traitement dudit sieur Malisset, nous, le Roi de Chaumont ; Rousseau et Perruchot, cautions dudit sieur Malisset, sommes convenus de ce qui suit :

Article premier.

Il sera alloué audit sieur Malisset 3 sous pour 250 livres de grains qui entreront dans les magasins de Corbeil, et en sortiront en nature de grains, et qui seront voiturés par ses voitures, et 5 sous par même poids sur les grains convertis en farine *.

Art. II.

Il sera alloué audit sieur Malisset 30 s. pour la mouture de tous moulins qu'il emploiera, soit à Corbeil ou aux environs, à raison du sac de blé pesant 250 liv. **.

Art. III.

Il sera alloué audit munitionnaire 8 s. de septier d'issues et 6 s. par chaque baril que ses bateaux amèneront de Corbeil à Paris; à l'effet de quoi il

---

* En supposant seulement 300,000 sacs de blé et 100,000 sacs de farine du poids de 250 liv. voiturés par an (ce que ne permet pas de croire l'étendue de l'entreprise), c'est déjà pour Malisset, sur le blé, à raison de 3 s. du sac, un objet de 45,000 liv. et sur la farine, sur le pied de 5 s. du sac, un autre objet d'entreprise de 25,000 liv.

** Partant toujours de la même supposition, la mouture seulement de 100,000 sacs de farine à 30 s. le sac, serait pour les meûniers 130,000 liv. mais il est à présumer que Malisset paie moins que 3 s. et qu'il retire sur cela un bénéfice.

sera obligé d'avoir à la disposition du service, des bateaux suffisamment en bon état *. Il sera même tenu de faire garnir les bateaux de tous traits et de couvertures ou bannes, de telle sorte que la denrée ne puisse être avariée dans les bateaux, desquelles marchandises avariées ledit sieur Malisset sera responsable, comme il le sera aussi desdites marchandises dans le cas de perte de bateaux, soit qu'ils périssent par la faute des mariniers, par fortune de temps ou autrement, et par quelque cause que ce puisse être, renonçant de la part dudit sieur Malisset aux exceptions portées par les ordonnances, et reconnaissant que le prix fixé pour ses voitures ne l'a été ainsi que sous la condition qu'il rendrait toujours les marchandises à leur destination ou qu'il en payerait la valeur.

Art. IV.

Ledit sieur Malisset, dans les prix ci-dessus convenus, ne sera tenu du paiement d'aucun des journaliers qui pourront être employés au chargement et déchargement des bateaux dans les voitures et des voitures dans les magasins : il sera pourvu au paiement de ces journaliers sur des états détaillés et certifiés, qui seront remis tous les mois au direc-

---

* Supposé la quantité de 300,000 sacs, la manutention du sac de grains à 8 s. serait encore pour Malisset un objet d'entreprise 1,200,000 liv. et le transport de 100,000 barils de farine à 6 s. un autre de 30,000 liv.

teur caissier, par ledit sieur Malisset, lequel au surplus ne sera chargé que des salaires des mariniers, charretiers et journaliers qui seront employés au criblage.

Art. V.

Il sera payé annuellement audit sieur Malisset une somme de 500 livres, au moyen de laquelle il se chargera d'affranchir tous les grains et farines employés dans ladite manutention, du droit de minage pendant la durée du bail actuel du sieur Houillard *, ou du sieur Malisset, ou du bail qu'il pourrait renouveller.

Art. VI.

Il sera alloué audit sieur Malisset dix boisseaux de son par jour, pour lui tenir lieu de reportage des sacs vides **, de Paris à Corbeil et de Corbeil à Paris, et autres ustensiles appartenant à la manutention et pour l'entretien des chemins.

Art. VII.

Enfin il lui sera passé annuellement une somme

---

* Ces mots pendant la *durée du bail actuel du sieur Houillard*, prouvent qu'il a été fait antérieurement au présent traité avec Malisset, d'autres entreprises à bail pour l'enlèvement des blés, et qu'on se propose de continuer et renouveler en 1777, si aucuns ne s'y opposent.

** Ce sou à raison de 12 s. le boisseau, par jour fait 290 l. par an. On voulait que les ânes du roi fussent bien traités.

de 600 livres pour lui tenir lieu de ses frais de voyage, même jusqu'à Nogent-sur-Seine, et des dépenses qui peuvent être occasionées par les différens marchands et commissaires qui vont journellement à Corbeil, chez le sieur Malisset : et dans le cas où il serait obligé de faire quelques voyages au loin, il sera tenu compte des ses frais de poste, lorsque la distance sera au-delà de vingt lieues de Paris.

Art. VIII.

Au moyen desquelles conditions le sieur Malisset s'oblige de faire conduire par ses voitures tous les grains qui arriveront à Corbeil, pour raison de ladite manutention, et de les faire transporter, des bateaux ou voitures, dans les magasins près et loin. Il fera aussi faire par les mêmes voitures tous les portages de grains, farines et issues, soit dans les magasins, soit à la mouture, de la mouture dans les magasins, et des magasins * aux bateaux, ou chez les marchands ou boulangers à résidence de deux ou trois lieues de Corbeil. Le sieur Malisset fera cribler tous les blés qui entreront dans les magasins de Corbeil, et fera moudre tous

---

* On fait convertir beaucoup de bleds en farine, parce qu'elle se vend plus cher que le bled et que l'acheteur qui ne calcule pas, croit y gagner la mouture. D'ailleurs le sac de farine tient deux tiers moins de volume pour l'emmagasinement et le transport.

ceux qui sont destinés à la mouture, et il ne leur sera passé pour tout déchet que vingt et demi pour cent, sans toutefois qu'ils puissent profiter du déchet, s'il se trouvait moins considérable.

Art. IX.

Ledit sieur Malisset voiturera par ses bateaux de Corbeil à Paris, tous les grains, farines et issues, qu'il sera jugé convenable de faire venir à Paris, sans qu'il puisse rien exiger au-delà de ce qui a été ci-dessus convenu, sous quelque prétexte que ce puisse être.

Art. X.

Ledit sieur Malisset sera tenu des impositions du vingtième, des tailles et autres accessoires, sauf à lui à en obtenir la décharge, s'il y a lieu, conformément à son traité avec le roi*.

Art. XI.

Reconnaît au surplus ledit sieur Malisset, que par l'article 13 de sa soumission du 28 août 1765, il est convenu qu'en cas de mort** de sa part, la-

---

* C'est donc bien avec le roi que le banqueroutier Malisset traite, et Laverdy comme ministre des finances se réserve de le décharger de toutes impositions.

** En cas que Malisset meure, ses prétendues cautions s'attribuent tous ces droits, afin que personne ne puisse acquérir

dite soumission serait résolue de droit par rapport à lui, sans que les héritiers ou représentans puissent exercer aucuns droits ni prétentions pour raison d'icelle, et que lesdits sieurs Le Roy de Chaumont, Rousseau et Perruchot, ses cautions, jouiront de tout l'effet de ladite soumission; en conséquence, en cas de mort dudit Malisset, il sera fait un inventaire signé du caissier et desdits sieurs cautions, de l'État et situation de l'entreprise, pour les fonds qui pourront être dus audit sieur Malisset, être remis à ses héritiers *, après toutefois que l'inventaire et contre mesurage des blés du roi auront été faits, pour dans le cas où les quantités appartenant au roi, ne seraient point entières, lesdites quantités être complétées par les fonds de l'entreprise, ou par ceux provenans de la succession dudit Malisset, si le déficit dans les quantités provenait de son fait; et ledit sieur Malisset s'oblige, tant pour lui que pour ses représentans, de fournir pendant la durée de douze années, ses moulins, bâtimens et magasins actuellement existans à Corbeil, même ceux qu'il pourra acquérir et faire construire par la suite; se soumet aussi,

---

ni part, ni droit, ni même de connaissance sur le fond ou dans le produit de la société.

* Les cautions associées n'entendent pas qu'aucuns juges décident des droits de Malisset, ce sont eux-mêmes qui se chargent de l'inventaire et des comptes de la situation de l'entreprise actuelle, pour ne donner aux héritiers Malisset que ce qu'ils voudront.

ledit sieur Malisset, à ne faire aucune mouture de grains, achat de blé ou vente de farine, transport de grains de chez les marchands, et des magasins de dépôt à Corbeil ou ailleurs, que du consentement de la pluralité de ses cautions, et à moins que les marchés * ne soient passés par le directeur qui sera nommé à cet effet. Toutes lesquelles clauses et conditions ont été acceptées par le sieur Malisset, et garanties par lesdits sieurs ses cautions. Et lesdits sieurs cautions voulant pourvoir à la sûreté de ladite entreprise, assurer le progrès du commerce qui en sera le soutien, et le garantir de tous les évènemens, ont jugé convenable de former un fonds qu'ils augmenteront suivant l'exigence des cas, et la contribution duquel ils ont trouvé juste de faire participer le sieur Malisset, tant pour lui procurer une portion des bénéfices, si aucun il y a, que pour le rendre plus attentif et plus vigilant, en le faisant contribuer aux pertes, si les évènemens en produisent quelques-unes. En conséquence ledit sieur Malisset et lesdits sieurs cautions sont convenus de ce qui suit :

* Indépendamment des achats de grains dans les marchés, on voit que Malisset en faisait encore chez les fermiers et laboureurs. Il paraît même qu'il se faisait pour cela des marchés ou sous-traités par le directeur de l'entreprise, pour faire des achats ou enlèvemens par d'autres particuliers que Malisset.

Article premier

La totalité des fonds d'avance sera distribuée en 18 sous d'intérêts, et répartis, SAVOIR :

M. de Chaumont............	4 sous.
M. Rousseau...............	4.
M. Perruchot..............	4.
Le sieur Malisset..........	6.
	18 sous.

Art. II.

Les fonds convenus pour chaque sou d'intérêts resteront fixés, comme ils ont été faits, à la somme de 10,000 liv., sauf, suivant les circonstances, à les augmenter ou diminuer, ce qui ne pourra être arrêté que par une délibération signée au moins de trois intéressés.

Art. III.

Le sieur Roie Chaumont, Rousseau et Perruchot sont convenus, pour exciter davantage le zèle et l'émulation dudit sieur Malisset, de lui donner deux sous sans fonds, sur les six pour lesquels il est compris dans la présente soumission. En conséquence ledit sieur Malisset ne sera tenu de faire les fonds convenus que pour quatre sous seulement *.

* La fixation à 10000 l. par sol qui ne fait pour 18 sols

LA BASTILLE.

Art. IV.

Le sieur Goujet a été choisi et nommé pour directeur et caissier de ladite entreprise, sous le cautionnement du sieur Perruchot (ils étaient parens.)

Art. V.

Il sera pourvu incessamment au logement dudit sieur Goujet, tant pour lui que pour les bureaux de l'entreprise, qui seront établis dans le même lieu.

Art. VI.

MM. les intéressés tiendront leurs assemblées dans la maison dudit sieur directeur caissier, et tous les papiers, titres et comptes de l'entreprise,

180000 livres de fonds d'avance n'était qu'un déguisement supposé: car il a fallu des millions pour approvisionner les magasins construits, et ceux à construire dans tout le royaume, et remplir les voitures, les bateaux et les navires qui allaient d'un port à l'autre. Ce qui le prouve, c'est que toutes les parties d'entreprise réunies, estimées bien au-dessous de ce qu'elles sont dans l'exécution, se montaient déjà pour Malisset à 260,000 liv. de charge, sans le gros bénéfice de six sols d'intérêt.

Comme il avait deux sous d'intérêt sans fonds, on ne peut guère douter que les 4 sous d'intérêt qui restaient sous son nom, ne fussent pour M. de Laverdy qui ne devait pas se montrer.

y seront déposés, sous la garde dudit sieur directeur-caissier.

Art. VII.

Il sera pourvu aux appointemens, frais de bureaux et de loyer dudit sieur Goujet, par une délibération qui sera signée au moins de trois intéressés.

Art. VIII.

Les appointemens dudit caissier, ceux des autres employés, les frais de bureaux et ceux de loyer, seront payés par ledit sieur caissier, sur des états qui seront arrêtés à la fin de chaque mois et signés au moins par trois intéressés.

Art. IX.

Il sera arrêté, tous les trois mois, un état d'intérêt à raison de 10 pour cent des fonds de mise; et tous les ans, après le bilan ou inventaire général de l'entreprise, il sera pris une délibération pour la répartition des bénéfices, si aucun il y a, et le montant desdits intérêts, ainsi que celui de la répartition des bénéfices, sera payé par le caissier, sur les états qui seront signés au moins de trois associés.

Art. X.

En conséquence du dernier bilan, clos et arrêté au dernier novembre mil sept cent soixante-dix, il sera réparti provisoirement, à chaque sou d'intérêt, la somme de 2,600 liv., qui sera payée par le caissier sur l'état arrêté et signé au moins de trois intéressés.

Art. XI.

Toutes les reconnaissances qui ont été fournies jusqu'à présent, à chaque intéressé par les fonds d'avance, résultant de leurs intérêts, seront converties en des récépissés du caissier, sous les mêmes dates, et qui seront contrôlés par un intéressé.

Art. XII.

Le compte de ladite entreprise sera fait et rendu par le directeur, et arrêté annuellement, signé au moins de trois intéressés, pour servir de base et de compte général aux représentans d'aucuns des intéressés qui pourraient décéder pendant la durée de ladite entreprise, étant convenus respectivement lesdits sieurs Malisset et ses cautions, qu'arrivant le décès d'aucun intéressé, son intérêt accroîtra aux autres par portion égale; et ses représentans ne pourront répéter que les fonds de ladite mise, les intérêts à dix pour cent jusqu'au jour du remboursement de ladite mise, et la portion à lui revenant dans les bénéfices arrêtés par le dernier compte, au moins sur les fonds de mise, s'il se trouvait perte au dernier compte.

La convention portée au présent article n'aura

lieu néanmoins, qu'autant que le ministère se prêterait à décharger les biens, meubles et immeubles de l'intéressé décédé, du cautionnement solidaire, et dans le cas où ledit cautionnement subsisterait; alors les héritiers ou représentans jouiront de l'intérêt en entier, pour participer aux pertes et bénéfices; et il est seulement convenu que les héritiers ou représentans se contenteront, pour établir leurs prétentions, de la copie signée, et certifiée des autres intéressés, du compte arrêté annuellement de la situation de l'entreprise et des différentes délibérations, ordres de paiement et autres arrêtés faits pendant chacune desdites années, jusqu'à l'expiration de la commission du sieur Malisset, acceptée, au nom du roi par monseigneur le contrôleur-général *.

Art. XIII.

Aucun intéressé ne pourra céder son intérêt,

* On fait assez pressentir par cette disposition qu'on est dans l'habitude de se pourvoir vers le ministre des finances pour cette décharge, ce qui suivant les articles 5, 10 et 20 des engagemens de Malisset, ferait soupçonner que les traités pour l'enlèvement et enchérissement des blés, étaient également rédigés et permis par M. Bertin, qui, comme M. de Laverdy, a fait trop de mal dans le ministère pour n'y avoir fait aucun bien. 2° Dans le cas où un nouveau contrôleur général ne voudrait pas se prêter à commettre ces infamies, sous le nom du roi, on fait entendre qu'on s'accordera, par un sacrifice volontaire, l'intérêt en entier aux héritiers de l'intéressé décédé, plutôt que de laisser l'autorité ordinaire pénétrer dans la mystérieuse entreprise.

en tout ou en partie, sans le consentement unanime des autres intéressés, et arrivant qu'il fût fait une cession au préjudice de la présente clause, est ici expressément convenu que les intéressés auront la faculté de réunir l'intérêt cédé en remboursement seulement au cessionnaire, le capital du cédant et les intérêts à cinq pour cent, du jour de l'acte de cession, et en lui tenant compte des bénéfices, ou en lui faisant supporter les pertes depuis le dernier compte, comme il est dit en l'art. XII.

Art. XIV.

Le directeur sera autorisé à passer des marchés conformément aux délibérations : il sera tenu d'en faire approuver les clauses et conditions, avant la signature par deux intéressés, et aucun d'iceux ne pourra faire de marchés particuliers, à l'exception du sieur Malisset, qui pourra vendre des sons et farines jusqu'à concurrence des 3,000 l. à charge de faire enregistrer les ventes qu'il aura faites dans le jour *.

XV.

Aucuns des intéressés directement ou indirecte-

---

* Cette petite vente particulière de son et de farine à raison de 3,000 liv. par chaque jour faisait pour 300 jours 933,000 liv. sans parler des recettes de blés qui se montent à plusieurs millions.

ment ne pourront entrer dans aucune société pour raison du commerce des grains et farines à Paris, ni sur les rivières de Seine et de Marne, et autres navigables, affluentes en icelles, que de l'agrément par écrit des autres intéressés, sous peine d'être exclus de la présente entreprise, à l'exception de M. de Chaumont, relativement à sa manufacture de Blois ou à son commerce maritime.

Art. XVI.

Il sera tenu toutes les semaines, au jour qu'il sera convenu et dans l'appartement qui sera destiné à cet effet, dans la maison du caissier, une assemblée pour conférer des affaires de l'entreprise et pour engager d'autant chaque intéressé à s'y trouver exactement, il sera payé par le caissier, en conséquence de l'état qui sera arrêté à la fin de chaque assemblée, un louis d'or de 24 liv. à chaque intéressé présent *.

Art. XVII.

Chaque jour d'assemblée, le caissier remettra un état des fonds de la caisse, un second état de situation de l'entreprise en actif et passif, et un troisième état des quantités de grains et de farines

---

* Il se tenait des comités extraordinaires lorsque quelques avis du peuple faisaient craindre une de ces insurrections qui ont été si long-temps des crimes avant que de devenir des devoirs.

qui seront dans les différens magasins et entrepôts.

Art. XVIII.

Il sera pourvu aux instructions à donner au caissier directeur, tant pour la comptabilité que pour la correspondance et les autres opérations relatives à ladite entreprise par des délibérations qui seront signées au moins par trois intéressés.

Art. XIX.

Il sera délivré annuellement une somme de 1,200 livres aux pauvres, laquelle sera payée par quart par le caissier à chaque intéressé pour en faire la distribution ainsi qu'il jugera convenable*.

Art. XX.

Ratifions en tant que besoin les arrêtés, délibérations et autres actes précédemment faits, comme ayant été jugés nécessaires au bien et à la sûreté de l'entreprise.

Fait quadruple à Paris etc., suivent les signatures.

* Faire l'aumône à ceux qu'on affame!

Pièce indiquée, Chap. IX, p. 177 et suivantes.

Mémoire au roi Louis XV, contenant la dénonciation d'un pacte de famine générale, par Charles Guillaume le Prevost, originaire de Beaumont-le-Roger, prisonnier depuis 1768, à Vincennes et à la Bastille.

SIRE,

De toutes les conjurations que révèlent les annales historiques du monde, il n'en est point de mieux marquée au sceau de Satan, que celle dont la divine Providence m'a fait faire la découverte en 1768.

Ce n'est point sur des soupçons, des rapports, des conjectures ou de fausses relations que je dénonce cette horrible machination; c'est d'après son pacte toujours renouvellé et toujours subsistant, d'après son exécution actuelle, d'après des milliers de preuves dans tout le royaume, d'après les détails les plus circonstanciés de la correspondance des conjurés, d'après plusieurs révisions et vérifications, d'après même l'aveu forcé du plus coupable d'entre les conspirateurs, qui, en faisant enlever avec moi cinq de vos sujets, pour les receler et persécuter dans vos prisons d'État, s'est imaginé de pouvoir cacher ses crimes contre Votre

Majesté et contre toute votre monarchie, en dérobant les papiers qui le condamnent.

Vos ministres, sire, pour ne pas vous laisser soupçonner qu'ils pourraient à leur gré faire naître les calamités, vous ont fait accroire qu'ils n'avaient que vos intérêts et le bien public en vue, et qu'ils croyaient nécessaire, pour prévenir en tous temps les famines, les disettes et la cherté des grains, d'établir en votre nom, à l'exemple du patriarche Joseph, dans les châteaux, les forteresses et les greniers domaniaux de chaque province, de prodigieux amas de grains, pour les répandre au temps de la nécessité.

Au premier coup-d'œil, cette précaution, qui a paru à Votre Majesté et paraîtra des plus raisonnables à tous ceux qui ne connaissent pas le dessous des cartes, n'est pourtant, grace à la divine Providence, nullement nécessaire en France ; elle n'est qu'un prétexte spécieux pour les desseins ténébreux de vos ministres, qui n'ont pas la prudence, la fidélité et le désintéressement du saint patriarche.

Éclairé du ciel, il avait prédit qu'après sept années d'abondance, viendraient sept années de famine ; il fut le sauveur de l'Égypte, et vos ministres sont les destructeurs de votre État ; il portait fidèlement au trésor de Pharaon tout le produit des blés amassés dans l'abondance, et vos ministres se partagent tous les ans en secret les dixaines de millions qu'ils ravissent sur vos peuples, gardent le *tacet* sur l'énigme; ils se servent de votre nom et de votre puissance, ils surprennent votre bonne foi et trompent votre confiance de plusieurs manières.

Ils ne disent pas qu'ils ont formé une conjuration secrète contre Votre Majesté et contre tous ses sujets, par un pacte avec le démon pour affermer votre royaume en la manière que le sont vos cinq grosses fermes et les droits réunis; mais se jouant de votre crédulité, ils vous attribuent l'honneur de l'imprévoyance. Ils vous flattent, sire, de distribuer à vos peuples, dans tous les temps de disette et de cherté qu'ils savent provoquer et entretenir facilement par leurs manœuvres, des secours que ni vous, ni eux-mêmes, ô mon roi, ne donnent pas, puisqu'ils les vendent très chèrement à leur profit. Hélas! le dirai-je? ils vous présentent, sire, à la nation, tantôt comme un marchand revendeur de leurs blés au plus haut prix possible; tantôt, calomniant votre règne aussi bien que votre personne sacrée, ils vous font passer pour un monopoleur; tantôt, et c'est avec les larmes et la rougeur de la honte que je le trace, ils vous attribuent par ces furtives opérations en votre nom, d'être l'oppresseur et le tyran des Français, quoique vous ne le soyez pas, et le plus souvent, comme l'auteur des maux de votre royaume, ou tout au moins comme fauteur de leur monstrueuse conjuration que vous ne pouvez pas soupçonner.

LA BASTILLE.

Mais, sire, sans qu'il soit besoin de rassembler tous les motifs qui justifient la droiture des intentions de Votre Majesté pour ses peuples, il suffit à tout le monde de savoir qu'il n'est point d'exemple qu'un monarque put se porter contre lui-même en agissant contre sa monarchie, et qu'il n'en est point aussi qui ait jamais voulu, contre sa conscience, son honneur et sa gloire, s'entendre avec ceux dont il saurait être trahi, pour faire divorce avec ses sujets, soumis et dociles, qui, de bonne volonté, lui paient tous les ans autant de tribut de leur amour et de leur obéissance qu'il lui plaît exiger, quoique le pacte fait frauduleusement, passé au nom de mon souverain, Louis XV, je suis bien sûr que de tous les millions (ou plutôt les milliards) extorqués des Français depuis 1729 par messeigneurs les conjurés, il n'en est pas entré un sou au trésor royal. De là ne faut-il pas conclure que mon prince, par trop de confiance, est trompé, et qu'il ne sait pas même si on le trompe ni comment on le pourrait faire si hardiment?

Cependant, rien de plus certain que Dieu m'a fait découvrir les preuves sans nombre et par le pacte même dont M. de Sartine m'a ravi des copies, en même temps qu'il m'a englouti dans les prisons; en voici toutes les clauses principales. »

(Le texte du marché est transcrit fidèlement page 328).

L'analyse d'ailleurs très exacte que donne le Prévôt de Beaumont dans son mémoire, ne serait qu'une inutile répétition.

« On nomme le sieur Goujet pour caissier général, à qui l'on ordonne de rendre ses comptes, et dresser les états de répartitions des produits de l'entreprise, au mois de novembre de chaque année. Enfin, par le vingtième et dernier article, on offre à Dieu, pour bénir cette infernale entreprise, 1,200 livres à distribuer aux pauvres dont on va sucer le sang; et M. de Laverdy signe, au nom du roi, quatre expéditions de ce bail, qui me semble du stile du sieur Cromot.

.... A cette infernale machination, suivant les découvertes que j'ai faites, sont intéressés : 1° trois intendans des finances, MM. Trudaine de Montigny, Boutin, Langlois, le premier, comme protégé de M. de Laverdy, président de la conjuration, les deux autres comme ses créatures, ils tiennent chacun une correspondance dans plusieurs provinces dont ils se sont attribué le département: 2° Trois lieutenans de police, savoir: M. Bertin, en cette qualité de lieutenant du précédent bail, ensuite comme contrôleur-général, et il n'y a pas lieu de douter qu'il n'ait retenu un intérêt dans le bail actuel. M. de Sartine, pendant plus de dix-huit ans, le plus ardent des conjurés et leur procureur-général, tenant correspondance avec les lieutenans-généraux des bailliages dans tout le ressort du parlement de Paris, ainsi que je l'en ai fait convenir dans les interrogations qu'il me faisait à la Bastille, d'où il m'a fait transférer à Vincennes, avec mes cinq compagnons, pour nous recéler, s'il ne pouvait nous corrompre.

M. Albert, à qui j'ai annoncé la conjuration dans sa première visite au donjon de Vincennes, l'an passé au mois d'août, et qui n'en a pas informé Votre Majesté, doit nécessairement en être aussi, puisque pour la perpétuer et m'empêcher de la dénoncer, il a bien osé me dire, en jurant par lui-même, que je ne sortirais jamais de ma prison; d'ailleurs, il est certain que nulle entreprise contre l'État ne pourrait subsister et moins encore s'exécuter sans la fonction et le secours de la criminelle police, contre laquelle j'en pourrais déclarer qui ne sont propres qu'à elle seule : car c'est du contrôle général et de la basse police que s'émanent la plupart des conjurations contre l'État, parce que tous deux sont en possession immémoriale de n'être ni recherchés, ni contrôlés, et de ne rendre compte, ni de leur gestion, ni de leurs biens en entrant et en sortant de leur ministère, que l'on a toujours vu récompensé.

3° Six ministres, messeigneurs Bertin, de Laverdy, Maynon d'Invau, son successeur, de Sartine et le duc de Choiseul ; mais ce dernier, au lieu de prendre sa part au traité, s'est chargé, pour lui seul et ses adjoints, de manœuvrer sur la Lorraine et l'Alsace, de la manière que mes autres seigneurs conjurés manœuvrent dans tout le reste du royaume.

4° Des membres du parlement de Paris, amis de M. de Laverdy, de Sartine, Boutin et l'Anglois.

5° Les Cromot et autres premiers commis de

de ceux-ci, indépendamment de tous ceux que je ne connais pas; mais qu'il serait bien facile de connaître tout d'un coup par les moyens que je pourrais donner à V. M., si elle daignait vouloir s'en assurer, pour y remédier sans peine.

« Presque tous les contrôleurs-généraux depuis M. Dodun et presque tous les lieutenans-généraux de police, sans en excepter M. Hérault, mon parent, sont entrés successivement dans ce fameux complot, parce que tous n'apportaient à leur ministère qu'une ardente ambition et une rapace avarice; M. de Machault, en 1750, avait pour exécuteur de ses entreprises les nommés Bouffé et Dufourny.

Suivant la voix publique, M. de Laverdy, dans l'espace de son quinquenium au contrôle, avait dépensé trente millions à l'État, tous ces contrôleurs-généraux, intendans des finances et lieutenans de police, ont dû prêter serment de fidélité entre les mains de V. M., et tous l'ont trahi sans pudeur, et l'ont mal servie, il n'y a que messeigneurs vos chanceliers et les commandeurs de vos ordres, qui ne se sont point engagés à ces monstrueuses iniquités, au lieu qu'un prince de votre sang n'a pas eu honte de s'en rassasier au commencement de votre règne, et avec tant d'ardeur, que le public indigné le satirisa de son vivant, et publia, à sa mort, cette sanglante épitaphe :

 Cy-gît le grand duc de Bourbon,
 Français ne faites plus la mine;

Il rend compte sur le charbon
Des vols qu'il fit sur la farine.

S'occuper en tout temps, jour et nuit, à conjurer, provoquer, fomenter et perpétuer, sinon de cruelles famines, du moins à forcer et entretenir sans cesse les plus longues et les plus grandes disettes, malgré les abondans et continuels secours que la divine Providence daigne nous accorder; régler à son gré la cherté des grains, sans que la nation sache comment on y parvient dans les meilleures années; mettre le feu à la main d'une partie des sujets du roi, pour consommer l'autre, 1° par les sourdes manœuvres de certain nombre d'inspecteurs ambulans dans toutes les provinces, pour les achats et réellement sous les ordres d'un généralissime nommé Malisset, 2° par des milliers d'entreposeurs, de garde-magasins, de meûniers, de voituriers, de bateliers pour le transport des prétendus blés et farines du roi de jour et de nuit, par terre et par eau, soit sur les mers en exportation, soit sur les rivières navigables en importation dans l'intérieur du royaume; 3° par d'autres milliers de vanneurs, de cribleurs, d'acheteurs et de revendeurs, tant en grains qu'en farines mixtionnées, toujours au compte; mais pourtant à l'insu du roi, sous la prostitution de son nom et de son autorité, contre sa religion, sa conscience, ses intérêts et sa gloire, aux dépens mêmes de la tranquillité, de la sûreté et félicité de la monarchie; nier à Dieu, par l'ingratitude la plus monstrueuse, les récoltes abondantes que sa grande bonté ne cesse de départir aux Français; jeter dans les prisons d'état, par de fausses lettres de cachet, tous ceux qui ont directement ou indirectement connaissance de l'entreprise, même ceux qui parlent innocemment de ces prétendus blés du roi; maquignonner, emprisonner, les enlever de leur prison sur de faux ordres de liberté, contrefaits par la police, pour les livrer à d'autres geôliers qui les recèlent et persécutent sans cesse, qui les enchaînent dans les noirs cachots. (J'ai été réduit à cet état l'espace de treize cent quatre-vingt-quatre jours) uniquement ou parce qu'ils veulent dénoncer, ou de peur qu'ils ne révèlent, ainsi qu'ils y sont obligés par les lois divines et humaines, les entreprises contre le roi et l'État.

Voilà, sire, ce que font vos ministres et la police.

J'ai éprouvé bien d'autres horreurs jusqu'au 29 août dernier, que M. de Malesherbes m'a fait la grace de me visiter dans ma prison, et de me faire donner du papier en me promettant de rendre compte de ma détention à V. M., sur la justice de laquelle je me repose maintenant, et parce qu'un bon ministre, ne faisant qu'arriver au ministère, ne pourrait pas démêler à fond, l'immensité de la conjuration, dont Dieu a voulu me faire faire la découverte, sans l'avoir cherchée. Je me hâte de la dénoncer sommairement au roi, à l'acquit de ma conscience et de mon devoir de citoyen. Il y a huit ans que j'y aurais satisfait, si M. de Vrillière, plus soigneux, eut pu se persuader que la la principale obligation de sa place était de prendre lui-même connaissance des prisonniers qu'il faisait, et de les visiter tous les six mois ; et si M. de Malesherbes, à qui j'ai donné l'éclaircissement de toutes choses, n'avait eu la lâcheté de trahir V. M. par son silence, qui lui a fait prendre plus d'intérêt, sans doute, pour messeigneurs ses confrères, que pour ceux de votre personne sacrée et pour ses sujets.

Dans les grandes disettes qu'occasionent les opérations concertées avec la police, le public ne manque pas de se plaindre ; de son côté, le parlement s'assemble, délibère et ordonne la recherche des causes de plainte, pour en informer Votre Majesté ; la police s'en alarme ; s'il faut se montrer pitoyable, elle affecte de le paraître ; s'il faut calmer les craintes, les défiances, les inquiétudes du public, faire semblant d'y prendre part, elle le fait ; s'il faut permettre des secours abondans, toutefois en les faisant chèrement payer, elle les permet, sachant en quel lieu elle les tient en réserve.

Mais faut-il avec une ingénuité feinte, tenir le langage du mensonge, accuser l'intempérie des saisons, rejeter sur elle le malheur des disettes, se plaindre de la Providence par de fausses déclarations au parlement, pour arrêter ses recherches ?

La police l'a fait. Des citoyens démontrent-ils avec l'éloquence de la vérité, par des écrits et des tableaux frappans, que les récoltes, quoique moindres que les précédentes, ne peuvent jamais causer en France ni disette, ni cherté, quand il n'y aura pas de monopole? Aussitôt elle met la main sur ces ouvrages dont les preuves lumineuses l'accablent, puis bientôt elle fait paraître, avec ostentation, de fausses réponses, rédigées conformément à ses desseins par des écrivains faméliques, qu'elle tient à ses gages, et toujours la Providence et la vérité sont attaquées par ces écritures éphémères qui disparaissent pour faire place à d'autres destinées à la même fin.

Les pauvres, ces ames de Dieu, qui, dans les crises fâcheuses de disette et de cherté provoquées, ne manquent pas de se multiplier, viennent-ils mendier leur vie dans la capitale? La police les chasse, les poursuit, les arrête et les fait enfermer dans des granges à Saint-Denis. Les boulangers de Paris, qui soupçonnent d'où vient le mal, sans en connaître les premiers auteurs, déclament-ils contre Malisset, contre la police, contre le gouvernement? Alors la police envoie ses commissaires prier les déclamateurs, de la part de M. de Sartine, de ne se point plaindre de Malisset parce qu'il est l'homme du roi. Cependant cet homme obscur et mal famé, qui craint à la fin de succomber à l'imposture, demande-t-il (en 1768) aux seigneurs conjurés de vouloir résilier son bail? La police, de l'avis des seigneurs, le flatte, l'encourage, et lui prouve qu'avec sa protection et celle du roi, il achèvera son bail, et en fera percevoir tous les frais immenses, jusqu'à la fin de ses douze années qui expireront en juillet 1777, sauf à le renouveller à lui ou à un autre généralissime : que des étourdis qui ne veulent s'en prendre qu'au roi même, comme s'il était la cause des calamités, osent murmurer, crier, placarder insolemment les rues de Paris d'injures contre mon souverain, et de menacer de brûler la ville. La police plus alarmée pour elle-même que des injures adressées à Votre Majesté, fait enlever, comme elle le doit, les placards que ces pratiques ont occasionés; elle arrête les innocens pour chercher des coupables, quoiqu'elle ne puisse se dissimuler que tous mes seigneurs conjurés avec elle, sont seuls auteurs des maux publics.

Enfin, qu'il arrive, comme en 1767 et 1768, par les secousses trop violentes de leurs manœuvres, des émeutes, des pillages et autres semblables soulèvemens; mais dans les provinces où le monopole de mes seigneurs se fait sentir plus sensiblement, la police, par les feuilles imprimées qu'elle y fait répandre, blâme les officiers de justice des villes provinciales, de n'avoir pas su, à leurs dépens, prévenir ces révoltes, ce qui, si on veut l'en croire, leur eut mérité des dédommagemens et des récompenses de Votre Majesté. Voilà, sire, sur cet objet une petite partie des pratiques publiques de M. de Sartine, à présent ministre de votre marine.

Les conséquences de cette conjuration sont si profondes et si étendues, qu'on pourrait défier aux plus habiles écrivains de notre siècle de les pouvoir rassembler toutes en un seul tableau, et s'il est peu de personnes assez éclairées pour les démêler, il en est encore moins qui aient le courage d'en épuiser les persécutions pour remplir le devoir de citoyen et dire la vérité sans la farder.

La plus grande partie des opérations de tout le ministère, de la finance et de la police, ne se rapportent qu'au succès de cette machination. Depuis son existence plus que centenaire, elle régnait sous Louis XIV; mais si elle a échappé à la vigilance du fameux Colbert, elle n'a pas du moins osé se montrer, ni se lier authentiquement en corps; elle n'opérait que par des permissions tacites. Le hardi Machault est peut-être le premier qui ait imaginé de donner à bail la France entière; M. de l'Averdy n'a eu qu'à suivre le même plan; et tout autre le suivrait, si mon souverain, pardonnant aux coupables, n'y mettait ordre de telle manière pour l'avenir, que ses successeurs ne puissent se laisser surprendre aussi bien que les peuples.

On ne peut, Sire, assez s'étonner jusqu'à quel excès d'audace on a osé ternir et calomnier votre règne, en se servant abusivement de votre nom pour mettre sur le compte de votre personne sacrée une ligue secrète, par laquelle on n'entreprend pas moins que de mettre sourdement à contribution, chaque année, la misère de plus de huit millions de pauvres, sans en excepter aussi plus de douze millions de sujets plus aisés : pesez cette conséquence. Si, par hypothèse, dans les années d'abondance, la ligue, par sa guerre intestine, est seulement venue à bout de faire enchérir de 20 sous le boisseau de froment, elle a dû être assurée déjà sans peine de plus de trente millions; mais combien plus, lorsque la médiocrité des récoltes, dans toute ou partie de la France, vient au secours de la rapacité pour hausser la vente du boisseau de blé, jusqu'au double et triple de son prix commun ; certes, les dixaines de millions doivent aller par centaines : la preuve s'en trouverait dans les états de répartition et d'émargement, si les intéressés n'avaient soin de les brûler après avoir reçu leur contingent.

Oui, je l'ai dit et je le dis encore pour la dernière fois, il n'a jamais été, depuis la création du monde, de conjuration plus singulière par sa nature, de plus énorme par son extension, de plus ruineuse par sa durée et de mieux soutenue dans son exécution cachée, quoique évidente à toute la France contre elle-même. Que d'autres causes aient concouru aux calamités depuis un siècle, cela peut être ; mais que les famines et les disettes n'aient eu d'autres principes que les irruptions soudaines de cette sourde et monstrueuse entreprise, c'est de quoi l'on ne peut douter.

De ce grand monopole sont venues les famines et les disettes de 1693, 1694, 1718, 1720, 1725, 1740, 1750, 1760, 1767 et 1768, et beaucoup d'autres époques que je ne me rappelle pas maintenant. De là la progression, l'augmentation si considérable de biens-fonds depuis un siècle, celle des vivres de toutes espèces, des fermages, des terres, des loyers, de la main d'œuvre, des salaires et des gages. Pourquoi ? C'est que le blé, qui est le premier nécessaire et le premier besoin, règle par son prix forcé celui de tous les autres besoins de la vie. De là les misères perpétuelles, qui, durant la paix même, écrasent depuis si long-temps les peuples, sans que ni plus d'un milliard d'impôts et de droit de toutes espèces levés sur eux tous les ans, et dont, par des abus innombrables, une grande partie n'entre pas dans l'épargne de Votre Majesté, ni les vexations particulières des publicains cessent d'augmenter, au lieu de diminuer. De là enfin la dépopulation, le divorce, la langueur du commerce et de l'industrie dans une infinité de branches, l'abandon total de diverses manufactures qui étaient de grande utilité.

Signé LE PREVOST.

MES DÉFENSES.

Sire,

Vos ministres, depuis huit ans, m'ont mis en pénitence pour leur crime, pour l'avoir découvert et de peur que je ne le découvre, quoique je ne doute pas, Sire, qu'il n'est jamais permis de se taire quand il s'agit de sauver tout le monde ; il est cependant aussi désagréable que malheureux pour moi, qui suis le plus petit de vos sujets, d'être obligé, n'ayant point de haine contre vos ministres, de les accuser du fond d'un cachot, de causer seuls volontairement presque tous les maux de votre monarchie. Le respect leur est dû, l'obéissance même ; mais, pour leur plaire, on ne doit pas inculper injustement la bonté de mon souverain des crimes de ses mauvais serviteurs. Il vaut mieux, dit saint Cyprien, découvrir les maux qu'on nous a faits, que de les cacher, sans espérance de remède; à quoi le docteur Nicole ajoute que le mal que l'on couvre en se taisant est pire que celui que l'on découvre en parlant; car quiconque peut empêcher le mal en le dénonçant, et qui ne le fait pas, s'en rend responsable devant Dieu et devant les hommes, comme s'il l'avait commis. Je ne pourrais donc taire des conjurations sans y participer; trahir par le silence, sans être traître, ni renoncer mon Dieu, mon roi, ma patrie, sans m'en déclarer l'ennemi. Ce n'est pas seulement par l'exécution du mal projeté contre le prince ou contre son État, que l'on devient criminel, disait monsieur le comte de Brionne, occupant la même place de monseigneur Amelot sous la régence de la reine, mère de Louis XIV; mais, par le moindre essai, dans lequel on se montre capable de le concevoir et de le tenter. Le plus grand ministre que la France puisse citer, le généreux et vaillant Sully dit, au vingtième livre de ses Mémoires, qu'il n'y a eu que trop de ministres infidèles pour le malheur de l'État; que leur conduite est toujours équivoque par quelque endroit; qu'il n'est pas rare d'en voir qui soient disgraciés pour leur cupidité, leurs trahisons et leurs prévarications; qu'il n'est pas rare non plus qu'ils méritent ce traitement par des procédés reprochables.

La loi universelle de tous les États, aussi ancienne que les États mêmes, fondée sur la loi naturelle, qui fut renouvelée en 1477, par Louis XI, déclare bien positivement que celui d'entre tous les sujets de la monarchie, qui aura connaissance d'une conjuration contre la personne du roi ou contre l'État, et qui ne viendra pas la révéler, sera puni comme les auteurs mêmes du crime, et encourra les mêmes peines de la perte des biens, de l'honneur et de la vie.

Si, en conséquence de cette loi, qu'il serait plus que jamais nécessaire de promulguer, et remettre en vigueur en France, où il y a tant de traîtres aujourd'hui le fils du président de Thou perdit la vie sur un échafaud, non pour avoir conjuré, il n'en était pas capable; mais seulement pour n'avoir pas dénoncé la conjuration de Cinq-Mars, son ami; combien plus serais-je coupable, si, indifférent aux maux de ma patrie, je n'osais, par crainte ou par lâcheté, par respect humain ou par complaisance, par intérêt personnel ou par connivence, informer mon souverain de l'entreprise de ses ministres! Certainement, s'il se pouvait qu'il y eût neuf millions de ministres coupables au service de Sa Majesté, les onze millions de vos sujets, qui ne sont pas moins mes frères que messeigneurs les ministres, seraient à préférer.

Maintenant, graces à Dieu, et louanges à mon roi, me voilà déchargé pour la seconde fois de ce terrible fardeau entre les mains de monseigneur Amelot. S'il vous est plus fidèle que monseigneur de Malesherbes, et si je ne suis pas encore délivré, j'ai du moins lieu de l'espérer de la justice de mon roi, à qui j'aurai encore à dénoncer, aussitôt que je serai en liberté, d'autres conspirations étrangères à ses ministres, dont je n'ai parlé à personne. Je sais où sont les preuves; mais sur combien d'autres objets d'importance mon zèle et mon courage m'animeraient à servir Votre Majesté, aussi bien que l'État, sans aucune vue d'intérêt personnel, si je pouvais seulement obtenir sa protection.

Veuille mon souverain, remédiant à toutes choses, mais usant de sa clémence ordinaire, pardonner à tous messeigneurs ses ministres, que j'ai été obligé d'accuser, et quand il lui en faudra un pour la guerre, n'en point choisir d'autre que le grand maréchal de Broglie. Il y a long-temps que les vœux du public le portent à cette place, que lui défèrent ses lumières, ses vertus et son désintéressement.*

Certainement Votre Majesté ne sera jamais trahie par celui qui, après l'avoir si bien servie, n'en est que plus capable de la bien servir encore. Le vrai mérite ne s'offre pas; au lieu que l'ambition, l'amour-propre et l'incapacité s'intri-

---

* C'est *ce grand maréchal* qui à la tête de 30,000 hommes de troupes étrangères à la solde de France assiégea Paris; il avait promis à la cour de s'en rendre maître dans la nuit du 14 au 15 juillet 1789. S'il eut réussi, le Prévôt de Beaumont qui ne dut sa délivrance qu'à la victoire des insurgés parisiens, aurait terminé sa vie dans le donjon de Vincennes.

guent souvent pour occuper tous les plus hauts rangs.

Veuille aussi monseigneur de Malesherbes, pour faciliter, en un point de conséquence, l'exercice de son ministère, et de la décharge de sa conscience, ne pas désapprouver, mais au contraire appuyer, auprès de Votre Majesté le projet ci-joint par lequel elle pourrait tout d'un coup extirper des milliers d'abus qui règnent de tout temps dans les prisons d'État, quoiqu'elle se soit réservé, depuis deux ans, la connaissance des lettres de cachet, et qu'elle ait voulu par-là en arrêter l'abusive prostitution, M. de Sartine a bien trouvé encore les moyens de la tromper, et de continuer les contrefactions d'ordres, les translations, les recèlemens et les tyrannies; mais ce projet, si Votre Majesté daigne l'agréer, préviendra tous les abus et tous les maux.

Lettre qui accompagnait ma dénonciation au Roi.

Sire,

Il y a tout à l'heure huit ans que je desire et que je suis empêché, jusqu'à ce moment, de dénoncer à Votre Majesté la découverte que Dieu m'a fait faire de la plus insigne conjuration qui ait jamais existé. Elle s'exécute jour et nuit et en tout temps contre Dieu, contre votre règne et contre votre État; contre Dieu, on dépouille son peuple chrétien, principalement ses pauvres, qui sont ses élus : on attaque jusqu'à son essence, en osant avec la dernière ingratitude, nier ses bienfaits, ou blasphémer sa providence. *Contre votre règne,* on séduit Votre Majesté; en la trompant, on abuse de son nom, de son autorité, de sa confiance, on calomnie sa personne sacrée, en mettant sur son compte les plus horribles brigandages. *Contre votre État*, on met sourdement vos peuples à contribution; on excite des alarmes et des émeutes, on provoque des disettes et des famines ; on entretient continuellement, par les opérations du grand monopole, la cherté des subsistances, même dans les années de la plus grande abondance.

De même que les effets naissent de leurs causes, de même cette machination naît de plusieurs crimes, qui en produisent une infinité d'autres. C'est un monstre qui a pour père l'orgueil et le mensonge, pour mère l'avarice et l'ambition; monstre qui renferme dans son sein une mine désastreuse, qui ne croît dans les ténèbres, que pour se multiplier par une double multitude de forfaits.

N'est-il pas vrai que si tous vos sujets combattaient les uns contre les autres, sans se connaître, le parti qui resterait victorieux ne pourrait jamais l'être qu'aux dépends de l'Etat, qui ne subsisterait plus alors que de ses propres ruines? Jugez par là, Sire, quel désordre, quelle désolation le pillage sourd et perpétuel de cette conjuration, a causé à votre monarchie, depuis son existence, déjà plus que centenaire, et s'il ne faut pas tenir pour les plus grands ennemis de votre personne et de vos sujets tous ceux qui en sont les auteurs et les exécuteurs.

Votre Majesté desire déja savoir quels sont ces auteurs : ce sont, Sire, presque tous vos ministres, anciens et nouveaux, qui, aussi infidèles qu'ingrats, se sont successivement ligués pour se faire un état d'opulence extrême dans l'Etat contre l'Etat.

On voit, dans l'histoire de tous nos rois, très

peu de monarques qui n'aient été trompés, trahis, mal servis. L'ambition et l'avarice, qui ne peuvent jamais être rassasiés, ne diront jamais : c'est assez. Elles ont, de tout temps, mis les royaumes en combustion. Le bonheur des peuples dépendra toujours du choix des ministres et de les surveiller sans cesse.

Je dévoilerai encore à Votre Majesté d'autres conspirations étrangères à ses ministres, sitôt que, de sa part, Monseigneur de Malesherbes m'aura mis en liberté, et je ne cesserai, en remplissant mon devoir de citoyen et de patriote, de prouver que je suis très respectueusement,

Sire,

de Votre Majesté,
le très humble et très fidèle sujet,

Signé LE PRÉVOT.

Dixième lettre envoyée à M. de Sartine sur le cul de la terrine.

Monseigneur,

Celui qui ne fait que de naître est assez vieux pour mourir. Vous qui avez passé la moitié de l'âge, vous devriez bien penser que la mort peut vous surprendre, ou que la fortune peut vous tourner le dos, comme elle a fait à bien des grands seigneurs, je ne vous mettrai sous les yeux que M. le comte de Maurepas, qui était favori du roi. Si ce malheur-là vous arrivait aujourd'hui, quel bien pourrai-je dire de vous? Tous les grands hommes de tout temps ont mis leur application à faire du bien, à se faire louer de tout le monde; pourquoi me voulez-vous priver, monseigneur, de dire des louanges de vous, si jamais je sors de la Bastille. Cessez donc de me persécuter; soulagez-moi, vous le pouvez, et ne me liez pas les bras. A ceci je sais bien ce que vour allez dire: *Elle * veut te tenir, et te tenir absolument.* César, à haute voix, déclara à peu près de pareilles intentions contre un de ses ennemis. « Cicéron, dit-il, a beau parler; voilà sa sentence de mort. » Avant que Cicéron eût

* Madame de Pompadour.

fini son discours, il la laissa tomber de ses mains. Monseigneur, ce n'est qu'en parlant que les affaires se font. Vous n'êtes pas un Dieu, pour savoir ce que j'ai dans mon esprit ; pour faire tomber cette résolution, cessez donc de me persécuter. Je vous supplie de m'accorder un moment d'audience, et du papier. Si vous ne voulez pas que je m'adresse à vous; vous n'avez qu'à dire que c'est pour le ministre que vous me l'accordez ; je ne vous importunerai pas davantage. Monseigneur, je vous prie de faire attention qu'il y a douze ans que je souffre ; de ne pas me retenir plus longtemps dans la misère, faute de m'accorder du papier, pour pouvoir me défendre ; je vous serai bien obligé.

J'ai l'honneur d'être, avec un très profond respect, Monseigneur,

Votre, etc.

DANRY *.

A la Bastille, ce 11 septembre 1760.

* Nom substitué à celui de ce prisonnier *Mazers de Latude*, il lui avait été imposé par le lieutenant-général de police à sa rentrée à la Bastille après sa première évasion ; et c'est sous ce faux nom de Danry qu'il avait été inscrit sur les registres, il ne pouvait en signer un autre, ses lettres n'eussent pas été à leur adresse, on le lui disait du moins ; ce n'était qu'une déception, car toutes les lettres signées Danry ne sont point parties de la Bastille et ont été trouvées dans les cartons.

Extrait d'un mémoire autographe du comte de Lorge, *prisonnier d'état pendant trente-deux ans; mis en liberté par les vainqueurs de la Bastille, le* 14 *juillet* 1789.

Pompadour régnait en France; elle seule faisait les ministres, nommait les généraux, et disposait généralement de toutes les places du royaume. Un poste venait-il à vaquer, les courtisans l'obtenaient à force de bassesses et d'humiliations. L'honnête homme aimait mieux languir dans l'obscurité que de venir, au milieu d'une cour corrompue, faire lâchement sa cour, et mendier une grace à une prostituée. Bernis, pour un quatrain insipide, est parvenu aux dignités les plus éminentes de l'Église. Un abus aussi criant me révolta, mon ame s'en indigna, et j'osai confier au papier les sentimens qui m'animaient.

La Vérité, cette auguste fille du ciel, blessa des yeux qui n'étaient point accoutumés à la voir: mon écrit déplut; j'avais dévoilé les manœuvres insidieuses de la favorite; j'avais démasqué ses indignes partisans: tel fut mon crime, et dès-lors ma perte fut assurée.

Sartine, de glorieuse mémoire, fut chargé d'exécuter des ordres ministériels; il fut enchanté de la commission, parce que ma plume ne l'avait pas ménagé : aussi lâcha-t-il contre moi une meute de sbires infernaux, qui vinrent se saisir de ma personne......

Un brigand, à la tête de sa troupe, s'élance, et, au nom du despote, il ose porter sur moi une main sacrilège. Je frémis ! mon premier mouvement fut de résister ; mais, faible et sans armes, je vis qu'il était inutile de m'opposer à la force.

On m'entraîne et on me force d'entrer dans une voiture qui me conduit à la fatale prison.

Quel était mon crime ? L'élan d'une ame républicaine, qui souffre de voir le vice triompher, et la vertu en butte aux traits de la persécution.

J'arrive à ce monument élevé par le despotisme, j'y entre, le pont-levis s'abaisse, et je me vois enterré tout vivant dans une prison. J'étais recommandé au gouverneur ; il avait ordre de ne me laisser parler à personne et de me renfermer dans le cachot le plus noir.

Deux jours se passent sans voir aucun être vivant, si ce n'est le guichetier qui m'apportait du pain et de l'eau. Le troisième jour, j'entends l'énorme porte de mon cachot rouler sur ses gonds. Un frisson involontaire s'empare de tous mes sens.

Ayant entendu parler des horreurs qui se commettaient secrètement dans ce fort infernal, je crus que mes ennemis allaient terminer ma triste carrière.

On me conduit devant un tribunal de sang; Sartine siégeait sus les lis, et m'interrogeait. Jamais le mensonge n'a souillé mes lèvres, et la vérité sortit toute pure de ma bouche. Sa première question fut de me demander si véritablement je m'appelais le comte de Lorges? Je lui repondis que oui. La seconde, si j'étais l'auteur d'un livre qu'il me représenta, où l'on se permettait, disait-il, les invectives les plus sanglantes contre la cour et ceux qui la composaient.

Je lui répondis que oui, ajoutant qu'on ne devait point appeler invectives des faits connus de tout le monde.

La troisième, quel était le nom de l'imprimeur dudit livre?

Je lui répondis que, connaissant l'auteur, il lui était inutile de connaître l'imprimeur; d'ailleurs qu'ayant promis de ne jamais le nommer, aucune puissance humaine ne me forcerait de le faire.

La quatrième, pourquoi et dans quelle intention j'avais composé ledit livre?

Réponse. Que je n'avais de compte à rendre de mes intentions qu'à l'Être-Suprême.

Mon juge termina son interrogatoire en disant : Monsieur, vous ne vous plaindrez point, puisque vous-même vous venez de vous accuser coupable. Je ne daignai point répondre à ce qu'il venait de me dire. Pendant qu'on rédigeait le procès-verbal, je levai les yeux machinalement sur le plafond de la salle, j'y aperçus une trappe.

Bien des personnes m'ont connu avant ma détention, quelques-unes existent encore ; aucune, sans doute, n'a jamais soupçonné mon courage, et ne m'a cru capable de lâcheté. La nature a donc horreur de la destruction, puisque j'avouerai que je ne fus pas maître d'un tremblement universel à la vue de la trappe fatale ; mon sang se glaça dans mes veines, et mes cheveux se dressèrent sur ma tête. Le magistrat ne fit pas semblant de s'apercevoir de mon trouble, et me fit conduire à mon cachot.

Pendant deux mois, j'attendis de jour en jour ma délivrance, mais en vain : je croyais, dans la simplicité de mon ame, que le séjour que j'avais fait dans ce fort redoutable, devait plus qu'expier la faute d'avoir fait parler la vérité. Infortuné que j'étais ! je ne savais pas que la moindre offense, faite au pouvoir arbitraire est toujours suivie de la plus terrible vengeance.

Trois ans s'étaient déja écoulés, et mes fers, loin de s'alléger, pesaient encore davantage sur mon individu ; le désespoir dans le cœur, je tentai de les briser.

Plus l'entreprise était périlleuse et difficile, plus je m'obstinai à vouloir la mettre à exécution. Toute communication au dehors m'était fermée par une triple grille de fer, et une double porte, également de fer, me défendait toute issue pour le dedans. Ces difficultés, presque invincibles, ne me rebutèrent point, et je ne désespérais point de parvenir à me pratiquer une sortie à travers les redoutables barreaux.

Des chevilles de fer, tournées en vis, soutenaient le bois de mon lit; je les aperçus, et j'en fis usage de la manière suivante. Ces vis, ayant des aspérités raboteuses, présentent la forme d'une lime; je m'en servis donc pour corroder les barreaux : mes premières tentatives n'eurent pas beaucoup de succès, et l'ouvrage n'avançait que très faiblement : cependant, avec de la patience, on vient à bout de tout, et j'avais déjà la satisfaction de voir deux grilles percées, lorsque je fus surpris dans mon ouvrage par un porte-clef, qui me dénonça au gouverneur, et l'on me transféra dans un autre cachot, où l'on m'ôta toute espèce de ressource pour briser mes fers.

Quel était donc votre dessein, me dira-t-on, si vous étiez parvenu à vous pratiquer une issue à travers les grilles?

J'aurais fait une corde avec mes draps, ma couverture et mes vêtemens : je l'aurais attachée à un barreau, et je me serais laissé couler le long de la corde; ensuite, m'abandonnant à la Providence, je serais tombé dans les fossés; peut-être ma chute n'ayant point été dangereuse, j'aurais pu m'évader à la faveur de la nuit. Peut-être aussi la mort aurait été la suite de mon imprudence; mais alors mes fers étaient brisés, et mes maux finis pour jamais.

Les années s'écoulaient et n'apportaient aucun

changement à mon sort ; triste et abattu, je coulais mes jours dans l'amertume et le chagrin, maudissant le despotisme et ses cruels ministres.

Après une captivité aussi longue et aussi rigoureuse, l'Être-Suprême a pris en pitié ma destinée malheureuse, et n'a pas permis que je finisse ma carrière au fond du cachot : des décrets éternels avaient décidé que la nation française, après un sommeil léthargique de plus de quatre siècles, se réveillerait, et qu'au bruit des chaînes que briserait la liberté, les ministres du despotisme fuiraient, frappés de la prescription des peuples, et couverts d'une infamie éternelle.

Rappelez-vous ce jour à jamais mémorable dans les fastes de la France, la douzième heure sonnait, soudain un bruit sourd se fait entendre et retentit jusqu'au fond de mon cachot.... les tubes d'airain tonnent et vomissent la mort.... Je tressaillis. Le grand Condé avait assiégé autrefois cette forteresse. Des idées confuses agitent mon esprit, et l'espérance renaît dans mon cœur : le bruit cesse, et bientôt des chants de triomphe et d'allégresse viennent frapper mes oreilles.

Les soldats de la liberté montent en foule, les portes de mon cachot s'ébranlent et tombent sous les coups redoublés des assaillans. Ils entrent : O vous ! leur dis-je, qui que vous soyez, délivrez un vieillard infortuné, qui gémit dans les fers depuis plus de trente ans, le saisissement que j'éprouvai ne me permit pas de rien dire davantage. On me fait sortir de mon cachot ; on m'apprend la révolution qui vient de s'opérer, et comment les Français sont devenus libres.

Un honnête agent de change se charge de moi ; il me fait monter dans une voiture, et m'accompagne jusqu'à l'Hôtel-de-Ville. Une foule immense remplissait la place de Grève, et demandait à grands cris le traître gouverneur. Il arrive ; des cris de joie se font entendre, tout le monde veut le voir, et il n'est déjà plus, il a reçu la juste punition de tous ses crimes. Bientôt Flesselle paie de sa tête sa lâche complaisance : il entretient une correspondance avec nos ennemis ; et, de concert avec eux, il veut amuser les citoyens jusqu'au moment terrible où l'armée combinée devait mettre en feu la capitale. L'ange tutélaire de la France n'a pas voulu que la nation la plus florissante du monde entier restât en proie aux horreurs d'une guerre civile, que le père s'armât contre le fils, et que les projets infernaux d'un prince maudit à jamais et d'une femme sans pudeur, eussent un succès aussi barbare et aussi funeste.

L'exemple terrible de deux têtes coupables les a fait trembler ; ils ont fui, et la France a béni le jour où son sein n'a plus été souillé de leur sinistre présence.

Pardon, généreux Français, pardon, si je vous rappelle des jours de sang et de malheurs ; pour moi, le souvenir m'en est bien cher, puisque c'est à cette époque à jamais mémorable, que ma liberté m'a été rendue. Je veux la célébrer à jamais : oui, je veux que le quatorzième jour de juillet soit un jour de fête, et que les débris de ma fortune servent à rendre, tous les ans, libres cinq prisonniers, qu'un engagement précipité aurait mis dans les fers.

En relisant cet abrégé des maux que j'ai souffert, je vois que j'ai omis une circonstance dans l'interrogatoire que l'on me fit subir lors de mon entrée à la Bastille.

De Sartine, avant de m'interroger, commença par me dire qu'il était bien malheureux pour moi de me voir privé de ma liberté à la fleur de mon âge ; que sans doute j'avais des ennemis secrets, qui avaient si bien épié ma conduite, que rien de ce que j'avais fait et de ce que j'avais dit ne leur était échappé, et qu'ainsi il me conseillait de ne cacher dans mes réponses aucune de mes actions ; qu'on ne m'avait fait arrêter que pour avoir mon aveu, et que, aussitôt que je l'aurais donné, on ne tarderait pas à me remettre en liberté.

Le perfide interrogateur n'eut pas plus tôt fait briller à mes yeux un rayon d'espérance, que j'avouai tout ce qui me concernait. Cet aveu ne fut point suffisant ; il voulut connaître ceux qu'il appelait mes complices, fauteurs et adhérens.

Voyant que les promesses qu'il me faisait d'une liberté prochaine ne produisait sur moi aucun effet, il me menaça de me jeter dans un cachot ténébreux, où je n'aurais pour nourriture que du pain et de l'eau, et de m'y faire rester pendant cent ans s'il le fallait, si je persistais dans mon obstination. J'opposai à toutes les ruses et feintes de mon interrogateur, la fermeté d'un roc; rien ne put m'engager à manquer à ma parole et à violer les lois de l'honneur.

Confus et désespéré de n'avoir pu déccouvrir ce qu'il desirait savoir, Sartine conféra un instant avec le gouverneur, ensuite me fit reconduire dans mon cachot.

FIN.

TABLE DES CHAPITRES.

CONTENUES DANS CE VOLUME.

INTRODUCTION.

Considérations générales sur l'ancien gouvernement. — Evènemens principaux. — Leur cause et leurs résultats. P. v

CHAPITRE Ier.

Origine de la Bastille. — Sa première destination. — Son changement immédiat en prison d'Etat. — Son fondateur et son premier prisonnier. — Hugues Aubriot.   15

CHAPITRE II.

Montagu, grand-maître de la maison du roi et surintendant des finances. — Factions d'Orléans et de Bourgogne. — Desessarts. — Jacques d'Armagnac duc de Nemours. — Le connétable de Saint-Pol. — L'amiral Chabot. — Le chancelier Poyet. — Le maréchal de Biron. — Les ducs de Bouillon. — D'Epernon. — Le comte d'Auvergne. — Ministère du cardinal de Richelieu. — Tableau nominatif des nobles et magistrats et plébéiens, proscrits, bannis, exilés, condamnés, exécutés, assassinés et empoisonnés. — Suite du règne de Louis XIII. — Le Maréchal d'Ancre. — Sa femme. — Mazarin. — Anne d'Autriche. — Louis XIV. — Le surintendant Fouquet. — Lettres galantes de la veuve Scarron, etc. — Le chevalier de Rohan. — Madame de Villars.   21

CHAPITRE III.

Cour des poisons. — La marquise de Brinvilliers. — La Voisin. — Les prêtres Le Sage, Etienne Guibourg, et Giles Davot. — Interrogatoire et torture. — Le marquis de Feuquière. — Madame de Vivonne. — Le duc de Luxembourg. — Les comtesses de Polignac, du Roure, de Soissons. — La duchesse de Bouillon. — Le comte de Saissac. — Mademoiselle de Lagrange, le curé de Launay. — Révocation de l'édit de Nantes. — Proscription des Protestans. — Bannissement. — Supplices. — Confiscations. — Emigrations, etc. 41

CHAPITRE IV.

L'homme au masque de fer. — Etait-il frère aîné de Louis XIV, ou son frère jumeau ? — Résolution de ce problème historique. 74

CHAPITRE V.

La Bastille sous Louis XIV. — Suite. — Journées des barricades. — Etablissement d'un lieutenant-général de police à Paris. — Nouvelles à la main. — Abolition du gouvernement municipal. — La Bastille sous la régence. — Faits généraux. — Conjuration Cellamare. — L'abbé Portocarréro. — Le cardinal Dubois. — Madame de Staël. — Affaire du parlement de Bretagne. — La Chalotais. — Nobles Bretons condamnés à mort et exécutés. — Suite du règne de Louis XV. — Affaire du prince Ragotzi, etc. — Le maréchal de Richelieu. — Voltaire. 115

CHAPITRE VI.

La Bastille sous Louis XV. — Suite. — La bulle *unigenitus*. — Les Jansénistes. — Les convulsionnaires. — Empoisonnemens. — Impunité garantie. — Lally. — Affaire de l'administration du Canada. — Enlèvement du conseil supérieur du Cap français. — Le chevalier de Rohan. 135

CHAPITRE VII.

Suite du règne de Louis XV. — Madame de Pompadour. —

Sa mort. — Sort des prisonniers qu'elle avait fait enfermer à la Bastille. — Latude. — Lardenois. — Dallègre. — Avènement de Louis XVI. — Turgot et Malesherbes ministres. — Espérances déçues. — Opposition des parlemens. — Réunion de Trianon. — Les partis. — Révélation. — Le pacte de famine. — Le prévost de Beaumont. — La guerre au pain. — Emprisonnemens. — Encombrement de la Bastille. 154

CHAPITRE VIII.

Révélation importante. — Le pacte de famine. — La guerre du pain. — Le Prévôt de Beaumont. — Nouveaux et nombreux emprisonnemens. — Encombremens de la Bastille et des autres prisons d'Etat. 165

CHAPITRE IX.

Pacte de famine. — Suite. — Monopole. — Agens principaux. — Instructions. — Correspondance. — Orry. — Laverdy, Terray. — Pinet. — Catastrophe. — Banqueroute inouïe. 174

CHAPITRE X.

Proscription. — Écrivains. — Libraires. — Monopole des cuirs. — Le tanneur du quartier Saint-Antoine. — L'homme du peuple et les privilégiés. — Rubigny de Betheval et l'inspecteur-général Bertin. — Louis XVI, Turgot, Necker. 190

CHAPITRE XI.

Guerre au patriotisme courageux et à l'industrie nationale. — Jacques et François Ferrier. — Terasson. — Brevet d'impunité. — Le duc de Nevers. — La marquise et sa femme de chambre. — Déclaration singulière. — Police des mœurs. — Vengeances privées. — Tapin de Cuillé. — Le marquis de Montchenu. — Double assassinat impuni. — Fini-Chamorant. — Cri de réformation politique. 198

CHAPITRE XII.

Procès du collier. — Louis-René-Édouard de *Rohan*, cardinal-évêque de Strasbourg dit le prince Louis. — Ses trois valets de chambre. — Claude *Cerval*. — La comtesse *De la Motte*, de la Pénissière. — *De la Porte*. — Le baron de *Planta*. — Du *Clusel*. — *Grenier*. — Le comte et la comtesse *Cagliostro*. — Mademoiselle Briffault - Lainé dite *Rosalie*. — Mademoiselle d'*Oliva*. — *Toussaint-Beausire* et madame de la *Palun*. — Le baron de Castelet. — *Reteaux de Villette*. — *Boëhmer* et *Bozange*, jouailliers. — Situation de la France en 1787 et 1788. 206

CHAPITRE XIII.

Situation politique de la France en 1787 et 1788. — Edits bursaux — Opposition parlementaire. — Lit de justice. — Assemblée des notables. — Emprunt de Calonne. — Négociations financières. — Le baron de Castelet. — Les époux La Palun. — Valabregue. — Béchade. Pierre Dunand. — Laroche. — Lacaurège. — Michel Simon. — La Barthe. — Pujade. — Perret. — Potiquet de Champigny, sa sœur, Lhuilier de la Sonchère. — Petit Hennequin. — Motin, etc. — Baudard de S. James, M. de Crosne. — L'archevêque de Sens. — Mademoiselle Sando. — Les commissaires Bretons. 220

CHAPITRE XIV.

13, 14, 15 juillet 1789.

Première insurrection parisienne. — Prise de la Bastille. — Siège de Paris. 232

CHAPITRE XV.

Suite du tableau des trois grandes journées du juillet 1789. 255

CHAPITRE XVI.

Gouverneurs de la Bastille, depuis 1414, jusqu'au 14 juillet 1789. 267

CHAPITRE XVII.

Règlemens, usages, budjet, documens, et anecdotes sur le régime intérieur de la Bastille. 285

LE PILON. — Guerre aux Livres. 307

PIÈCES JUSTIFICATIVES.

NOTES ET DOCUMENS. — Lettre de Pellisery (Roch-Antoine) adressée à M. de Losme, major en 1784. 319

Traité pour le monopole des grains dans toute la France, appelé *Pacte de famine*. 328

Mémoire au roi Louis XV. 344

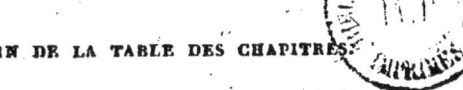
défenses. 359

Lettre qui accompagnait ma dénonciation au roi. 364

FIN DE LA TABLE DES CHAPITRES.

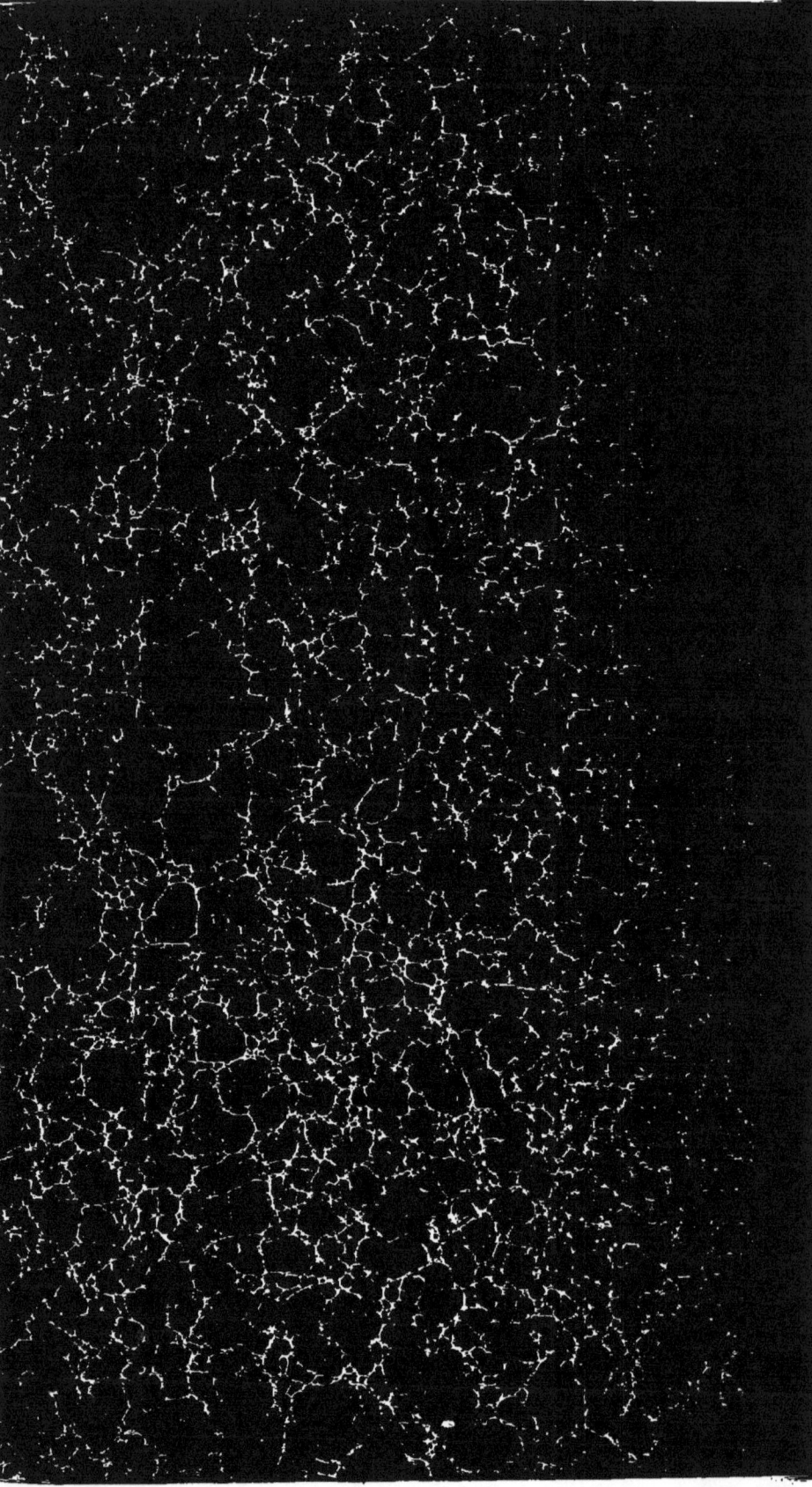

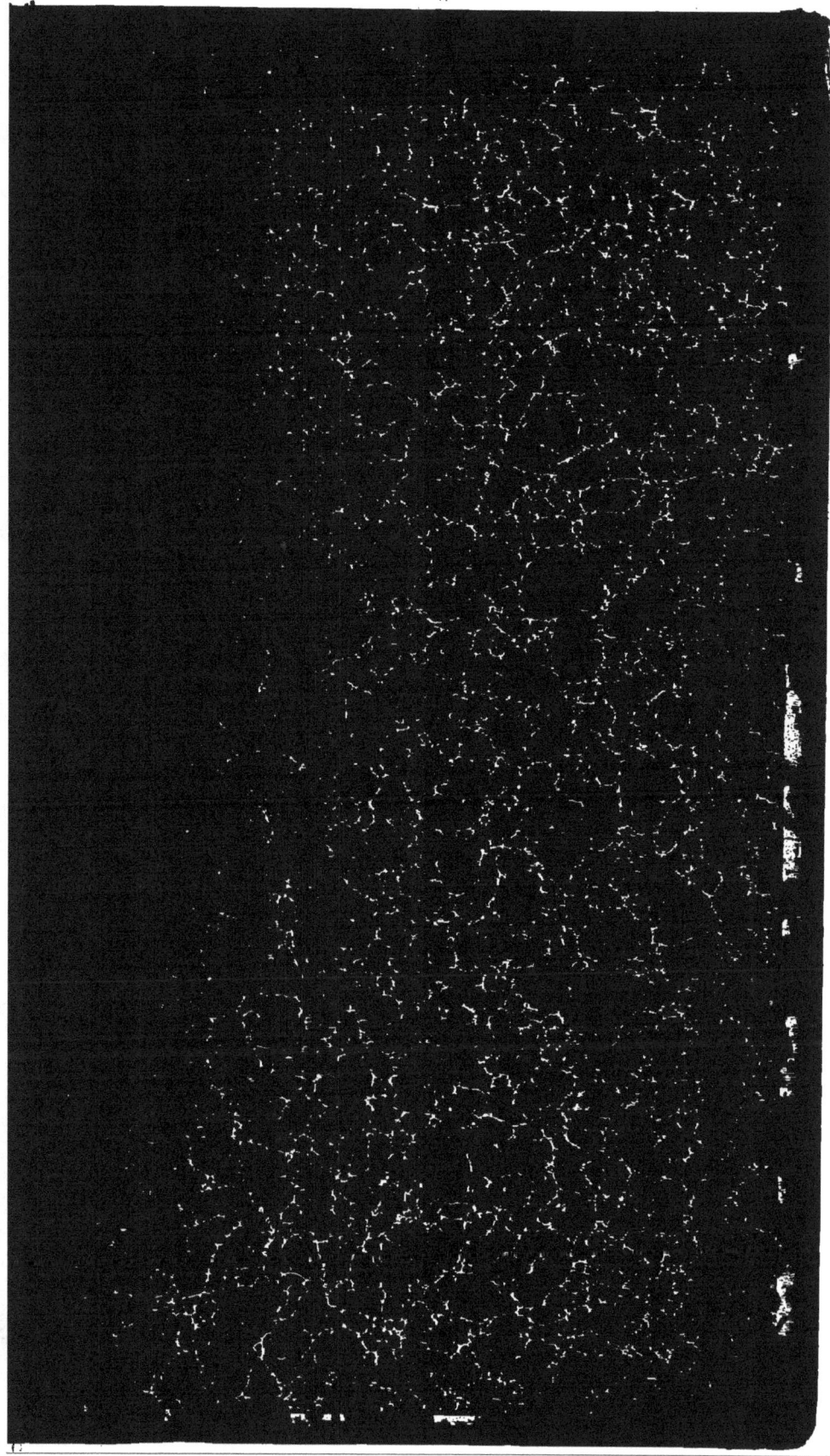

www.ingramcontent.com/pod-product-compliance
Lightning Source LLC
Chambersburg PA
CBHW050427170426
43201CB00008B/567